ESTUDOS
DE DIREITO COMERCIAL
(Pareceres)

DO AUTOR:

— *Cumprimento e Sanção Pecuniária Compulsória*, Coimbra, 1997.

— *Sinal e Contrato-Promessa*, 7.ª ed., Coimbra, 1999.

— *Responsabilidade Civil do Produtor*, Coimbra, 1990.

— *Estudos de Direito Civil e Processo Civil*, Coimbra, 1999.

JOÃO CALVÃO DA SILVA
Professor da Faculdade de Direito de Coimbra

ESTUDOS DE DIREITO COMERCIAL

(Pareceres)

(REIMPRESSÃO)

LIVRARIA ALMEDINA
COIMBRA – 1999

TÍTULO:	ESTUDOS DE DIREITO COMERCIAL (Pareceres)
AUTOR:	JOÃO CALVÃO DA SILVA
EDITOR:	LIVRARIA ALMEDINA – COIMBRA
DISTRIBUIDORES:	LIVRARIA ALMEDINA ARCO DE ALMEDINA, 15 TELEF. (039) 851900 FAX. (039) 851901 3004-509 COIMBRA – PORTUGAL Livrarialmedina@mail.telepac.pt LIVRARIA ALMEDINA – PORTO R. DE CEUTA, 79 TELEF. (02) 2059773/2059783 FAX. (02) 2026510 4050-191 PORTO – PORTUGAL EDIÇÕES GLOBO, LDA. R.S. FILIPE NERY, 37-A (AO RATO) TELEF. (01) 3857619 1250-225 LISBOA – PORTUGAL
EXECUÇÃO GRÁFICA:	G.C. – GRÁFICA DE COIMBRA, LDA. JANEIRO, 1999
DEPÓSITO LEGAL:	102166/96

Toda a reprodução desta obra, por fotocópia ou outro qualquer processo, sem prévia autorização escrita do Editor, é ilícita e passível de procedimento judicial contra o infractor.

À Joana, minha filha

A todos os que servem o Direito

I
LOCAÇÃO FINANCEIRA
E GARANTIA BANCÁRIA

CONSULTA

É-nos formulada a seguinte consulta:

1 – Entre a SOCIEDADE DE LEASING e a Snra. D. MARIA foi celebrado em Fevereiro de 1992 um contrato de locação financeira relativo ao seguinte equipamento, descrito no n.º 1 das Condições Particulares:

"Uma câmara desmontável construída em painéis de aço inox com capacidade para armazenamento de x kgs. de bacalhau. Uma câmara desmontável construída em painéis de aço inox com capacidade para congelação de marisco e outros (x kgs.). Uma câmara desmontável construída em painéis de aço inox com capacidade para armazenamento de x kgs. de produtos congelados".

2 – O n.º 14 das Condições Particulares do referido contrato prevê a favor do locador "uma garantia bancária de 50% do valor financiado durante dois anos".

3 – Essa garantia bancária foi prestada pela Caixa de Crédito Agrícola Mútuo com o teor que segue:

"A Caixa de Crédito Agrícola Mútuo, em nome e a pedido da Sra. D. Maria, vem declarar que oferece todas as Garantias Bancárias até ao montante de 30.000.000$00 (trinta milhões de escudos), referente à instalação de três câmaras de aço inox para armazenamento de produtos congelados, responsabilizando-se, pelo período de dois anos, dentro desta garantia por fazer a entrega de quaisquer importâncias que se tornem necessárias até àquele limite, se o citado, por falta de cumprimento, com elas não entrar em devido tempo.

Esta Garantia é pois de 30.000.000$00 (trinta milhões de escudos), ficando devidamente entendido que logo que a mesma deixe de surtir efeito, esse facto será imediatamente comunicado por escrito a esta CCAM por Vs. Exas.".

4 – Invocando o não pagamento da 9.ª (nona) renda mensal, a Sociedade de Leasing resolveu o contrato de locação financeira por carta registada com aviso de recepção, enviada à Snra. D. Maria. Reza assim essa carta:

"Não tendo V. Exas. regularizado a situação de mora relativamente ao contrato em referência comunicamos a V. Exas. que se considera aquele automaticamente resolvido ao abrigo do disposto no n.º 1 do artigo 16 (¹) das Condições Gerais".

5 – Na mesma data, a Sociedade de Leasing enviou à Caixa de Crédito Agrícola Mútuo a seguinte mensagem por telefax:

"Vimos por este meio comunicar a V. Exas. que nesta data procedemos à resolução do Contrato de Locação Financeira em virtude de se ter verificado uma situação de incumprimento.

Sendo assim, e como existe uma Garantia Bancária prestada por V. Exas., agradecemos o respectivo pagamento".

6 – No mesmo dia, a Caixa de Crédito Agrícola Mútuo enviou à Sociedade de Leasing a seguinte resposta:

"Tendo esta Instituição de Crédito-prestado a V. Exas. uma garantia bancária a pedido da Exma. Snra. D.ª Maria, até ao montante de 30.000.000 (trinta milhões de escudos), referente à instalação de três câmaras de aço inox para armazenamento de congelados, a adquirir através dessa Sociedade de Leasing, veio a constatar-se que tal equipamento não foi efectivamente adquirido.

(¹) Onde se lê 16 deve ler-se 19.

Assim, inexistindo qualquer contrato válido entre V. Exas. e a Snra. D.ª Maria, a garantia por nós oferecida não pode produzir qualquer efeito devendo, a partir desta data, ser considerada extinta".

7 – O advogado da Sociedade de Leasing (contra) responde a Caixa de Crédito Agrícola. Depois de sustentar a validade do contrato de locação financeira, pode ler-se nessa (contra) resposta:

"Ainda, porém, que o mencionado contrato de locação financeira fosse nulo – o que é insustentável –, em nada obstaria esse facto à responsabilidade solidária da Caixa de Crédito Agrícola Mútuo, dadora da garantia, uma vez que a garantia outorgada, que é perfeitamente válida, não consiste em uma fiança mas sim e antes numa garantia bancária autónoma, conforme consta do respectivo título, quando se diz, nomeadamente, que "... vem declarar que oferece todas as garantias bancárias até ao montante ...".

Assim, e uma vez que a citada garantia bancária se encontra ainda dentro do seu período de vigência, solicitamos por este meio a V. Exas., caso pretendam evitar o competente procedimento judicial, se dignem efectuar o pagamento da quantia em dívida, no valor garantido, dentro dos dez dias subsequentes à recepção da presente carta".

8 – Na petição inicial da acção proposta no Tribunal Judicial, a Sociedade de Leasing pede a condenação solidária da Caixa de Crédito Agrícola Mútuo e da Snra. D. Maria no pagamento de 30.000.000$00 correspondentes ao valor das rendas vencidas e não pagas e respectivo IVA e parte da indemnização devidas por força do n.º 5 do artigo 19 das "Condições Gerais" do Contrato, até ao limite do valor da Garantia Bancária autónoma prestada, e juros de mora calculados, sobre o montante em dívida referido, desde o respectivo vencimento, até integral pagamento.

9 – Na Contestação, a Caixa de Crédito Agrícola Mútuo pede que a acção seja julgada improcedente, porquanto:

- a Autora não deu em locação à ré D.ª Maria o equipamento descrito no contrato;
- equipamento que jamais teve existência física e que, a existir, ocuparia uma área muito superior à do prédio que consta no contrato como instalações da 1.ª ré;
- é falso o "Auto de Recepção e Conformidade do Equipamento" assinado pela pessoa que no contrato de locação financeira figura como Fornecedor e pela ré Maria, pois a entrega desse equipamento (inexistente) à locadora nunca teve lugar;
- não se trata de uma garantia autónoma, mas sim de uma simples garantia bancária.

Dando por assente a matéria de facto, pretende saber-se se assiste razão à Caixa de Crédito Agrícola Mútuo.

PARECER

SUMÁRIO: 1. *Razão de ordem*. CAPÍTULO I – **Contrato de Locação Financeira**. 2 – *De tipo social a tipo legal*. 3 – *Noção*. 4 – *Formação do contrato*. 5 – *Direitos e deveres das partes*. 6 – *Consequências da não entrega da coisa ao locatário*. CAPÍTULO II – **Garantia Bancária**. 7 – *Texto da garantia*. 8 – *Interpretação do contrato*. 9 – *Ausência de vontade de pagamento à primeira solicitação*. 10 – *Qualificação da garantia bancária como fiança*. 11 – *Acessoriedade da fiança*.

1. Razão da ordem

A resposta à consulta formulada pela Caixa de Crédito Agrícola coenvolve duas temáticas que importa dissecar: por um lado, o contrato de locação financeira e, por outro, a garantia bancária prestada.

Dividiremos, por isso, o parecer em dois capítulos: contrato de locação financeira (Capítulo I); garantia bancária (Capítulo II).

CAPÍTULO I
CONTRATO DE LOCAÇÃO FINANCEIRA

2 – De tipo social a tipo legal

Através da autonomia privada e da liberdade contratual os agentes económicos têm feito sentir a sua riqueza inventiva.

Em particular no mundo dos negócios os novos contratos criados pela prática comercial não páram de florescer como instrumentos jurídicos ao serviço das necessidades múltiplas das empresas, seja no sector de financiamento – pense-se no *leasing*, no *factoring*, no *forfaiting*, no *confirming* –, seja no domínio das garantias – pense-se na garantia autónoma ou independente e nas cartas de conforto –, seja no sector da distribuição – pense--se no *franchising*, no *cash and carry*, no *discount* –, seja no sector dos serviços – pense-se, sobretudo, no contrato de *engineering* –, seja no domínio de transferência de tecnologia com os contratos de *know how*, seja no sector das novas tecnologias com realce para os *contratos de computadores e de informática* em geral.

Nascidas da *praxis negocial*, estas e outras formas contratuais da economia cedo se impuseram no tráfego como modernos "tipos sociais" ([2]).

([2]) A liberdade de tipos negociais (*Typenfreiheit*) e correspondente afastamento de um *numerus clausus* de contratos integra a liberdade contratual, na vertente da liberdade de fixação de conteúdo, através da qual se cria direito, um direito ágil e necessário à vida (*soft law* e *law in action*) orientado por uma intenção de equidade, com o direito dispositivo a assumir carácter de guia normativo. Porém, a perversão do fenómeno provocada pela parte mais forte justifica a legislação sobre condições negociais gerais ou contratos de adesão e o controlo jurisprudencial em nome da justiça contratual e do princípio da boa fé na formação e na execução dos contratos.

Sobre o fenómeno geral dos tipos de contratos e da liberdade de tipos como liberdade de conteúdo contratual, vide H. DILCHER, *Typenfreiheit und*

O mesmo não se pode dizer, contudo, quanto ao seu reconhecimento como *tipos legais*. Na verdade, apesar da importância sócio-económica do fenómeno, em geral o legislador não tem intervindo no sentido de disciplinar essas novas figuras no Código Civil ou em leis avulsas. Pelo que os falados modernos tipos contratuais continuam a ser quase todos contratos inominados ou contratos atípicos. Destarte deparamo--nos aqui com um vasto campo para doutrinas e jurisprudências exercerem activamente a sua actividade em nome da justiça contratual, tanto mais que o fenómeno em causa de "legislação privada" se encontra muito difundido sob a forma de contratos estandardizados, de contratos de série.

No caso concreto de *leasing*, em Portugal a intervenção legislativa teve lugar logo em 1979, pelo Decreto-Lei n.° 171/79, de 6 de Junho, e mais tarde, em 1991, pelo Decreto-Lei n.° 10/91, de 9 de Janeiro – aquele diploma legal consagrou a disciplina geral da matéria; este alargou a figura ao domínio da habitação própria do locatário.

3 – Noção

O artigo 1.° do citado Decreto-Lei n.° 171/79 define assim o contrato de locação financeira:

"Locação financeira é o contrato pelo qual uma das partes se obriga, contra retribuição, a conceder à outra o gozo

---

inhaltliche Gestaltungsfreiheit bei Verträgen, NJW 1960, p. 1040 e segs.; SIGULLA, *Vertragstypologie und Gesetzesleitbilder in modernen Dienstleistungsrecht*, 1987; LEENEN, *Typus und Rechtsfindung*, Die Bedeutung der typologischen Methode für die Rechtsfindung, dargestellt am Vertragsrecht des BGB, 1971; WEICK, *Die Idee des Leitbildes und die Typisierung im gegenwärtigen Vertragsrecht*, NJW 1978, p. 11 e segs.; SACCO, *Autonomia contrattuale e tipi*, Riv. trim. dir. proc. civ. 1966, p. 785 e segs.; DE NOVA, *Il tipo contrattuale*, Padova, 1974.

temporário de uma coisa, adquirida ou construída por indicação desta e que a mesma pode comprar, total ou parcialmente, num prazo convencionado, mediante o pagamento de um preço determinado ou determinável, nos termos do próprio contrato".

Segue-se da definição legislativa, como primeira grande nota digna de realce, que a operação de *leasing* não se resolve numa pura e simples relação bilateral entre locador e locatário pela concessão do gozo temporário da coisa contra o pagamento de renda acordada. Na complexidade da operação de locação financeira está coenvolvida uma terceira parte [3], o fornecedor

---

[3] Não olvidamos o chamado *lease-back,* em que a coisa é adquirida pelo (futuro) locador – a sociedade de locação financeira – ao (futuro) locatário: este, proprietário da coisa, vende-a à sociedade de locação financeira que, por sua vez, a concede em *leasing* ao primeiro. Nesta modalidade há, pois, apenas dois sujeitos, mas um deles com dupla veste em dois contratos distintos – a veste de vendedor na compra e venda celebrada com a sociedade de *leasing* e a veste de locatário no contrato de locação financeira propriamente dito.

Embora não se verifique a trilateralidade típica da locação financeira – e, como tal, não seja *leasing* financeiro *sensu proprio* –, a licitude da *"sale and lease back"* deve ser admitida em face do direito português. Designadamente, a figura jurídica em causa não se nos afigura nula com base na proibição do *pacto comissório* (arts. 694.°, 665.° e 678.° do Código Civil). Repare-se, com efeito, que na *venda com locação financeira de retorno* a transferência da propriedade da coisa do vendedor-futuro locatário para o comprador-futuro locador é efeito imediato do contrato de compra e venda (arts. 408.°, n.° 1, 874 e 879, al. *a*), do Código Civil), anterior, portanto, ao (eventual) incumprimento do devedor; já no pacto comissório a transmissão da propriedade dá-se só no futuro, no momento da falta de pagamento da dívida no termo fixado.

Não se argumente, contra o que acaba de dizer-se, que na *sale and lease-back* a transferência da propriedade é imediata, embora sob a condição resolutiva de cumprimento do devedor-locatário. Não é essa, com efeito, a real fisionomia da *sale and lease-back.* Como é sabido, esta traduz-se na venda de um bem pelo proprietário a uma sociedade de *leasing,* a qual assume a obrigação de concedê-lo em locação financeira ao próprio vendedor. E assim, através desta técnica de financiamento, o vendedor passa a dispor de capitais frescos necessários à sua actividade, resultantes da desmobilização de parte do património que, apesar de deixar de pertencer-lhe em propriedade, continua a utilizar na empresa, como acontece na

Locação financeira e garantia bancária

ou construtor da coisa, com quem o locador contratou por indicação do locatário. É que alguém interessado na celebração de contrato de locação financeira tem de dirigir-se e apresentar a uma sociedade de *leasing* uma proposta com a indicação do vendedor, da coisa a adquirir, devidamente caracterizada, dos prazos de entrega e demais cláusulas do contrato (art. 7.º do Dec.-Lei n.º 101/79). Desta sorte a coisa objecto do *leasing* é adquirida (ou mandada construir) a *terceiro* pelo locador–financiador, por indicação do locatário. Ou seja: característica do *leasing* financeiro é a existência de uma *relação económica trilateral* ou triangular, pela interposição de uma terceira pessoa independente – uma sociedade de locação financeira entre o produtor ou comerciante fornecedor do bem e o locatário (⁴).

---

locação financeira trilateral pura. Na *sale and lease-back* não se verifica, portanto, a preexistência de uma dívida, necessária à configuração do pacto comissório.

Por outro lado, no caso de pagamento integral e pontual das rendas, a venda não se resolve; o vendedor-locatário, para voltar a ser proprietário do bem, tem de exercer a chamada opção de compra, caracterizante da locação financeira, pagando o respectivo preço residual. O que prova ser pura e simples a venda, não sujeita a condição resolutiva.

Em conclusão: estrutural e funcionalmente lícita, a *sale and lease-back não viola a proibição do pacto comissório*. Em geral, vide Diogo Leite de Campos, *Nota sobre a admissibilidade da locação financeira restitutiva (lease-back) no Direito Português*, in "R.O.A." ano 42, Lisboa, 1982.

(⁴) Fora do âmbito do *leasing* puro ou *leasing* propriamente dito está o chamado "leasing directo" ou *leasing* do produtor ou do comerciante (*Herstellerleasing, Händler-leasing*), por faltar a relação triangular típica que vai assinalada em texto. No "*leasing directo*" é o próprio produtor ou comerciante que dá em locação coisa sua; pelo que o mesmo deve ser qualificado como contrato de locação pura, se não for compra e venda a prestações (art. 934 e segs. Cód. Civ.), ou locação-venda (art. 936, n.º 2, Cód. Civ.). (Cfr. Palandt, BGB, 53.ª ed., 1994, Einf V.§ 535, anotação 29; Martinek, *Moderne Vertragstypen*, I, *Leasing und Factoring*, 1991, págs. 56 a 59).

Repare-se, contudo, no Decreto-Lei n.º 19/91, de 9 de Janeiro – diploma regulador da locação financeira de imóveis para habitação –, cujo artigo 5.º, n.º 1, reza assim:

"*Podem ser objecto do contrato de locação financeira bens que já fossem propriedade do locador ou que por este sejam adquiridos, sob proposta do interessado*".

A segunda nota a destacar da noção legislativa de locação financeira é a da consagração da *chamada opção de compra* do locatário: no termo do prazo, o locatário pode comprar a coisa locada, objecto do *leasing*, pelo preço residual fixado ou determinável *ab initio* no próprio contrato.

Para melhor compreensão da assinalada trilateralidade da operação de *leasing*, no sentido de que do ponto de vista económico constituem uma unidade as relações entre vendedor, locador e locatário, importa dissecar a formação do contrato. É o que vamos fazer de imediato, sem mais delongas.

4 – Formação do contrato

Técnica de financiamento que permite ao interessado obter e utilizar uma coisa sem ter de pagar imediatamente o preço, a locação financeira forma-se de modo sucessivo mediante processo em várias fases que interliga três pessoas: fornecedor da coisa, o utilizador da mesma e o financiador da operação.

Em vez da técnica tradicional da venda directa da coisa pelo fornecedor ao utilizador, pagando este o preço com

---

Admite-se, no artigo transcrito, a coincidência na mesma pessoa jurídica da dupla qualidade que caracteriza o "leasing directo": o vendedor ou fornecedor é o próprio locador. O perímetro da aplicação da norma é, porém, limitado aos casos em que a sociedade de locação financeira seja ela própria proprietária da coisa a locar, como resulta da conjugação dos artigos 2.º e 5.º: pelo primeiro, só a sociedade de locação financeira pode ser locador; pelo segundo, podem ser objecto de *leasing* bens que já fossem propriedade do locador. A razão é de ordem prática: as sociedades de *leasing* são instituições de crédito (cfr. art. 3.º, al. g), do Decreto-Lei n.º 298/92, de 31 de Dezembro), financiadores especializados sem vocação de proprietário. Pelo que, quando, por incumprimento do locatário, a "propriedade económica" se junta à "propriedade jurídica" do bem locado na sociedade de *leasing*, a lei permite a esta a celebração de novo contrato de locação financeira com outra pessoa interessada.

empréstimo obtido numa instituição de crédito, o interessado obtém o mesmo resultado ou resultado idêntico pelo recurso à locação financeira: o fornecedor vende a coisa à sociedade de *leasing* e esta paga o preço e dá-a imediatamente em locação ao utilizador (locatário) contra o pagamento de renda periódica. Temos assim coenvolvidas na operação três pessoas e dois contratos firmados: por um lado, o contrato de compra e venda entre o fornecedor e a sociedade de *leasing*, e, por outro, o contrato de locação financeira propriamente dito entre a sociedade de *leasing* e o utilizador.

É esta complexidade das relações entre as três partes envolvidas nos dois contratos celebrados que explica o *processo* de formação da operação do *leasing* financeiro ([5]).

Habitualmente, o futuro utilizador toma a iniciativa de contactar com o fornecedor, escolhe a coisa que poderá vir a ser o objecto da locação e acorda com ele as condições da sua aquisição por uma sociedade de *leasing*. Aquando desta negociação preliminar, o futuro utilizador normalmente ainda não entrou em contacto com a sociedade de *leasing*. Nessas circunstâncias não pode ver-se o futuro utilizador como mandatário da sociedade de *leasing* na preparação da compra e venda. Daí o disposto no artigo 53.ª do Decreto-Lei n.º 171/79:

> "Quando, antes de celebrado um contrato de locação financeira, qualquer interessado tenha procedido à encomenda de equipamento, com vista a contrato futuro, entende-se que actua por sua conta e risco, não podendo a sociedade locadora ser, de algum modo, responsabilizada por prejuízos eventuais decorrentes

---

([5]) Cfr. GUERRERA, *Il procedimento di formazione dell'operazione di leasing finanziario*, in "Rassegna dir. civ." 1987, pág. 861; HOCK/FROST, *Ratgeber leasing*, 2.ª ed., 1993, pág. 38 e segs.

da não conclusão do contrato, sem prejuízo do disposto no artigo 227.° do Código Civil" (6).

Menos que uma promessa unilateral de venda para pessoa a nomear, a situação do fornecedor que chegou a acordo com o futuro utilizador será normalmente a de oferta ou proposta de contrato, à espera da aceitação ulterior da sociedade locadora para se concluir a compra e venda.

Depois de ter chegado a acordo nessa negociação preliminar com o fornecedor, o futuro utilizador dirige-se à sociedade de locação financeira, "apresentando uma *proposta* com a indicação do vendedor, da coisa a adquirir, devidamente caracterizada, dos prazos de entrega e demais cláusulas do contrato" (art. 7.° do Dec.-Lei n.° 171/79).

Naturalmente, a sociedade de locação financeira é livre de aceitar ou recusar a proposta apresentada, depois de a examinar e estudar a situação, principalmente a solvabilidade do vendedor e do interessado no financiamento da operação. Se a recusa, isso significará a não conclusão do contrato de locação financeira entre a sociedade de *leasing* e o futuro utilizador, com a consequente não celebração da compra e venda entre aquela e o fornecedor. Não se descortinando razões para a responsabilização da sociedade de *leasing* pela não conclusão da compra e venda, resta ao fornecedor lesado a via da responsabilidade por culpa *in contrahendo* (art. 227.° do Código Civil) *do potencial utilizador que tenha procedido à encomenda da coisa com vista ao futuro contrato de compra e venda*, conforme prevê o artigo 30.° do Decreto-Lei n.° 171/79 (7-8).

----

(6) A ressalva do disposto no art. 227.° do Código Civil significa a possível responsabilidade pré-contratual do futuro utilizador perante o fornecedor a quem fez a encomenda da coisa, se a compra e venda não chega a firmar-se.

(7) Porém, a responsabilidade pré-contratual do potencial utilizador não existirá se a natureza *eventual* da compra e venda resultar expressamente dos termos da encomenda da coisa. Neste caso, o fornecedor sabe que a venda não passa de uma eventualidade, dependente de acordo da sociedade de locação financeira, elemento essencial à existência da compra e venda.

Inversamente, se, após exame, a proposta é aceite, sociedade de *leasing* e futuro utilizador concluem o contrato de locação financeira, precisando nas respectivas cláusulas as obrigações de uma e de outro. Contrato que é *consensual* – concluindo-se, portanto, com o consentimento do locador e do locatário, sem necessidade da entrega da coisa – e *formal* (art. 8.º do Dec.-Lei n.º 171/79): *a locação financeira mobiliária deve ser celebrada por documento particular seguido de autenticação notarial ou reconhecimento por semelhança*, consoante a coisa móvel locada esteja ou não sujeita a registo; a *locação financeira imobiliária deve ser celebrada por escritura-pública* ([°]). Uma vez celebrado validamente, o contrato de locação financeira produz efeitos imediatos (art. 13.º, n.º 1, do Dec.-Lei n.º 171/79). No entanto, porque aquando da conclusão do contrato a coisa locada não é ainda propriedade do locador, *a locação financeira é frequentemente celebrada sob condição suspensiva*: "as partes podem – refere o art. 13.º, n.º 2, do Dec.-Lei n.º 171/79 – condicionar o início da sua vigência à efectiva *aquisição* ou construção, quando disso seja caso, das coisas locadas, à sua *tradição* a favor do locatário ou a quaisquer outros factos". No caso de não verificação da

---

([*]) Pelo art. 227.º, ressalvado no art. 30.º do Dec.-Lei n.º 171/79, pode responsabilizar-se igualmente o fornecedor perante o futuro utilizador por ruptura injustificada das tratativas ou outras causas. Essas negociações devem ser vistas em função da trilateralidade da operação de locação financeira em formação, com estreita ligação ou coligação do contrato de compra e venda e da locação propriamente dita.

Para a extensão da responsabilidade pré-contratual a terceiros, não futuras partes contratantes, cfr. JOÃO CALVÃO DA SILVA, *Responsabilidade civil do produtor*, Coimbra, 1990, pág. 338, nota 3.

([°]) Veja-se, porém, o artigo 6.º do Decreto-Lei n.º 10/91, nos termos do qual o contrato de locação financeira de imóvel destinado a habitação própria do locatário fica sujeito a *reconhecimento presencial* (e a registo) – logo, é suficiente para a sua validade a celebração por documento particular com reconhecimento presencial das assinaturas pelo notário (art. 375.º do Cód. Civil; art. 165.º, n.º 3, do Código do Notariado).

condição ou de certeza de que ela não pode verificar-se (art. 275.º do Código Civil), a vigência do contrato não chega a iniciar-se, tudo se passando como se o mesmo não tivesse sido concluído ([10]).

Concluído o contrato de locação financeira, segue-se a celebração da compra e venda da coisa locada. A sociedade locadora compra ao fornecedor a coisa locada – nos termos acordados nas (já referidas) tratativas pré-contratuais entre este e o futuro utilizador (ora locatário) e que aquela aceitou – para conceder o gozo da mesma ao locatário ([11]). Deste modo, pela celebreção da compra e venda, a sociedade de locação financeira torna-se *proprietária* da coisa (cfr art. 408.º, n.º 1, do Código Civil) que já antes havia locado como bem relativamente futuro (cfr. arts. 211.º, 399.º e 880.º do Código Civil). *É que a sociedade de leasing conclui a compra e venda em nome próprio e por conta própria, e não por conta do locatário.*

Realmente, a sociedade locadora não recebe mandato para comprar a coisa ao fornecedor por conta do locatário, nem mandato com representação (art. 1178.º do Código Civil) – a sociedade locadora actua em nome próprio e o efeito real da transferência da propriedade produz-se na sua esfera jurídica – nem mandato sem representação (art. 1180 Cód. Civ.) ([12]):

([10]) Cfr. PIRES DE LIMA e ANTUNES VARELA, *Códio Civil anotado,* vol. I, 4.ª ed., com a colaboração de HENRIQUE MESQUITA, Coimbra, 1987, anotação ao art. 275.º.

([11]) O modo de formação do contrato de *leasing* descrito em texto é o que vai subjacente ao Dec.-Lei n.º 171/79. Por vezes, porém, a iniciativa cabe ao fornecedor que conclui uma convenção-quadro com a sociedade de locação financeira – fala-se, nesse caso, de *"leasing convencionado"*. Neste, a sociedade de *leasing* compromete-se a adquirir os bens produzidos pelo fornecedor e a locá-los aos utilizadores indicados por ele. O fornecedor vincula-se a readquirir o bem se, findo o contrato, o locatário não exerce a chamada opção de compra.

([12]) No sentido de que a sociedade locadora conclui a compra e venda em nome próprio mas por conta do locatário, cfr. CANARIS, *Bankvertragsrecht,* anots.1718, 1719; CANARIS, *Finanzierungsleasing und Wandelung,* "NJW" 1982,

a propriedade pertence à sociedade locadora que só é obrigada a vender a coisa ao locatário caso este queira, finda a locação, por força da dita *opção de compra* estipulada no contrato de locação financeira propriamente dito – concluir-se-á um novo contrato de compra e venda da coisa pelo preço residual.

Conquanto conexos, a compra e venda celebrada entre fornecedor e sociedade de *leasing e o contrato de locação financeira* concluído entre esta e o locatário *são dois contratos distintos*: a prestação do vendedor-fornecedor é sinalagmática do pagamento do preço pela compradora (e sociedade locadora) e não das rendas a pagar pelo locatário; a instantaneidade da compra e venda entre fornecedor e locador contrasta com a duração da locação financeira entre locador e locatário. Aspectos que, *inter alia*, evidenciam de per si como a *trilateralidade económica* da operação não encontra nem pode encontrar absoluta correspondência no plano jurídico: por um lado, o consentimento do fornecedor não é necessário para a conclusão do contrato de leasing propriamente dito – logo, este não é contrato trilateral em sentido estritamente jurídico; por outro lado, não pode afirmar-se que o fornecedor se determine e decida a vender porque a coisa vai ser concedida em *leasing* pelo adquirente – logo, não se pode dizer que haja uma coligação negocial em sentido técnico, com a consequência de que a patologia de um contrato acarreta automaticamente a patologia do outro.

Mas apesar de distintos, a interligação entre os dois contratos é feita em vários aspectos pelas partes através de cláusulas neles inseridas e também pela própria lei – *verbi gratia*, cessão pelo comprador da garantia dos vícios da coisa contra o vende-

---

p. 305 e segs. Este ponto de vista do consagrado autor não tem sido seguido na jurisprudência nem na grande maioria da doutrina.

Para a crítica à posição de CANARIS, cfr., por todos, REINICKE/TIEDTKE, *Kaufrecht*, 3.ª ed., 1987, pág. 323 e segs.

dor para o locatário (arts. 20.º e 23.º do Dec.-Lei n.º 171/79); transferência do risco da coisa do comprador para o locatário (art. 25.º do Dec.-Lei n.º 171/79). O que se compreende bem se e só se atentarmos no *leasing como método de investimento e de financiamento*, constituindo estas funções parte do seu verdadeiro e profundo fundamento: um empresário, investidor e locatário, interessado numa coisa; um produtor ou comerciante que tem essa coisa para alienar; uma instituição de crédito com interesse no financiamento dessa mesma operação. Só que a sociedade de locação financeira não concede um crédito ao locatário para que este compre a coisa e a integre no seu próprio património – *logo, não é contrato de crédito*. A socidade de locação financeira compra para si a coisa e esta fica no seu património, *servindo a sua propriedade de garantia do financiamento que acaba de fazer – e esta função de financiamento permite distinguir o leasing da tradicional locação*, contrato típico regulado no Código Civil. Assim o *leasing acaba por constituir um sucedâneo ou substituto funcional da compra*: o locatário adquire a "*leadership not ownership*", a "propriedade económica" ou "propriedade substancial" mas não a "propriedade jurídica" ou "propriedade formal" da coisa, sem entrar com capital e aplicando a regra de ouro de financiamento "*pay as you earn*", com as vantagens fiscais daí decorrentes.

Por fim, uma palavra para a *publicidade do leasing*. No tocante ao *leasing* imobiliário ou de móveis registáveis, a locação financeira fica sujeita a inscrição na competente conservatória do registo (art. 9.º, n.º 1, do Decreto-Lei n.º 171/79). No concernente aos demais *leasings*, deve ser colocada placa ou aviso visível nas coisas móveis, indicativo do direito de propriedade da sociedade de locação financeira (art. 9.º, n.º 2, do Dec.-Lei n.º 171/791).

5 – Direitos e deveres das partes

Sendo três as pessoas – fornecedor, locador e locatário – intervenientes na operação de locação financeira, as quais celebrem dois contratos, os direitos e deveres das partes têm de verificar-se nas correspondentes relações contratuais.

I) *Na relação contratual entre fornecedor e locador vale,* naturalmente, *o direito da compra e venda.* Assim, o fornecedor está especialmente obrigado a entregar a coisa e o locador a pagar o preço (art. 879.° do Código Civil).

II) *Na relação entre locador e locatário aplica-se o direito da locação financeira.*

A) *No concernente ao deveres da sociedade locadora,* dispõe o artigo 19.° do citado Decreto-Lei n.° 171/79: "Em relação à coisa locada, está o locador, em especial, adstrito a:

a) Adquirir ou construir a coisa nos termos acordados;

b) Conceder o gozo da coisa ao locatário pelo prazo do contrato;

c) Vender a coisa ao locatário, caso este o queira, findo o contrato.

Estamos já em condições de perceber todas estas obrigações.

A obrigação principal do locador é a de conceder o gozo da coisa ao locatário.

Mas para poder cumprir essa obrigação, o locador tem, em primeiro lugar, de comprar[13] ao fornecedor a coisa locada nos termos da proposta apresentada pelo futuro utilizador, ora locatário, e aceite pela sociedade locadora (artigo 7.° do Decreto-Lei n.° 171/79).

---

[13] Ou mandá-la construir se for caso disso, celebrando um contrato de empreitada com o fornecedor.

Ou seja: celebrado o contrato de locação financeira, o locador tem a obrigação de firmar a compra e venda para adquirir a propriedade da coisa e poder conceder o gozo da mesma ao locatário, financiando, assim, a operação pelo pagamento do preço da compra. Daí a frequente dependência da eficácia do *leasing* da existência da compra e venda, com as partes a condicionarem o início da vigência daquele contrato à efectiva aquisição da coisa (art. 13.º, n.º 2, do Dec.-Lei n.º 171/79).

Em segundo lugar, não se pode conceder o gozo da coisa sem a entrega da mesma ao locatário. Vale dizer, por outras palavras, que *a entrega é instrumental da concessão do gozo*, pois esta comporta logicamente aquela. Logo, o locador deve entregar a coisa locada para conceder o gozo da mesma ao locatário pelo prazo do contrato.

Recaindo a obrigação de entrega da coisa ao locatário sobre o locador, este tanto pode cumpri-la directamente como valendo-se da cooperação do fornecedor.

Cumpri-la-á directamente se tiver a coisa em seu poder, na sua detenção e disponibilidade material, em virtude de a mesma lhe ter sido restituída em consequência da cessação de locação financeira anterior, ou porque a mesma lhe foi entregue pelo fornecedor em cumprimento da obrigação emergente da compra e venda.

Mas nada impede o locador de cumprir a obrigação de entrega da coisa estipulando com o fornecedor que a entregue directamente ao locatário e com este que a receba directamente daquele. É esta uma *praxis* negocial, igualmente utilizada no caso dos autos que, desta sorte, não foge às habituais condições negociais gerais dos contratos de locação financeira. *Nestes casos, o fornecedor é auxiliar do locador no cumprimento da obrigação de entrega* (art. 800.º do Código Civil) e o locatário recebe a coisa em nome próprio e em nome da sociedade locadora: em nome

Locação financeira e garantia bancária 23

próprio, porque esse direito lhe advém do contrato de *leasing*; em nome da sociedade locadora, porque esta, tendo direito à entrega da coisa por força do contrato de compra e venda, o "mandatou" para esse efeito.

O locador não tem, todavia, a obrigação de garantia dos vícios da coisa entregue ao locatário, conforme resulta do artigo 20.º do Decreto-Lei n.º 171/79, que estatui da forma seguinte:

> "O locador não responde pelos vícios da coisa locada ou pela sua inadequação face aos fins do contrato, salvo o disposto no artigo 1034.º do Código Civil".

Compreende-se que assim seja. Por um lado, a vocação principal do locador é a de intermediário financeiro, de "capitalista" financiador. Por outro lado, foi o locatário que fez a prospecção do mercado, que escolheu o equipamento destinado à sua empresa e é ele que o vai·utilizar, com opção de compra findo o contrato. Nada mais natural, portanto, do que *a transferência legal para o locatário dos riscos e da responsabilidade conexos ao gozo e disponibilidade material da coisa que passa a ter após a entrega, incluindo a sua manutenção e conservação (art. 24.º, al. c), do Decreto-Lei n.º 171/79) e o risco do seu perecimento ou da sua deterioração (ainda que) imputável a força maior ou caso fortuito* (art. 25.º do Dec.-Lei n.º 171/79) ([14]). No fundo é co-natural ao *leasing* que a sociedade locadora se obrigue a adquirir e a conceder o gozo da coisa ao locatário mas se desinteresse ou exonere dos riscos e da responsabilidade relativos à sua utilização.

([14]) Neste caso, o locatário tem a obrigação de pagar as rendas, deduzida, embora, a indemnização paga pelo seguro (art. 24.º, al. e), do Dec.-Lei n.º 171/79)

A inversão do risco – *res perit domino* (art. 796.º do Cód. Civil) e nos contratos meramente obrigacionais a impossibilidade da prestação não imputável ao devedor exonera o credor da contraprestação (art. 795.º, n.º 1, do Código Civil) – consagrada no artigo 25.º do Decreto-Lei n.º 171/79 assegura à sociedade de *leasing* a restituição do financiamento lucrativo.

Para equilibrar as coisas e não colocar o locatário numa posição injustificadamente onerosa, coerentemente e correlativamente com aquela desresponsabilização do locador pelos vícios materais [15] da coisa, "o locatário pode exercer contra o vendedor ou o empreiteiro, quando disso seja caso, *todos* os direitos relativos à coisa locada" (art. 23.º do Decreto-Lei n.º 171/79. Noutros termos: o locatário pode propor directamente contra o vendedor *todas* as acções que, enquanto adquirente da coisa, competiriam ao locador-proprietário, contempladas no artigo 913.º e segs. do Código Civil: anulação da venda, redução do preço (*actio quanti minoris*), indennização do dano, reparação ou substituição da coisa) [16]. A anulação da venda e a redução do preço acarretarão, consequencialmente, a anulação do contrato de locação financeira e a redução proporcional da renda a pagar pelo locatário, respectivamente [17].

B) *Os deveres específicos do locatário* estão previstos no artigo 24.º do Decreto-Lei n.º 171/79, que reza desta forma:

---

[15] Quanto aos vícios jurídicos o artigo 20.º do Decreto-Lei n.º 171/79 ressalva a aplicação do artigo 1034.º do Código Civil.

[16] Cfr. João Calvão da Silva, *Responsabilidade civil do produtor, cit.*, pág. 193 e segs.

[17] A redução proporcional da renda no caso de procedência da *actio quanti minoris* está expressamente prevista no n.º 2 do art. 10.º do Dec.-Lei n.º 171/79, nos termos seguintes:

"Se, por força do incumprimento de prazos ou de quaisquer outras cláusulas contratuais por parte do fornecedor ou construtor dos bens locados ou ainda de funcionamento defeituoso ou de rendimento inferior ao previsto dos equipamentos locados, se verificar, nos termos da lei civil, uma redução do preço das coisas fornecidas ou construídas, *deve a renda a pagar pelo locatário ser proporcionalmente reduzida*".

Na anulação da venda o reembolso do financiamento feito pela sociedade de *leasing* fica assegurado pela devolução do preço pago (art. 289.º do Código Civil).

Locação financeira e garantia bancária

"O locatário está, em especial, adstrito a:
a) *Pagar a renda acordada*;
b) Não mover as coisas locadas para sítio diferente do contratualmente previsto, salvo autorização do locador;
c) Suportar, desde o início da vigência do contrato, todas as despesas de transporte e respectivo seguro, montagem, instalação e *reparação da coisa locada*;
d) Avisar imediatamente o locador sempre que tenha conhecimento de vícios da coisa ou saiba que a ameaça algum perigo ou que terceiros se arrogam direitos sobre ela, quando o locador o ignore;
e) Efectuar o *seguro* da coisa locada por forma a abranger a sua perda ou deterioração e a responsabilidade civil emergente de danos por ela provocados;
f) *Restituir a coisa* locada em bom estado, salvas as deteriorações inerentes a uma utilização normal, *findo o contrato*, quando não opte pela sua aquisição, suportando todas as despesas necessárias para a devolução ao locador, incluindo as do seguro, se indispensável".

A obrigação principal do locatário é, naturalmente, a de pagar a renda acordada. Através dela o locatário paga o "preço" da compra e venda, custos, juros, riscos do crédito e lucro da sociedade de *leasing* que, assim, obtém o reembolso do financiamento feito. Daí o disposto no n.º 1 do artigo 10.º do Decreto-Lei n.º 171/79:

"A renda a propor deve permitir, dentro do período de vigência do contrato, a amortização do bem locado e cobrir os encargos e a margem de lucro da sociedade de locação financeira".

Depois, porque o locador tem a obrigação de conceder mas não de assegurar [18] *o gozo da coisa ao locatário,* cabe a este a *manutenção e conservação do bem em bom estado,* efectuando todas as despesas necessárias. O que se revela harmónico com a *função de financiamento* desempenhada pela sociedade de *leasing,* que compra a coisa para a dar em locação financeira, com opção de compra a final, e que, por isso mesmo, a partir da concessão do gozo da mesma ao locatário, se "desinteressa" dos riscos e responsabilidade conexos à sua utilização. Ainda assim, porque *a propriedade garante o financiamento,* à locadora-proprietária não é indiferente a conservação da coisa em bom estado. Daí o direito de verificação ou exame da coisa reconhecido por lei ao locador (art. 18.°, al. b), do Dec.-Lei n.° 171/79). De algum modo corolário da obrigação de conservação da coisa é ainda a já assinalada assunção pelo locatário do risco de perecimento ou deterioração da coisa (art. 25.° do Dec.-Lei n.° 171/79).

De evidenciar igualmente a *obrigação de seguro,* para abranger a perda ou deterioração da coisa e a responsabilidade civil por danos causados por ela a terceiros ou a coisas de terceiros.

Por fim, diga-se que o locatário não tem o *abusus* da coisa – logo, não pode vendê-la nem destruí-la – e o *usus* e *frutus* devem respeitar o fim do contrato, numa utilização normal [19]. Findo o contrato, se não optar pela compra, o

---

[18] Diferentemente da locação (cfr. art. 1031.°, al. b), do Código Civil).

[19] O locatário já pode, porém, transmitir ou onerar, *com autorização expressa do locador* – o que prova o carácter *intuitus personae* –, total ou parcialmente, o seu direito. Já a pessoa do locador não reveste a natureza de *intuitus personae,* razão por que goza da liberdade de alienar a coisa locada. Mas a posição do locatário não sai prejudicada, porquanto a sociedade de locação

locatário tem de *restituir* a coisa em bom estado ([20]), salvas as deteriorações inerentes à sua utilização normal.

6 – Consequências da não entrega da coisa ao locatário

Explanar as consequências da violação de todos os deveres emergentes da relação triangular da operação de *leasing* entre fornecedor e locador, locador e locatário, locatário e fornecedor seria interessante. Levar-nos-ia, porém, longe de mais e sem interesse directo para o caso vertente. Cingir-nos-emos por isso ao aspecto da não entrega da coisa ao locatário, pedra angular da resposta à consulta formulada *supra*.

Efectivamente, damos por assente que o *objecto da locação financeira mobiliária celebrada* – três câmaras desmontáveis para armazenamento de produtos congelados – *nunca terá sido entregue ao locatário. Afinal, será falso o "Auto de Recepção e Conformidade do Equipamento", assinado por fornecedor e locatário.*

A ser isto assim, *que consequências decorrem da não entrega da coisa ao locatário?* O risco da não entrega da coisa corre por conta do locador ou do locatário?

Para quem veja o contrato de locação financeira como contrato de financiamento, pondo a sociedade de *leasing* numa situação de mera intermediária financeira, o risco da não entrega da coisa pelo fornecedor correrá por conta do locatário. Neste ponto de vista a sociedade de locação financeira obrigar-se-ia perante o locatário a adquirir a coisa, financiando a operação, mas não já a conceder-lha em gozo,

---

financeira adquirente ocupa a mesma posição da sua antecessora (art. 14.º do Dec.-Lei n.º 171/79), mantendo, portanto, as mesmas obrigações que a cedente.

([20]) Nada impede, naturalmente, a celebração de novo contrato de locação financeira entre as mesmas partes (art. 16.º do Dec.-Lei n.º 171/79).

recaindo esta segunda obrigação – a concessão do gozo da coisa ao locatário – sobre o fornecedor. Distinguir-se-ia assim, com toda a nitidez, o momento financeiro do momento "real" da disponibilidade material da coisa, para concluir não serem de imputar à sociedade de *leasing* todas as vicissitudes relativas à coisa após a sua aquisição: a sociedade locadora seria inadimplente no contrato de locação financeira se não adquirisse a coisa, pela celebração da compra e venda e pagamento do preço, mas não já se não a entregasse ou não cumprisse obrigações sucessivas. Neste sentido, o regime contratual corrente de prescrever ao fornecedor o dever de entregar o bem directamente ao fornecedor e exonerar do correspondente risco e responsabilidade a sociedade de *leasing*.

Não é este, porém, o ponto de vista doutrinário que melhor capta a essência da locação financeira. Não é este o ponto de vista que dê o retrato completo e fiel do *leasing*. E, decisivo e mais importante que tudo, não é esta seguramente a natureza jurídica do *Leasing* regulado na lei portuguesa.

Na verdade, nos termos do Decreto-Lei n.º 171/79 e do regime nele vertido, *o leasing não pode reduzir-se a mero contrato de financiamento. A função de financiamento decorre de um dos deveres principais do locador – o dever de adquirir (ou construir) a coisa nos termos acordados* (al. a) do art. 19.º). *Mas outro dos deveres principais do locador é o de "conceder o gozo da coisa ao locatário pelo prazo do contrato"* (al. b) do art. 19.º). Logo, a *função da concessão do gozo* da coisa ao locatário é essencial e fundamental à caracterização do *leasing*, tal qual este se encontra disciplinado na lei portuguesa. Pelo que, seguindo a metodologia correcta – a metodologia de partir do regime legal para a construção jurídica, sob pena de por caminho inverso cairmos em conceitualismo ultrapassado e sepultado –, a *função de financiamento e a função de concessão do gozo da coisa coexistem na locação financeira.*

Sendo esta a bifunção ou dupla causa do *leasing* – bifunção que caracteriza o *Leasing* como contrato *sui generis* ([21]) –, não pode afirmar-se que a sociedade locadora tenha apenas de concluir a compra e venda com o fornecedor da coisa locada e pagar pontualmente o preço da compra. A mais desta obrigação, *a sociedade locadora tem um outro dever principal – o dever de conceder o gozo do objecto* ([22]) *– que não pode cumprir senão através da (instrumental) entrega da coisa ao locatário,* como tivemos ocasião de ver ([23]).

Que em face da lei portuguesa não pode haver qualquer dúvida séria quanto à obrigação do locador de entregar a coisa ao locatário para que este a possa gozar resulta ainda do próprio artigo 1.º, do n.º 2 do artigo 10.º e do artigo 20.º, todos do Decreto-Lei n.º 171/79:

Do artigo 1.º porque *a noção de leasing põe o acento tónico no dever de "concessão do gozo da coisa":* locação financeira é o contrato pelo qual *uma das partes se obriga,* contra retribuição, *a conceder à outra o gozo temporário de uma coisa,* adquirida ou construída por indicação desta...";

([21]) A natureza bifuncional do *leasing*, que entre nós resulta da lei, ou a sua qualificação como contrato de locação atípica ou mesmo locação pura predomina largamente na Alemanha. E o Supremo Tribunal alemão aplica ao *leasing* "*em primeira linha o direito de locação*" (*in erster linie Mietrecht*) – cfr. BGHZ 82, 121, 125, *in* "NJW" 1982, pág. 870 e segs.; BGHZ 96, 103, 106, *in* "NJW" 1986, pág. 179 e segs.; BGHZ 97, 135, 139, *in* "NJW" 1986, pág. 1744 e segs. –, vendo a função de financiamento como simples "*anexo ao dever principal da concessão de gozo*" (*Annex zur "Hauptpflicht" der Gebrauchsüberlassung* – cfr. BGHZ 81, 298, 303, in "NJW" 1982, pág. 105). Cfr. MARTINEK, *Moderne Vertragstypen*, I, *cit.*, pág. 64 e segs.; GRAF VON WESTPHALEN, *Leasinvertrag*, 3.ª ed., 1987, anotação 218; EMMERICH, *Grundprobleme des Leasings*, JuS 1990, pág. 5. Pelas duas causas próprias de contratos típicos nele coenvolvidos, o *leasing* é um contrato misto erguido pela lei portuguesa a contrato típico ou nominado.

([22]) Sem esquecer a chamada *opção de compra* que o locador tem de dar ao locatário (art. 19.º, al. c)).

([23]) Cfr. *supra*, pág. 22.

Do n.º 2 do artigo 10.º, porque nele se contempla a redução proporcional da renda a pagar pelo locatário, se se verificar, nos termos da lei civil, uma redução do preço da compra da coisa. Ora, se fosse tão-somente intermediário financeiro ou financiador puro, a sociedade locadora cumpriria as suas obrigações com a celebração da compra e venda e pagamento do preço correspondente, nada tendo a ver com a falta de entrega, entrega retardada ou entrega de coisa defeituosa — o risco da falta de entrega ou de atraso na entrega da coisa pelo fornecedor correria por conta do locatário, que por isso mesmo continuaria obrigado ao pagamento das rendas ao locador, embora pudesse pedir indemnização ao fornecedor-vendedor.

Do artigo 20.º, porque nele se libera o locador da responsabilidade pelos vícios mas não já pela falta de entrega da coisa. Ou seja: a lei diz que sobre o locador não recai o *dever de garantia* da coisa, o dever de assegurar uma coisa locada isenta de vícios ou defeitos físicos (artigo 913.º e segs. do Código Civil), mas não o livra do dever de a entregar pontualmente ao locatário para que este a *possa gozar*. O que se compreende: se a coisa adquirida e entregue ao locatário é defeituosa, a sociedade locadora não tem culpa alguma, pois quem a escolheu foi o locatário ([24]).

Corresponde tudo isto a afirmar, em suma, que *ao adquirir, entregar e conceder o gozo da coisa escolhida pelo locatário, a sociedade locadora cumpre a sua prestação, sem ter de garantir ou assegurar o gozo, diferentemente do que acontece na locação* (art. 1031.º, al. b), do Código Civil). Por sua vez, *o locatário paga a contraprestação — as rendas — para poder gozar a coisa*.

([24]) Mas o locatário pode exercer os direitos emergentes da garantia contratual contra o fornecedor-vendedor ou empreiteiro, nos termos do artigo 23.º do Decreto-Lei n.º 171/79.

Consequentemente, *a equivalência entre prestação e contraprestação implica*:

1) *que o locador tem direito às rendas apenas no caso de o locatário poder gozar a coisa;*

2) *que se o locatário não recebe a coisa também não tem de pagar nada, pois falta ao leasing fundamento ou a base negocial (Geschäftsgrundlage);*

3) *que serão nulas as cláusulas contratuais pelas quais o locador transfira para o locatário o risco da não entrega da coisa por insolvência do fornecedor ou outras causas de impossibilidade, na medida em que se diagnostica uma grave turbação da equivalência prestacional do contrato (schwere Äquivalenzstörung des Leasingvertrages")* [25], *contrária ao princípio da boa fé* (art. 16.° do Dec.-Lei n.° 446/85, de 25 de Outubro).

Naturalmente, nada obsta ao locador servir-se do fornecedor-vendedor para cumprir o dever de entregar a coisa ao locatário. Ou seja: em vez de o vendedor entregar, como deve, a coisa vendida ao comprador (art. 879.° do Código Civil) e este, na qualidade de locador, a entregar ao locatário por força do contrato de *leasing*, convenciona-se a *entrega directa do fornecedor ao locatário*. Nesta hipótese de entrega directa ao locatário teremos o fornecedor-vendedor a cumprir o seu próprio dever perante o comprador [26], porque este

---

[25] Cfr. BGHZ 96, 103, 109, *in* "NJW" 1986, 179 e 180; EMMERICH-SONNENSCHEIN, *Miete*, 4.ª ed., 1988, §§ 535, 536, anot. 21-c; PAPAPOSTOLOU, *Die Risikoverteilung beim Finanzierungsleasingvertrag über bewegliche Sachen*, 1987, pág. 103 e segs., 111; ULMER-BRANDNER-HENSEN, *AGBG*, 6.ª ed., 1989, comentário aos §§ 9-11, anot. 464; GRAF VON WESTPHALEN, *Leasingvertrag, cit.*, anot, 197 e segs.; GITTER, *Gebrauchsüberlassungsverträge*, 1988, pág. 315 e segs.; MARTINEK, *ob. cit.*, pág. 126 e segs., pág. 141; REINICKE/TIEDTKE, *Kaufrecht, cit.*, págs. 327 e 328. pág. 341; PALANDT, *BGB, cit.*, Einf. V. § 535, anot. 39.

[26] GRAF VON WESTPHALEN, *Leasingvertrag*, anot. 140 e segs.; SANNWALD, *Der Finanzierungsleasingvertag über bewegliche Sachen mit Nicht-Kaufleuten*, 1982, pág. 124.

mandata ou utiliza o locatário como auxiliar no cumprimento do dever de recepção da coisa [27], e a ser simultaneamente auxiliar do locador no cumprimento da obrigação deste para com o locatário [28] – locatário que desta sorte recebe do vendedor a coisa em nome da sociedade de locação financeira e em nome próprio. É isto o que acontece no caso vertente (cfr. art. 5.º, n.º 1, das condições gerais do contrato) [29] – e a sociedade locadora será responsável perante o credor (locatário) pelos actos das pessoas que utiliza para o cumprimento da obrigação, como se tais actos fossem praticados por ela mesma (artigo 800.º, n.º 1, do Código Civil).

Porque a convencionada entrega directa da coisa não teve lugar no caso *sub iudice* e a sociedade locadora nesta matéria responde pelo fornecedor-vendedor como seu auxiliar, resta tirar *as consequências para a locação financeira da não entrega da coisa ao locatário, indiferentemente a saber se a não entrega se deve ao fornecedor-vendedor* ou ao próprio locador.

1) Teoricamente, a primeira hipótese que se pode colocar é a da *impossibilidade originária da prestação do fornecedor-vendedor.*

Se fosse esse o caso, o contrato de compra e venda celebrado entre o fornecedor e a sociedade locadora seria nulo (art. 401.º, n.º 1, do Código Civil). E nulo seria, igualmente,

---

[27] PALENDT, *BGB, cit.*, Einf. v. § 535, anot. 38 que cita no mesmo sentido o Supremo Tribunal (BGH 90, 303).

[28] MARTINEK, *ob. cit.*, pág. 128; ULMER-BRANDNER-HENSEN, *AGBG, cit.*, comentário aos §§ 9-11, anot. 464.

[29] Diz assim o no 1 do artigo 5.º das Condições Gerais do Contrato de locação financeira:

"A locadora confere por este meio mandato ao locatário, que o aceita, para proceder à recepção do equipamento em nome e por conta da primeira, constituindo encargo exclusivo do locatário todos os custos e riscos relativos à entrega, nomeadamente transporte, instalação, montagem, seguros e arranque de funcionamento".

por força do artigo 401.º, n.º 1, do Código Civil, o contrato de locação financeira concluído entre sociedade locadora e locatário: a impossibilidade originária da entrega da coisa pelo fornecedor-vendedor compreenderia também a impossibilidade originária da entrega e concessão do gozo da coisa ao locatário pela sociedade locadora. O fundamento ou base negocial da locação financeira cairia, pelo que *a sociedade locadora não teria qualquer direito contra o locatário e deveria restituir as rendas já recebidas*, dado o efeito retroactivo da nulidade (art. 289.º do Código Civil). Igualmente por efeito retroactivo da nulidade da compra e venda, a sociedade de locação financeira teria direito à restituição do preço pago ao vendedor.

2) Nos termos do n.º 3 do artigo 401.º do Código Civil, "só se considera impossível a prestação que o seja relativamente ao objecto, e *não apenas em relação à pessoa do devedor*". *Uma originária impossibilidade subjectiva* da prestação do fornecedor-vendedor não torna a obrigação nula. Sendo, pois, válida a obrigação, e não sendo ela fungível, *o fornecedor-vendedor sujeita-se às consequências do incumprimento culposo* (art. 798 e segs. do Código Civil) [30]. Isto significa que a originária impossibilidade subjectiva da entrega da coisa pelo fornecedor-vendedor acarreta ou abrange igualmente a originária impossibilidade subjectiva da entrega da coisa pelo locador ao locatário [31], com o comprador a poder exercer contra o vendedor e o locatário contra o locador os direitos emergentes do

---

[30] Cfr. PIRES DE LIMA/ANTUNES VARELA, *Código Civil anotado*, vol. II, 3.ª ed., Coimbra, 1986, anotação 1 ao artigo 791.º.

[31] No sentido de que com a impossibilidade subjectiva do fornecedor-vendedor falta ao *leasing* a base ou fundamento negocial, cfr., expressamente, o Supremo Tribunal alemão (BHG, 9,10.1985, *In* "WM" 1985, pág. 1447 e segs.).

não cumprimento culposo (art. 798.º e segs. do Código Civil), especialmente o direito de indemnização do dano de incumprimento ou o direito de resolução do contrato cumulado com a indemnização do interesse contratual negativo (art. 801.º do Código Civil). A sociedade locadora, que se serve do fornecedor-vendedor para cumprir a obrigação de entrega da coisa ao locatário, responde pelo facto do auxiliar como se fosse praticado por si mesma (art. 800.º do Código Civil). Por outro lado, a sociedade locadora não tem qualquer direito contra o locatário, designadamente ao preço da compra pago – este direito à restituição do preço da compra podê-lo-á exercer na relação contratual contra o vendedor.

3) *Na superveniente impossibilidade subjectiva ou objectiva da prestação de entrega do fornecedor-vendedor existe também uma impossibilidade superveniente da prestação de entrega da coisa pelo locador ao locatário*. As pretensões da sociedade locadora contra o fornecedor-vendedor e do locatário contra aquela caem, portanto, na sede geral do incumprimento das obrigações (art. 790.º e segs. do Código Civil), respondendo o locador pelo fornecedor segundo o disposto no artigo 800.º do Código Civil.

Assim, *na impossibilidade de entrega da coisa não imputável ao devedor (fornecedor-vendedor)* aplicam-se os artigos 790.º e 795.º do Código Civil: a obrigação extingue-se (art. 790.º) e não há direito à contraprestação, sendo esta restituída, se já tiver sido realizada, nos termos prescritos para o enriquecimento sem causa (art. 795.º, n.º 1). Se fosse este o caso, a sociedade locadora teria, por um lado, direito a obter do

Locação financeira e garantia bancária

vendedor *a restituição do preço da compra, e, por outro, o dever de restituir ao locatário as rendas indevidamente pagas.*

Na impossibilidade de entrega da coisa imputável ao devedor (*fornecedor-vendedor*), a sociedade locadora pode exercer contra aquele o direito à indemnização do interesse contratual positivo (art. 801.º, no 1, e art. 798.º do Código Civil) ou o direito à resolução do contrato de venda e indemnização do interesse contratual negativo (art. 801.º, n.º 2, do Código Civil). Mas porque a sociedade locadora é responsável pelo fornecedor como seu auxiliar no cumprimento do dever de entrega da coisa (art. 800.º do Código Civil), o locatário pode exercer contra aquela o *direito à indemnização do interesse contratual positivo* (art. 801.º, n.º 1, e art. 798.º do Código Civil) *ou o direito à resolução do contrato de locação financeira e indemnização do dano negativo* ([32]).

E são nulas as cláusulas que liberem a sociedade locadora da responsabilidade pela não entrega da coisa ao locatário: no caso de dolo ou culpa grave do fornecedor-vendedor, por força da alínea d) do artigo 18.º do Decreto-Lei n.º 446/85, de 25 de Outubro; no caso de culpa leve por força do artigo 16.º do

---

([32]) O direito à resolução não é afastado se porventura tiver havido culpa concorrente do locatário para a não entrega da coisa. *Manifestação ou expressão do sinalagma funcional, a resolução é remédio dos interesses do credor e não sanção do inadimplemento imputável ao devedor.* E sendo pressuposto essencial do direito de resolução (apenas) o inadimplemento, este existe no caso dos autos ainda que houvesse também culpa do locatário (neste sentido, cfr. JOÃO CALVÃO DA SILVA, *Cumprimento e sanção pecuniária compulsória*, Coimbra, 1987, pág. 292 e seg. e pág. 328; BAPTISTA MACHADO, *Pressupostos da resolução por incumprimento, in* Estudos em Homenagem ao Prof. Teixeira Ribeiro, II, Coimbra, 1979, págs. 347 e 348; DALMARTELLO, *Risoluzione del contratto, in* "Novíssimo Dig. italiano", vol. XVI, pág. 127). A não se entender assim restaria invocar a caducidade do contrato – cfr. VAZ SERRA, na "Rev. Leg. Jurisp.", ano 104, págs. 11 e 12, em anotação ao Acórdão do Supremo Tribunal de Justiça, de 19 de Dezembro de 1969. Já para a fixação da indemnização não pode deixar de atender-se ao disposto no artigo 570.º do Código Civil.

mesmo Decreto-Lei n.º 446/85. *A entrega da coisa é tão fundamental para o locatário que não deve permitir-se ao locador exonerar-se desse "dever cardeal" por cláusulas gerais que, contra o princípio da boa fé, rompem a equivalência entre prestação e contraprestação* ([33-34]).

([33]) Neste sentido a orientação predominante na doutrina e na jurisprudência alemãs. Cfr. HOCK/FROST, *Ratgeber leasing, cit.*, pág. 77; GRÁF VON WESTPHALEN, *ob. cit.*, anot. 208; MARTINECK, *ob. cit.*, pág. 131 e segs..

([34]) *A impossibilidade superveniente do cumprimento do contrato de leasing pelo locador pode ainda resultar da não celebração do contrato de compra e venda com o fornecedor.* Também neste caso o direito do locatário à indemnização ou resolução do contrato (art. 801.º do Código Civil) não pode ser afastado por cláusulas – cláusulas que seriam contrárias à boa fé, nos termos do art. 16.º do Dec.-Lei n.º 446/85 (cfr. GRAF VON WESTPHALEN, *ob. cit.*, anot. 210) –, nem a sociedade de *leasing* tem direito a indemnização contra o locatário (cfr. HOCK/FROST, *ob. cit.*, pág. 78; MARTINEK, *ob. cit.*, pág. 130).

Por outro lado, *a impossibilidade superveniente do cumprimento do contrato de locação pode decorrer da insolvência do fornecedor-vendedor.* Este risco corre pela sociedade locadora, gozando o locatário do direito de indemnização ou de resolução previstos no artigo 801.º do Código Civil. Cfr.. HOCK/FROST, *ob. cit.*, pág. 79; MARTINEK, *ob. cit.*, pág. 141; MEINICKE/TIEDTKE, *ob. cit.*, pág, 341; Supremo Tribunal alemão (BGH) 20.6.1984, in "WM" 1984, pág. 1089.

Por último, *é proibida, por contrária à boa fé* (art. 16.º do Dec.-Lei n.º 446/85), *uma cláusula que transfira para o locatário o risco da entrega e montagem da coisa* (vide art. 5.º das Condições Gerais do Contrato de Locação Financeira em causa no caso vertente). *O art. 25.º do Dec.-Lei n.º 171/79 inverte o risco (só) depois da entrega da coisa ao locatário, o que se compreende*: por um lado, o locador cumpriu já o dever principal de entrega e concessão do gozo da coisa; por outro, a coisa está já no âmbito de influência do locatário. Antes da entrega da coisa a inversão do risco não deve ser permitida: se a coisa perece, por causa não imputável ao locatário, antes da sua entrega, falta ao *leasing* o fundamento ou base negocial como na resolução do contrato de compra e venda. Claro, se o perecimento ou deterioração da coisa na entrega ou montagem se deve ao fornecedor, o locador é responsável por força do artigo 800.º do Código Civil e aplica-se o artigo 801.º do mesmo Código. Se o perecimento não é imputável nem ao locador nem ao locatário, aplicam-se os artigos 790.º, n.º 1, e 795.º do Código Civil. Cfr. HOCK/ FROST, *ob. cit.*, págs. 79 e 80.

4) No caso da consulta o contrato de locação financeira só produziria efeitos a partir da entrega do equipamento ao locatário, aferida por declaração de aceitação assinada por fornecedor e locatário. É o que decorre dos artigos 4.° e 5.° das Condições Gerais do Contrato.

Dispõe o artigo 4.°:

"1 – O contrato considera-se celebrado na data do reconhecimento notarial da assinatura do locatário ou, caso lhe seja anterior, na *data da entrega do equipamento ao locatário,* aferida nos termos do artigo 5.°.

2 – *A locação inicia-se na data em que o fornecedor entregue o equipamento ao locatário, entrega essa a ser comprovada pela assinatura por este do "Auto de Recepção e Conformidade"* (adiante abreviadamente designado por ARC) a que se faz referência no artigo seguinte".

Por seu turno, estabelece o artigo 5.°:

"1 – ....

2 – A locadora fornecerá o modelo do ARC, o qual deverá ser datado e assinado pelo locatário e pelo fornecedor, e enviado por este último à locadora, devidamente preenchido, constituindo a recepção do ARC por parte desta condição necessária para que se possa efectuar o pagamento do preço de aquisição do equipamento".

Trata-se de procedimento admissível, de resto previsto no n.° 2 do artigo 13.° do Decreto-Lei n.° 171/79, que reza assim:

"*As partes podem,* no entanto, *condicionar o início da sua vigência* à efectiva aquisição ou construção, quando disso seja caso, das coisas locadas, *à sua tradição a favor do locatário* ou a quaisquer outros factos".

A entrega da coisa ao locatário é, pois, condição suspensiva da eficácia do contrato de locação financeira. Sendo falso (cfr. art. 376.º do Código Civil) *o "Auto de Recepção e Conformidade" e, portanto, não tendo havido entrega da coisa ao locatário, o contrato de locação financeira não produziu efeitos* (art. 270.º do Código Civil). *Na prática, tudo se passa, portanto, como se o contrato de locação financeira não tivesse sido concluído.*

Não andou bem, por isso, a Sociedade de Leasing quando **resolveu** *o contrato de locação por falta de pagamento da 9.ª renda,* ao abrigo do disposto no artigo 19.º das Condições Gerais. Sem a preocupação de demonstrar a inobservância no caso concreto do disposto no artigo 808.º do Código Civil, *basta aduzir que não se pode resolver um contrato que não chegou a entrar em vigor e a existir, por não se ter verificado a condição suspensiva – a entrega da coisa ao locatário.* Entrega da coisa que, como vimos, constitui dever principal do locador, sendo inadmissíveis cláusulas que transfiram o risco dessa não entrega para o locatário (arts. 16.º e 18.º, al. d), do Dec.-Lei n.º 446/85).

Ao invés, a Caixa de Crédito Agrícola Mútuo argumentou bem, quando invocou a "inexistência de contrato válido" entre a Sociedade de Leasing e a Sra. D. Maria, por se ter constatado que o objecto do *leasing* não fora efectivamente entregue.

Sendo as coisas assim, então o *locatário pagou indevidamente as primeiras oito rendas à sociedade locadora,* o que torna aplicável o disposto no artigo 476.º, n.º 1, do Código Civil.

CAPÍTULO II
GARANTIA BANCÁRIA

7 – Texto da garantia

Dispõe o artigo 28.º do Decreto-Lei n.º 171/79:

"Podem ser constituídas a favor das sociedades de locação financeira quaisquer garantias, pessoais ou reais, dos créditos de rendas e de outros encargos ou eventuais indemnizações devidas pelo locatário".

Assim acontece no caso *sub iudice*.

Por um lado, o artigo 17.º das Condições Gerais do Contrato de locação financeira, sob a sugestiva epígrafe "Garantias de cumprimento", estabelece assim:

"1 – A locadora poderá exigir do locatário a todo o tempo que este preste garantias pelo pronto, fiel e cabal cumprimento das obrigações a que fica vinculado por efeito do presente contrato, nomeadamente sob a forma de *fiança* ou emissão de titulos de crédito avalizados ou não consoante o que for exigido.

2 – Constarão das Condições Particulares o tipo e forma das garantias prestadas com a celebração do presente contrato".

Por outro lado, em execução do n.º 2 do artigo 17.º transcrito, as Condições Particulares do contrato têm um ponto – o ponto 14 – que diz desta forma:

"Garantias prestadas a favor do locador: garantia bancária de 50% do valor financiado durante dois anos",

Por fim, eis o texto da Garantia Bancária prestada:

"A Caixa de Crédito Agrícola Mútuo (...), em nome e a pedido de Maria (...), vem declarar que oferece todas as Garantias Bancárias até ao montante de 30.000.000$00 (trinta milhões de escudos), referente à instalação de três câmaras de aço inox para armazenamento de produtos congelados, responsabilizando-se, pelo período de dois anos, dentro desta garantia por fazer a entrega de quaisquer importâncias que se tornem necessárias até àquele limite, se o citado, por falta de cumprimento do seu contrato, com elas não entrar em devido tempo.
Esta garantia é pois de 30.000.000$00 (trinta milhões de escudos), ficando devidamente entendido que logo que a mesma deixe de surtir efeito, esse facto será imediatamente comunicado por escrito a esta CCAM por V.^{as} Ex.^{cias}".

8 – Interpretação do contrato

A Sociedade de Leasing vê na garantia transcrita uma garantia bancária autónoma, por nela se vir declarar que "oferece *todas* as garantias bancárias até ao montante de ...".
Por sua vez, a Caixa de Crédito Agrícola Mútuo qualifica-a de simples garantia bancária.
Quid iuris?
Saber se é garantia fideiussória ou garantia autónoma constitui problema de *interpretação do contrato unilateral* concluído entre o garante, a Caixa de Crédito Agrícola Mútuo, e o beneficiário da garantia, a Sociedade de Leasing [35].

---

[35] Contrato unilateral ou não sinalagmático porque gera obrigações só para uma das partes, para o garante. Mas contrato, porque constituído por duas

Na verdade, só depois de apurar a vontade das partes, fixando o sentido e alcance decisivo do contrato segundo as respectivas declarações, é que poderemos qualificar a garantia em causa. O Código Civil fixa como decisivo para a interpretação o sentido negocial determinado segundo a conhecida *teoria da impressão do destinatário*, assim canonizada no artigo 236.º:

> "1 – A declaração negocial vale com o sentido que um declaratário normal, colocado na posição do real declaratário, possa deduzir do comportamento do declarante, salvo se este não puder razoavelmente contar com ele.
>
> 2 – Sempre que o declaratário conheça a vontade real do declarante, é de acordo com ela que vale a declaração emitida".

Quanto aos elementos atendíveis para a fixação do sentido normal da declaração, o Código Civil nada diz. Mas a doutrina [36] é unânime em referir *todos* os elementos que um declaratário medianamente instruído, diligente e sagaz, na posição do real declaratário, teria tomado em conta. Entre esses elementos ou coeficientes sobressaem: os *termos do negócio; os interesses nele em jogo e a consideração de qual seja o seu*

---

declarações de vontade convergentes num consenso de garante e beneficiário, à semelhança da promessa unilateral que não deixa de ser contrato se assinada apenas pelo promitente. Por trás deste contrato estão outros dois: 1) O *contrato-base*, o contrato de *leasing* celebrado entre a Sociedade de Leasing (beneficiário da garantia) e a Sr.ª D. Maria (garantido e dador da ordem); 2) O *mandato*, pelo qual o devedor (Sr.ª D. Maria) confere à Caixa de Crédito Agrícola (mandatária) o encargo de prestar a garantia pretendida em benefício do credor (a Sociedade de Leasing).

[36] Cfr., por todos, MANUEL DE ANDRADE, *Teoria geral da relação jurídica*, II, Coimbra, 1972, pág. 311 e segs.; MOTA PINTO, *Teoria geral do direito civil*, 3.ª ed., Coimbra, 1985, pág. 447 e segs..

mais razoável tratamento; a finalidade prosseguida; as negociações prévias; os usos da prática, em máteria terminológica, ou de outra natureza que possa interessar, a lei, etc.

Nos *termos do negócio* sobressai, em primeiro lugar, o nome de baptismo do *contrato*: garantia bancária. Por aqui, portanto, tanto pode ser fiança como garantia autónoma.

Segue-se o *texto* da garantia: a Caixa de Crédito Agrícola

"vem declarar que oferece *todas as garantias bancárias* até ao montante de 30.000.000$00 (…), referente à instalação de três câmaras de aço inox para armazenamento de produtos congelados, *responsabilizando-se*, pelo período de dois anos, dentro desta *garantia por fazer a entrega de quaisquer importâncias que se tornem necessárias até àquele limite, se o citado, por falta de cumprimento do seu contrato, com elas não entrar em devido tempo*".

Na interpretarão do texto transcrito, de redacção pouco clara, uma coisa salta aos olhos: *a causa ou função económica da garantia.* Esta tem, efectivamente, um *escopo bem definido* – "a instalação de três câmaras de aço inox para armazenamento de produtos congelados". Só para atingir essa finalidade, só para assegurar o *objectivo* da instalação desse equipamento, é que a Caixa de Crédito Agrícola aceitou ser garante, responsabilizando-se *pelo pagamento das (quaisquer) importâncias necessárias*, se o citado (leia-se, devedor citado) por falta de cumprimento do seu contrato, com elas (as importâncias necessárias) não entrar em devido tempo. No fundo, eis o que um declaratário razoável depreende do texto interpretando: *a Caixa de Crédito pagará ao beneficiário todas as importâncias (leia-se, as rendas) devidas a este no contrato base da locação financeira, se e só se depois de citado (leia-se, interpelado) o devedor as não pagar.* Isto mesmo é corroborado pelo comportamento da Sociedade de Leasing logo após o vencimento da 9.ª renda, ao interpelar o locatário para a pagar, e agora na Petição inicial (arts. 6.° e 8.°).

Mas se assim é – como inquestionavelmente tem de admitir-se –, *temos de concluir uma coisa segura: a vontade contratual das partes, vertida no próprio texto, de ligar a garantia prestada à relação material base.* Pelo que se *a instalação do equipamento não existiu, não se verificará a causa da garantia que, assim, não funcionará: a isso conduz a não realização do sentido e da finalidade prosseguida pelo contrato de garantia e outra não pode ser a solução reclamada pelo mais razoável tratamento dos interesses em jogo.*

A solução encontrada – *inexistindo a causa, inexiste a garantia* – respeita a vontade das partes. E esta é soberana, sacrificando mesmo o *nome* com que as partes tenham baptizado o contrato e que disponha em sentido contrário. Destarte ainda que *in casu* pudesse ser vista como autónoma ou independente, *a garantia era causal e não abstracta: se a entrega e instalação do equipamento não teve lugar, tudo se passa como se o contrato base de leasing não tivesse sido concluído. Logo, teríamos uma garantia autónoma sem causa, o que não é permitido no sistema jurídico português onde vigora o princípio da causalidade* ([37]) *e não o princípio da abstracção.* Por outras palavras: *a garantia autónoma não é desprovida de causa, mas apenas dela se encontra desligada. O garante não se obriga por se obrigar:* obriga-se por *uma causa, e essa causa tem de existir. Se essa suposta causa, que está na base da garantia, não existe, não se pode dizer causado o contrato de garantia autónoma.* Ora, *o contrato de garantia autónoma só é admitido se tiver causa de que se autonomize e independentize, para ao beneficiário não poderem ser opostas excepções tiradas dessa relação jurídica que lhe está na base e que tem de existir!!!*

([37]) Cfr. arts. 473.° e 476.° do Código Civil; art. 95.°, al. a) do Código do Registo Predial.

Neste sentido vai o ensino de RIVES-LANGE et M. C. RAYNAUD que, ao estudarem as "garanties indépendentes", sob a epigrafe *"indépendant, l'engagement bancaire demeure causé"*, escrevem a dado passo:

"Dans la *garantie de bonne fin*, la cause de l'engagement du banquier est la conclusion du contrat de base; le contrat une fois conclu, la cause de l'engagement bancaire existe. Si le contrat de base n'est pas conclu, ou si un autre contrat est conclu, l'engagement du banquier est sans cause, il est nul" ([38-39]).

9 – **Ausência de vontade de pagamento à primeira solicitação**

Um outro elemento fundamental a atender na interpretação são os *usos da prática em matéria terminológica* ([40]).

Ora em matéria de garantia autónoma, *o traço fundamental do contrato é a vontade que o garante assume de pagar à primeira solicitação ou ao primeiro pedido, sem poder opor ao beneficiário excep-*

([38]) RIVES-LANGE/M. RAYNAUD, *Droit bancaire*, 5.ª ed., Paris, 1990, pág. 986, autores que citam nesse sentido a Cassação, 14 Novembro 1978, *in* Dalloz, 1979, pág. 259.

([39]) E nas licões policopiadas das aulas por nós dadas aos alunos do 5.º ano jurídico na cadeira de *Direito das Empresas*, na parte dedicada à garantia autónoma, pode ler-se:

"Imagine-se agora que o contrato-base nunca chegou a existir, nunca chegou a ser celebrado.

Nesta hipótese, em nome da causalidade, parece que a garantia (autónoma) também não deve valer.

Trata-se de uma questão de coerência: se o contrato-base invocado na garantia nunca foi concluído, o compromisso do Banco é sem causa. Logo, talvez deva ser nulo"

(*Direito das Empresas*) 5.º Ano Jurídico, 1992/93, pág. 140).

([40]) MANUEL ANDRADE, *ob. cit.*, pág. 313, nota 1; MOTA PINTO, *ob. cit.*, pág. 450.

ções tiradas do contrato base, salvo a fraude manifesta [41]. E para traduzir essa vontade de pagar imediatamente e sem excepções a simples pedido do credor, os usos da prática em matéria terminológica consagraram expressões típicas sobejamente conhecidas: *pagamento ao primeiro pedido, "prima richiesta"; "on first demand", upon first written demand; à première demande; auf erstes Anfordern.* E se estas expressões não são sacrossantas, nem constituem *presunção iuris et de iure* de uma garantia independente, já *a vontade de autonomia (exclusão do princípio da acessoriedade) e pagamento ao primeiro pedido é essencial ao contrato autónomo de garantia.*

Ora *no caso vertente não há no texto da garantia qualquer expressão que traduza essa vontade de pagamento automático e a exclusão intencional das eventuais excepções derivadas do contrato de base* – o contrato de locação financeira – *ao qual o garante permaneça alheio, com vista a assegurar ao beneficiário uma indemnização.*

10 – Qualificação da garantia bancária como fiança

Pelo texto, a função da garantia bancária prestada no caso em apreço é a de *assegurar o cumprimento da obrigação principal do devedor* – a obrigação da renda.

---

[41] Cfr. FERRER CORREIA, *Notas para o estudo do contrato de garantia bancária*, na "Rev. dir. e economia", 1982, pág. 247 e segs.; GALVÃO TELLES, *Garantia bancária autónoma*, in "O Direito", 1988, pág. 275 e segs.; ALMEIDA COSTA e PINTO MONTEIRO, *Garantias bancárias. O contrato de garantia à Primeira solicitação* (Parecer), na "Colectânea de Jurisprudência", 1986, pág. 15 e segs.; MENEZES CORDEIRO, *Das cartas de conforto no direito bancário*, Lisboa, 1993, pag. 50 e segs.; SIMÕES PATRÍCIO, *Preliminares sobre a garantia "on first demand"*, na "R.O.A.", 1983, pág. 677 e segs.; DUARTE PINHEIRO, *Garantia bancária autónoma*, na R.O.A.", 1992, pag. 417 e segs.; FRANCISCO CORTEZ, *A garantia bancária autónoma. Alguns problemas*, na "R.O.A.", 1992, pág. 513 e segs.; MANUEL CASTELO BRANCO, *A garantia bancária autónoma no âmbito das garantias especiais das obrigações*, na "R.O.A.", 1993, pág. 61 e segs..

Ora essa é a função típica da fiança: *o fiador compromete--se a pagar a dívida de outrem.*

Desta sorte, o *devedor principal permanece, com o fiador a garantir o cumprimento de um certo e determinado contrato, ao contrário da garantia autónoma em que a dívida (do garante) é própria, diferente e independente da obrigação principal* [42].

Por outro lado, as *circunstâncias concomitantes da garantia,* designadamente a relação triangular da operação entre garante, beneficiário e dador da ordem, inculcam também no sentido da sua qualificação como fiança.

De facto, o artigo 17.º das Condições Gerais do Contrato de Leasing fala expressamente de fiança, pelo que se a Sociedade de Leasing pretendesse uma garantia autónoma devia tê-lo explicitado clara e inequivocamente [43] nas Condições Particulares do Leasing – o que não sucedeu – ou no próprio texto da garantia – o que também não aconteceu.

Diz assim o artigo 17.º das Condições Gerais:

"A locadora poderá exigir do locatário a todo o tempo que este preste garantias (...), *nomeadamente sob a forma de fiança".*

Por sua vez, estabelece o n.º 2 do artigo 17.º das Condições Gerais do Leasing:

"Constarão das Condições Particulares o tipo e a forma das garantias prestadas com a celebração do presente contrato".

E o artigo 14.º das Condições Particulares apenas fala de "Garantia bancária de 50% do valor...".

---

[42] Cfr. SCHOLZ/LWOWSKI, *Das Recht der Kreditsicherung*, 6.ª ed., 1986, pág. 392, anot. 369; BONELLI, *Le garantie bancaire a prima domanda nel commercio internazionale*, 1991, pag. 27; GALVÃO TELLES, *ob, cit..*

[43] Para a ideia de que a independência do dever do garante do negócio principal deve ser clara, cfr. SCHOLZ/LWOWSKI, *ob. cit.*, pág. 395.

Logo, *conjugando o artigo 17.º das Condições Gerais com o artigo 14.º das Condições Particulares, a garantia bancária prestada constitui uma fiança.*

Carácter fideiussório que sai confirmado pelo próprio texto da garantia, devidamente interpretado.

Por fim, *em caso de dúvida sobre o seu sentido e alcance, a garantia deve entender-se-como fiança, por ser menos gravosa para o garante* (art. 237.º do Código Civil) e *constituir o contrato típico que contém o regime base das garantias pessoais* ([44]).

11 – Acessoriedade da fiança

O princípio cardeal do regime da fiança é o da acessoriedade.

Isso mesmo prescreve o n.º 2 do artigo 627.º do Código Civil, de forma impressiva:

"A obrigação do fiador é acessória da que recai sobre o principal pagador".

Deste traço marcante resultam:

– a fiança não é válida se o não for a obrigação principal (art. 632.º, n.º 1), salvo o disposto no n.º 2 do mesmo preceito;
– a forma da fiança é a da obrigação principal (art. 628.º, n.º 2);
– o âmbito da fiança não pode exceder o da obrigação principal (art. 631.º, n.º 1; art. 634.º);
– a extinção da fiança pela extinção da obrigação principal (art. 651.º).

([44]) Doutrina pacífica no comércio interno. Cfr. SCHOLZ/LWOWSKI, *Das Recht der Kreditsicherung, cit.*, pág. 393; BLAUROCK, *Actuelle Probleme aus dem Kreditsicherungsrecht*, 1986, pág. 97.

E o grande alcance prático da acessoriedade da fiança reside na possibilidade de o fiador opor ao credor os meios de defesa que competem ao devedor (garantido) na relação principal (art. 637.°) – esta é, de resto, a pedra de toque da distinção entre fiança e garantia autónoma, ou, mais amplamente, entre *garantias fideiussórias e garantias não acessórias*.

Por isso, porque a garantia prestada não é seguramente uma garantia autónoma e independente do contrato de locação financeira, *pode a Caixa de Crédito Agrícola invocar as excepções tiradas da relação de base.*

Ora nos termos do n.° 2 do artigo 628.° do Código Civil, *à prestação da fiança não obsta o facto de a obrigação ser condicional.*

No caso concreto, *o contrato de leasing é condicional, pelo que a fiança ficou a ser igualmente condicional.*

Consequentemente, *não se tendo verificado a condição suspensiva da entrega do equipamento ao locatário, a fiança não pode subsistir* [45], *como opôs e opõe acertadamente a Caixa de Crédito Agrícola Mútuo à sociedade locadora. Se não fosse este o caso, a Caixa de Crédito Agrícola Mútuo poderia opor à Sociedade de Leasing igualmente o direito de resolução que vimos acima competir ao devedor-locatário,* designadamente nos termos do artigo 801.° do Código Civil, *por incumprimento da entrega e da concessão do gozo da coisa por parte da Sociedade de Leasing.*

Tal o meu parecer

Coimbra, Maio de 1994

CALVÃO DA SILVA

---

[45] Cfr. PIRES DE LIMA e ANTUNES VARELA, *Código Civil anotado*, vol. I, *cit.*, anotação 4 ao artigo 628.°.

II
CRÉDITO DOCUMENTÁRIO
E CONHECIMENTO DE EMBARQUE

CONSULTA

No processo ordinário intentado no Tribunal Marítimo de Lisboa pela Seaconsar Far East Limited, com sede em Hong-Kong, contra Islamic Republic of Iran Shipping Lines, com sede em Teerão, o Meritíssimo Juiz julgou a acção improcedente, absolvendo a Ré do pedido.

Não se conformando com a sentença, a Seaconsar Far East Limited quer interpor o correspondente recurso de apelação.

Mas antes pretende obter o parecer de V. Ex.ª.

PARECER

SUMÁRIO: 1 – *Contrato de transporte de mercadorias por mar.* 2 – *Regime.* 3 – *Função tridimensional do conhecimento de carga.* 4 – *O conhecimento de carga confere ao seu portador legítimo o direito à entrega da mercadoria representada.* 5 – *A Seaconsar é portadora legítima dos conhecimentos de carga devolvidos pelo banco e titular do direito à entrega da mercadoria.* 6 – *Motivos para a procedência do recurso.* **Conclusões. Parecer (Adenda).** 7 – *Razão da Adenda.* 8 – *Riscos do Comércio internacional.* 9 – *A operação de crédito documentário.* 10 – *Cruzamento dos regimes do crédito documentário e do conhecimento de embarque.*

1 – **Contrato de transporte de mercadorias por mar**

No caso *sub iudice* está inquestionavelmente em causa um contrato de transporte de mercadorias por mar.

Na verdade, entre os factos provados nos termos do n.º 1 do art. 484.º do Cod. Proc. Civil – segundo o qual, se o réu não contestar, se consideram confessados os factos articulados pelo autor – estão os seguintes:

– A Autora carregou em Setúbal o navio "IRAN SOKAN" propriedade da Ré, com certo e determinado número de peças de equipamento especial, mencionando-se nos respectivos conhecimentos de embarque Bandar Abbas, como porto de descarga;

– A Autora carregou em Setúbal o navio "IRAN NAHAD" também propriedade da Ré, com certo e determinado número de peças de equipamento especial, igualmente destinado a Bandar Abbas, porto de descarga, conforme consta dos conhecimentos de carga correspondentes.

Ora, segundo o artigo 1.º do Decreto-Lei n.º 352/86, de 21 de Outubro, "contrato de transporte de mercadorias por mar é aquele em que uma das partes se obriga em relação à outra a transportar determinada mercadoria, de um porto para porto diverso, mediante uma retribuição pecuniária, denominada "frete".

2 – Regime

De acordo com o art. 2.º do citado Decreto-Lei n.º 352/86, o contrato de transporte de mercadorias por mar "é disciplinado pelos tratados e convenções internacionais vigentes em Portugal e, **subsidiariamente, pelas disposições do presente diploma**".

Da leitura global do referido diploma legal ressalta à vista tratar-se de um **contrato solene**, sujeito a escrito particular (art. 3.º), em que o chamado **conhecimento de embarque ou de carga** se reveste de importância capital.

De facto, emitido e entregue pelo transportador ao carregador, de acordo com o determinado por tratados e convenções internacionais vigentes, o conhecimento de carga, por um lado, "constitui título representativo da mercadoria nele descrita e pode ser nominativo, à ordem ou ao portador", e, por outro, é transmissível de acordo com o regime geral dos titulos de crédito (art. 11.º).

Posto isto, a questão crucial do caso vertente consiste em determinar se a **Seaconsar** tem ou não direito à entrega das mercadorias representadas pelos conhecimentos de carga.

No mesmo sentido, acertadamente, a sentença *a quo:*

«A questão a que cabe dar resposta consiste em saber se a Autora pode reclamar da Ré a entrega das mercadorias transportadas para Bandar Abbas e constantes dos dois conhecimentos de embarque juntos aos autos".

3 – Função tridimensional do conhecimento de carga

A função desempenhada pelo conhecimento de carga *(bill of lading, connaissement, Konnossement, polizza di carico)* deve ser vista em três dimensões.

Em primeiro lugar, trata-se de um documento que serve de **recibo da entrega** ao transportador de uma certa e determinada mercadoria nele descrita.

Em segundo lugar, o conhecimento de carga **prova** o contrato de transporte firmado entre carregador e transportador e as condições do mesmo.

Em terceiro lugar, o mesmo documento **representa a mercadoria nele descrita**, sendo negociável e transmissível de acordo com o regime geral dos títulos de crédito.

A assinalada função tridimensional do conhecimento de carga é unanimemente reconhecida em toda a parte, por doutrinas e jurisprudências. Para não sobrecarregar o texto, exemplificamos com duas opiniões que pela autoridade mundial reconhecida a seus autores vale a pena transcrever.

Assim, sobre o tema escrevem Scrutton | Mocatta Mustill | Boyd:

"After the goods are shipped, a document called a bill of lading is issued, which serves as a receipt by the shipowner, acknowledging that the goods have been delivered to him for carriage.

Besides acting as a receipt for the goods, the bill of lading serves also as:

[1] Evidence of the contract of affreightment between the shipper and the carrier;

[2] A *document* of *title, by the endorsement of which* the *property of* the *goods for which* it *is a receipt may be transferred, or the goods pledged or mortgaged as security for an advance*" (¹)

No mesmo sentido, veja-se René Rodière:

"Emis *en vertu d'un contrat de* transport, *le connaissement peut remplir trois fonctions; celle pour laquelle il a été créé, d'abord: la preuve de la remise au transporteur et de la prise en charge par lui d'une cargaison définie; celle que l'usage et la pratique des armateurs lui a bientôt confiée: la preuve des conditions du contrat de transport; celle enfin que l'usage lui a reconnue:* la représentation de la mar- *chandise,* de sorte que la *détention du titre* équivaut à la *possession de* la marchandise, à la délivrance de laquelle il donne droit" (²).

4 – O conhecimento de carga confere ao seu porta- dor legítimo o direito à entrega da mercadoria representada

Das três funções atribuídas ao conhecimento de carga é a terceira que se apresenta de importância decisiva para a resolução do caso vertente.

O carácter de **título representativo da mercadoria,** reconhecido universalmente ao conhecimento de carga, aparece afirmado *expressis verbis,* sem qualquer ambiguidade, no Decreto-Lei n.º 352/86, de 21 de Outubro, mais pre- cisamente no art. 11.º, que reza assim:

(¹) SCRUTON, *On charter parties and bills of lading,* 19.ª ed. (por Alan A. Mocatta, Michael J. Mustill e Stewart C. Boyd), Londres 1984, pág. 2.

(²) RENÉ RODIERE, *Traité Général de Droit Maritime,* Afrètements et transports, Tomo II, Les contrats de transport de marchandises, Paris, pág. 98.

«1 – O conhecimento de carga constitui titulo representativo da mercadoria nele descrita e pode ser nominativo, à ordem ou ao portador.

2 – A transmissão do conhecimento de carga está sujeita ao regime dos títulos de crédito".

Como título de crédito representativo da mercadoria, o conhecimento de carga reveste **fisionomia bifronte**: por um lado, uma **fisionomia real,** enquanto representa a mercadoria; por outro, se bem que em inferência daquela, **fisionomia pessoal**, enquanto investe o seu possuidor no direito à entrega da mercadoria representada.

Neste sentido, confronte-se entre nós FERRER CORREIA, que, ao proceder à classificação dos títulos de crédito segundo o critério do conteúdo do direito cartular em **títulos de participação, títulos representativos de mercadorias e títulos que incorporam o direito a uma prestação em dinheiro**, a dado passo escreve:

"Títulos representativos de mercadorias: investem o seu possuidor, não só num direito de crédito (direito à entrega das mercadorias), mas num direito real sobre estas (ex.: guia de transporte, conhecimento de carga, conhecimento de depósito, etc.)" [3-4].

Vale isto por dizer que deter, entregar e transferir um conhecimento de carga equivale a deter, entregar e transferir a própria mercadoria nele descrita e por ele representada.

Noutros termos: **o beneficiário dos direitos conferidos pelo conhecimento de carga é o detentor ou possuidor legítimo desse documento**, determinado segundo as regras da negociação e transmissão do regime geral dos títulos de crédito (art. 11 .°, n.° 2, do DL n.° 352/86).

---

[3] FERRER CORREIA, *Licões de direito comercial*, vol. III, *Letra de câmbio*, Coimbra, 1975, pag. 13.

[4] No mesmo sentido, *vide* supra, os autores citados nas notas 1 e 2.

Importa, pois, apurar se no caso presente a Seaconsar reveste essa qualidade, a qualidade de detentora ou possuidora legítima do conhecimento de carga que apresenta como fundamento para exercer o direito à entrega da mercadoria nele incorporado.

5 – A Seaconsar é portadora legítima dos conhecimentos de carga devolvidos pelo Banco e titular do direito à entrega da mercadoria

No caso em apreciação o conhecimento de carga constitui título de crédito (endereçado pelo seu emitente a um consignatário), devolvido pelo Banco à autora, que assim é sua legítima possuidora.

Ademais, poder-se-ia ainda levantar a questão da sua transmissão de acordo com o regime geral dos títulos de crédito. Ora, adentro deste, encontrar-se-ia a transmissão por via de endosso (cfr. art. 11.º da Lei Uniforme sobre Letras e Livranças). *In casu,* verificar-se-ia o **endosso em branco**, uma vez que o endossante não designa o nome do beneficiário do endosso, limitando-se a apôr a sua assinatura reconhecível (art. 13.º, II, da Lei.Uniforme).

Em consequência e a partir do endosso em branco, o conhecimento de carga passaria a **título ao portador.** Logo, **a pessoa que se apresentasse como portador do documento seria titular dos direitos conferidos pela detenção do mesmo, dado o efeito translativo** (art. 14.º, n.º 1, da Lei Uniforme) e **a legitimação do portador** (art. 16.º da L.U.) atribuídos ao endosso, mesmo se endosso em branco. Esta **legitimação formal seria suficiente até prova em contrário,** dentro dos limites do art. 16.º da L.U., **para que a Seaconsar se presumisse titular do**

conhecimento de carga e pudesse exercer todos os direitos dele emergentes.

Por isso mesmo é que o devedor que pagar, de boa fé, ao portador formalmente legitimado fica validamente exonerado da sua obrigação (art. 40.°, n.° III, da L.U.).

No caso presente a aludida prova em contrário não teria sido feita, pelo que a Seaconsar seria portadora legítima dos conhecimentos de carga e poderia reclamar o direito à entrega da mercadoria que os mesmos representam.

Independentemente desse eventual – possível ou não, não importa aqui – endosso em branco, no caso concreto a Seaconsar é legítima possuidora dos conhecimentos de embarque, porquanto lhe foram devolvidos pelo Banco, que não pagou, e, portanto, não foram levantados pelo consignatário.

6 – Motivos para a procedência do recurso

Conhecida a (tríplice) função, a natureza jurídica e o regime legal da transmissão do conhecimento de carga, é tempo de apreciar *ex professo* as razões invocadas pelo juiz *a quo* para a improcedência da acção e correspectiva absolvição da Ré do pedido.

O Meritíssimo Juiz dá como provada a celebração dos dois contratos de mercadorias por mar e a entrega à Autora, ora apelante, de **dois** conhecimentos originais relativamente a cada um dos contratos. "E isso, de resto, como bem observa o mesmo Juiz, o que se pode ver no rosto dos conhecimentos de embarque originais juntos ao processo... (cfr. sentença, folha 111, verso).

"Mas também se considerou provado, porque alegado pela Autora, que esta enviou ao Banco Melli Iran os conhecimentos de embarque e demais documentação referentes aos carregamentos nos dois navios, a fim de lhe serem creditadas diversas importâncias" (cfr. sentença, folha 111, verso) "sobre o preço da venda, para garantia do bom cumprimento do contrato" (cfr. sentença, folha 111).

"Fica, no entanto, por saber se esses conhecimentos enviados ao Banco Melli Iran eram também originais ou cópias, autenticadas ou não, dos originais juntos aos autos, e que destino e utilização lhes foi dado no Irão.

Na verdade, deve também atentar-se que dos mesmos conhecimentos consta que o consignatário da mercadoria era o "Deputy Ministry of Defense...", quanto à mercadoria transportada no "IRAN SOKAN", e o "Bank Marzaki" quanto à mercadoria transportada no "IRAN NAHAD".

Ora, fica por dilucidar se os consignatários vieram a receber a mercadoria e se exibiram título perante o transportador" (cfr. sentença, folha 112).

A retórica argumentativa expendida pelo tribunal *a quo* não tem qualquer fundamento e não revela uma compreensão exacta do conhecimento de carga, ligado ao crédito documentário.

Vejamos porquê.

Por força da lei, o conhecimento de carga deve mencionar o número de originais emitidos (cfr., entre nós, o n.º 3 do art. 8.º do DL n.º 352/86). No caso vertente, o número de originais emitidos para cada um dos dois contratos de transporte foi de **dois**, conforme se pode ler nos respectivos conhecimentos de carga — "n.º of original B(s)/L: 2 (Two)" sendo, B(s)/L as iniciais de *Bill of Lading*.

No rosto dos mesmos conhecimentos de carga pode ainda ler-se:

"In witness where of the Master, Purser or Agent of the said vessel has signed the number of original Bills Of Lading stated

above, all of this tenor and date, one of which being accomplished, the others stand void. One of the Bills of Lading must be given up, fully endorsed, in exchange for the goods".

O que significa, numa tradução literal:

"Em testemunho do que o Capitão, Comissário de Bordo ou Agente do dito navio assinou o número de conhecimentos de carga acima referidos, todos deste teor e desta data, e **depois de ter sido dado cumprimento a um deles, os outros ficam sem valor. Um dos conhecimentos de carga deve ser entregue, devidamente endossado, em troca das mercadorias".**

A parte por nos sublinhada é de extrema relevância e encontra correspondência na lei portuguesa, no n.º 4 do art. 8.º do citado DL n.º 352/86, que dispõe do modo seguinte:

"Depois de ter sido dado cumprimento a um dos originais mencionados no número anterior, todos os outros ficam sem efeito".

Quer isto dizer que, **até pelo conteúdo literal dos conhecimentos de carga, a mercadoria só deve ser entregue contra a recepção de um dos dois originais emitidos, devidamente endossado**, ficando sem efeito o outro depois de ter sido dado cumprimento àquele. Desta forma procuraram as partes salvaguardar a **segurança da operação**, fortemente alicerçada no **carácter literal do título** em causa. Ou seja, noutra formulação: a fiabilidade de grande parte do comércio marítimo internacional depende da confiança depositada pelos agentes económicos no princípio da **literalidade do conhecimento de carga**.

Porque assim resulta também do próprio teor literal do título, o **transportador não deve entregar a mercadoria a ninguém** – nem mesmo à pessoa que prove ser o proprietário – **que não se apresente munido de um dos dois conhecimentos originais** por si emitidos e entregues ao carregador. **E é tão-somente pela apresentação de um deles, devidamente endossado, que o transportador pode fazer a prova do adimplemento do dever de entrega da mercadoria por si transportada, pois, após ter sido dado cumprimento a um dos conhecimentos originais, o outro fica sem efeito** (cfr. n.° 4 do art. 8.° do DL n.° 352/86 e o próprio Conhecimento de Embarque).

Consequentemente, se o transportador tivesse feito a prova da entrega da mercadoria por si transportada contra a recepção de um dos dois conhecimentos originais, a **Seaconsar** não teria direito à entrega da mesma: o (eventual) conflito entre portadores de conhecimentos de carga após a entrega das mercadorias é resolvido dando primazia ou preferência àquele que primeiro as levantar.

Ora, **no caso concreto, o transportador não provou ter cumprido o seu dever, entregando a mercadoria a um portador legítimo do conhecimento da carga**, depois de no porto de descarga a ter entregue à entidade a quem, de acordo com os regulamentos locais, caiba recebê-la (cfr. art. 18.° do DL n.° 352/86) – no caso português, a Alfândega. Igualmente o transportador não aduziu prova de qualquer causa de força maior impeditiva do cumprimento dessa sua obrigação. Por consequência, a circunstância de ter ficado "por dilucidar se os consignatários vieram a receber a mercadoria e se exibiram título perante o transportador" não constitui razão válida para a improcedência da acção, já que seria prova a aduzir pela Ré.

Inversamente, a **Seaconsar** alegou e provou, como lhe competia (art. 342.°, n.° 1, do Cód. Civil), os factos constitutivos do seu direito à entrega da mercadoria, ao apresentar os **dois** originais dos conhecimentos de carga endossados em branco e devolvidos pelo Banco. Títulos representativos das mercadorias neles descritas, os conhecimenos de carga **justificam** de per si os direitos deles emergentes, dando a sua apresentação direito à entrega daquelas.

Nas palavras de René Rodière,

"Le titre justifie la demande du présentateur; il justifie le transporteur quand il lui a livré la marchandise; corrélativement, il interdit au transporteur de livrer la marchandise a celui qui s'en prétendrait propriétaire et qui même le démontrerait" ([5]).

Isto posto, não tem razão o tribunal *a quo* quando fundamenta a improcedência da acção também no facto de ficar "por saber se os conhecimentos enviados ao Banco Melli Iran eram também originais ou cópias, autenticadas ou não, dos originais juntos aos autos, e que destino e utilização lhes foi dada no Irão". É que, repete-se, **a apresentação do título endossado em branco confere direito à entrega da mercadoria e justifica o pedido formulado na acção pela Seaconsar**.

O mesmo corresponde a exprimir que a ora Apelante está habilitada a reclamar a entrega da mercadoria, não por ter a qualidade de carregador – nesta qualidade, o carregador terá apenas os direitos derivados do contrato de transporte –, mas por ser **portadora legítima** dos conhecimentos de carga, títulos que incorporam o direito à entrega dos bens que representam. E, **de acordo com o já assinalado conteúdo literal dos conhecimentos de carga**, só a apresentação de um dos dois originais emitidos fundamenta o direito à entrega da mercadoria – **título vale posse**. Pelo que a questão levantada pelo Meritíssimo Juiz de os documentos enviados ao Banco Melli Iran poderem ser cópias, autenticadas ou não, não assume qualquer relevância para a boa decisão da causa: a sua apresentação não conferiria direito à entrega da mercadoria e

---

([5]) RENÉ RODIÈRE, *ob. cit.*, pág. 115.

o transportador não poderia justificar o cumprimento da sua obrigação com essas cópias.

Por outro lado, conhecendo o fenómeno do crédito documentário e o seu funcionamento, não faria sentido que a **Seaconsar** tivesse enviado para o Banco cópias dos conhecimentos de embarque.

Com efeito, quando, na negociação da venda, comprador e vendedor convencionam que o pagamento do preço se efectuará por meio de um crédito documentário, isso implica a abertura de crédito ao vendedor num Banco. Esse acordo entre o comprador (que dá a ordem de abertura de crédito) e o Banco reflectirá a promessa feita ao vendedor: natureza revogável ou irrevogável do crédito, suas condições, **documentos que o banqueiro deverá exigir,** etc. Em execução desse acordo e instruções recebidas, o Banco emite a carta de crédito e remete-a para o vendedor-exportador, nela se determinando os direitos deste.

A realização do crédito documentário consiste no pagamento do crédito pelo Banco contra a entrega pelo vendedor dos documentos enumerados na ˙carta de crédito. Para isso, o Banco tem a obrigação de verificar os documentos que lhe são entregues pelo vendedor. Após a sua verificação, o **Banco ou os recusa, devolvendo-os, ou os aceita e realiza o crédito.** Na segunda hipótese, contra a aceitação, o vendedor perde a detenção dos documentos e o comprador pode com eles pedir a entrega da mercadoria que representam [6].

No caso *sub iudice* **os conhecimentos de carga foram devolvidos à Seaconsar que, deste modo, é o seu portador legítimo até prova em contrário** – prova que não foi feita no processo.

---

[6] Sobre o crédito documentário, cfr. Fernando Olavo, *Abertura de crédito documentário*, Lisboa, 1952; *Boudinot et Frabot, Technique et pratique bancaires,* 3.ª ed., págs. 354 e seguintes.

Por último, aduz o Juiz *a quo* que "não foi alegado – nem é crível – que o transportador tenha ainda a mercadoria nos porões dos seus navios, como também não ficou provado que o transportador haja entregue a mercadoria indevidamente, com violação dos deveres a que estava adstrito na qualidade de transportador", de tudo resultando "que fica por apurar o destino da mercadoria no Irão, inexistindo fundamento para responsabilizar o transportador, de modo a que este devolva ao carregador (a Autora) a mercadoria embarcada em Setúbal" – (cfr. sentença, folha 112).

Salvo o devido respeito, o Meretíssimo Juiz está a violar ostensivamente as regras da distribuição do *onus probandi*, consagradas no art. 342.° do Código Civil: ao autor compete provar os factos constitutivos do seu direito, o que a **Seaconsar** logrou; ao réu incumbe produzir a prova dos factos impeditivos, modificativos e extintivos do direito alegado pelo autor, o que a Islamic Republic of Iran Shipping Lines não fez, como ré revel.

Consequentemente, o pedido não pode deixar de proceder, devendo a sentença recorrida ser revogada.

CONCLUSÕES:

De quanto detalhadamente se explanou resulta:

I – Que a **Seaconsar** é portadora legítima dos conhecimentos de carga (endossados em branco) e devolvidos pelo Banco;

II – Que a apresentação dos conhecimentos de carga dá direito à entrega da mercadoria representada;

III – Que, ao apresentar os dois originais dos conhecimentos de carga endossados em branco, a **Seaconsar** fez a prova dos factos constitutivos do direito à entrega da mercadoria invocado na acção;

IV – Que a Ré não aduziu prova de qualquer facto impeditivo, modificativo ou extintivo do direito da autora, designadamente a entrega da mercadoria contra a apresentação de um dos dois originais emitidos para cada contrato de transporte.

Termos em que deve proceder o recurso, revogando a sentença *a quo.*

Tal o meu parecer.

Coimbra, Janeiro de 1992.

CALVÃO DA SILVA

PARECER (ADENDA)

7 – Razão da Adenda

O acerto do acórdão da Relação de Lisboa, que revogou a sentença proferida pelo Tribunal Marítimo de Lisboa no processo que opõe SEACONSAR a ISLAMIC REPUBLIC OF IRAN SHIPPING LINES, será tanto mais compreendido quanto tivermos presente que aquela, enquanto carregador **(Shipper),** e esta, na qualidade de consignatário

(Consignee), acordaram em utilizar a carta de crédito como forma de pagamento do preço da compra e venda de certo e determinado material bélico.

Por isso mesmo não se apresenta despida de sentido uma adenda ao Parecer, na qual se faça sobressair **a combinação ou entrecruzamento dos regimes jurídicos do crédito documentário e do conhecimento de embarque**.

8 – Riscos do Comércio internacional

A prática do comércio internacional comporta riscos, tanto para o vendedor-exportador como para o comprador--importador.

Para o vendedor, o risco de não-pagamento do preço, após a entrega da mercadoria, acentua-se na venda internacional, porquanto à insolvabilidade do comprador se juntam acontecimentos vários, quer **políticos,** como revoluções ou novas legislações alfandegárias, **quer monetários,** como a desvalorização ou depreciação da moeda ou mesmo não--transferência de fundos, quer **naturais,** por exemplo, cataclismos ou inundações.

Para o importador, o risco do não-cumprimento pontual, sobretudo do cumprimento imperfeito do contrato pelo vendedor, é também aumentado pela natureza internacional da venda.

Ora o crédito documentário tutela igualmente os interesses das duas partes, eliminando os inconvenientes da distância entre as praças do vendedor e do comprador: ao primeiro garante o pagamento pontual do preço através de um Banco; ao segundo assegura o exacto cumprimento da obrigação de entrega dos bens, atestado pelos documentos exigidos pelo Banco contra o pagamento do crédito.

Eis o que importa ver em termos deliberadamente sintéticos.

9 – A operação de crédito documentário

A operação de crédito documentário desdobra-se numa relação trilateral: o contrato entre comprador e vendedor; a abertura de crédito documentário; a realização do crédito documentário.

A) *No contrato de compra e venda*, comprador e vendedor estipulam uma cláusula de pagamento do preço por meio de crédito documentário, em que o vendedor exige e o comprador promete a intervenção de um Banco que pague o preço da venda contra a entrega de documentos. Nessa cláusula precisam-se, ainda, a natureza do crédito aberto (revogável ou irrevogável), o nome do Banco que abrirá o crédito, a data da abertura do crédito e sua duração, os documentos requeridos para a utilização do crédito. A obrigação de o comprador mandar proceder à abertura de crédito documentário em benefício do vendedor é de tal maneira **essencial** na economia do contrato que, se não cumprida, o vendedor pode recusar a entrega dos bens e pedir a resolução do contrato.

B) *Na segunda relação – a abertura de crédito documentário – podem distinguir-se duas fases*: de um lado, *o acordo entre o comprador e o Banco*; do outro, *a emissão da carta de crédito*.

a) *O acordo entre comprador e Banco* deve realizar a promessa que aquele fez ao vendedor na cláusula de crédito documentário inserida no contrato de compra e venda. Por isso, ao dar a ordem de abertura de crédito ao Banco, as instruções do comprador (ordenante) ao Banco devem cumprir fielmente o compromisso assumido naquela cláusula: a natureza do crédito, suas condições, documentos a exigir contra o pagamento. O acordo materializado pelas referidas instruções define, quer as obrigações do Banco – principalmente o conteúdo da carta de crédito que deverá dirigir ao vendedor, seu beneficiário –, quer as obrigações do comprador ou ordenante perante o Banco, não só o pagamento de comissões e prestação de garantias exigidas, mas sobretudo **o dever de levantar os documentos e de reembolsar o Banco.** Veja-se, neste sentido, a alínea a) do art. 16.° das **Regras e Usos Uniformes relativas aos Créditos Documentários,** que dispõe assim:

"Si une banque autorisée à cet effet effectue un paiement ou s'engage à effectuer un paiement différe ou accepte ou négocie contre des documents presentant l'aparence de conformité avec les conditions du crédit, la partie qui a donné cette autorisation doit rembourser la banque qui a effectué le paiement ou s'est engagée a effectuer un paiement différé ou a accepté ou négocié, et doit lever les documents" ([7]).

b) A emissão da carta de crédito é feita pelo Banco em execução das instruções recebidas do ordenante. E com a recepção desse documento bancário – simples carta ou circular –, o beneficiário fica a saber os seus direitos, variáveis segundo a natureza do crédito aberto, devendo a carta indicar claramente se o mesmo é revogável ou irrevogável, sob pena de não o fazendo ser considerado revogável (cfr. art. 7.°, als. a), b) e c) das **Regras e Usos Uniformes).**

1) *"Un crédit révocable peut être amendé ou annulé par la banque émettrice à tout moment et sans que le bénéficiaire en soit averti au préalable"* (art. 9.°, al. a), das Regras e Usos Uniformes).

([7]) Cfr. *Règles et Usances Uniformes relatives aux Crédits Documentaires* (Révision de 1983), editada por Chambre de Commerce Internationale, Paris.

Vale dizer que **pelo crédito revogável o Banco informa** o vendedor da abertura de crédito, **sem, todavia, assumir uma obrigação perante o beneficiário.** Mas encontrando-se vinculado em face do comprador, o Banco não pode revogar a abertura de crédito sem um justo motivo (perda de confiança, irregularidade, etc.), sob pena de incorrer em responsabilidade perante o ordenante. Ordenante que, por seu turno, pode anular as instruções dadas ao Banco e revogar o crédito, embora incorrendo em responsabilidade perante o beneficiário decorrente do contrato-base de compra e venda ([8]).

2) Já "un crédit irrévocable *constitue pour la banque émettrice, pour autant que les documents stipulés soient remis et que les conditions du crédit soient respectées,* un engagement ferme" (art. 10.º, al. a), das Regras e Usos Uniformes).

Corresponde a afirmar que **no crédito irrevogável o Banco assume uma obrigação perante o beneficiário,** a que não pode eximir-se unilateralmente.

Nos termos da al. d) do art. 10.º das citadas Regras e Usos Uniformes, "de *tels engagements ne peuvent être amendés ou annulés sans l'accord de la banque émettrice de la banque qui confirme (le cas échéant) et du bénéficiaire. L'acceptation partielle d'amendements contenus dans un seul et même avis d'amendement n'aura d'effet qu'avec le consentement de toutes les parties citées ci-dessus".*

Consequentemente, o beneficiário goza perante o Banco de um **direito próprio, autónomo e independente, quer das relações existentes entre o Banco e o ordenante** – veja-se o art. 6.º das Regras e Usos Uniformes, segundo o qual "*le bénéficiaire d'un crédit ne peut en aucun cas se prévaloir des rapports contractuels existant entre les banques ou entre*

([8]) Cfr. J. STOUFFLET, *Crédit documentaire,* in "Encyclopedie Dalloz", n.º 206 e segs.

le donneur d'ordre et la banque émettrice" – **quer das relações entre ele próprio e o comprador**.

Noutros termos: do crédito irrevogável nasce uma **obrigação autónoma e independente** que o Banco deve cumprir mesmo que o ordenante entre em estado de impotência económica ou haja incumprimento ou cumprimento defeituoso do contrato principal de compra e venda, **salva a hipótese de fraude do beneficiário** *(fraus omnia corrumpit)* ([°]).

Nas palavras do artigo 3.° das Regras e Usos Uniformes:

"les crédits sont, par leur nature, des transactions distinctes des ventes ou autre(s) contrat(s) qui peuvent en former la base mais qui ne concernent les banques en aucune façon et ne sauraient les engager, même si le crédit inclut une référence à un tel contrat, et quelle que soit cette référence".

Compreende-se a inoponibilidade das excepções tiradas da compra e venda, pois de outro modo subverter-se-ia a economia e *ratio essendi* do crédito documentário sobre que assentam a celeridade e a segurança do comércio internacional.

Por outro lado, a fim de afastar o inconveniente de o Banco emitente da carta de crédito ser geralmente do país do importador, *o exportador exige muitas vezes a intervenção de um banco do seu próprio país*. Ainda aqui há que distinguir duas hipóteses:

– O Banco do país do exportador pode limitar-se ao papel de simples intermediário ou mandatário do Banco emitente, notificando a carta de crédito ao beneficiário mas **sem assumir qualquer obri-**

([°]) Cfr. J. Stoufflet, *ob. cit.*, n.° 36; Rives-Lange, *Les engagements abstraits pris par le banquier*, in "Banque", 1985, pág. 902 e segs..

gação pessoal perante este; e ainda que seja designado para realizar o crédito (cfr. art. 11.°, al. b), das Regras e Usos Uniformes), assumindo o mandato de o pagar por conta do mandante (Banco emitente), ainda assim o banco intermediário não se vincula pessoalmente perante o beneficiário (cfr. art. 11.°, al. c), das Regras e Usos Uniformes).

– Se o crédito é irrevogável, o Banco intermediário pode confirmar o crédito, caso em que contrairá uma obrigação pessoal directa perante o beneficiário nos termos da carta de crédito. Logo, o beneficiário do crédito confirmado goza de dois direitos autónomos e independentes, um perante o Banco emitente, outro perante o Banco confirmador.

C) *A última fase é a da realização do crédito documentário*, ou seja, a do pagamento do crédito pelo Banco (Banco emitente ou Banco intermediário) em contrapartida dos documentos enumerados na carta de crédito.

Porque o pagamento não pode ocorrer senão contra a entrega de documentos conformes aos elencados na carta de crédito, o Banco tem o **poder-dever de verificar** os documentos apresentados pelo vendedor, em ordem a constatar se os mesmos são **aparentemente** conformes aos enumerados na carta de crédito, **sem irregularidades manifestas ou grosseiras.**

Trata-se, pois, de uma *verificação ou exame formal*, sem que o Banco tenha de controlar a conformidade dos documentos com os bens vendidos: o Banco desconhece o conteúdo exacto da compra e venda e não tem meios nem competência técnica para controlar directamente a execução desse contrato. Mais: a eficácia do crédito documentário requer mesmo que o beneficiário possa pedir o pagamento contra a apresentação de documentos **aparentemente** conformes com os exigidos na carta de crédito, sem que o Banco possa intrometer-se na execução da venda.

Nos termos do art. 15.° das Regras e Usos Uniformes, *"les banques doivent examiner tous les documents avec un soin raisonnable pour s'assurer qu'ils présentent l'apparence de conformité avec les conditions du crédit".*

Feito o exame com o cuidado razoável, o Banco não tem de verificar a **autenticidade** dos documentos (cfr. art. 17.° das Regras e Usos Uniformes), respondendo, embora, se a irregularidade dos mesmos é grosseira; ao invés, a lista dos documentos tem de ser completa, entregando-se os originais e não os duplicados (cfr. art. 22.° das Regras e Usos Uniformes).

Feito o exame com o cuidado razoável, das duas uma:

Se os documentos verificados se apresentam conformes e regulares, o Banco aceita-os e paga o crédito ([10]);

Se os documentos verificados não são conformes ou se revelam irregulares, o Banco recusa-os e não paga ([11]).

10 – Cruzamento dos regimes do crédito documentário e do conhecimento de embarque

Acabámos de ver que a existência do crédito documentário se baseia na entrega, pelo beneficiário, de certos documentos previamente acordados e que são aqueles que hão-de servir ao ordenante para levantar a mercadoria objecto da compra e venda, contrato-base na origem do crédito.

([10]) Para as modalidades de pagamento – pagamento à vista; pagamento diferido; aceite de uma letra; negociação – cfr. o art. 10.° das Regras e Usos Uniformes.

([11]) Outro obstáculo ao pagamento do crédito é a fraude manifesta do beneficiário.

Nos termos do art. 2.° das Regras e Usos Uniformes, *"Aux fins des présents articles, les expressions: "crédit(s) do-cumentaire(s)" (...) qualifient* tout arrangement *quelle qu'en soit la dénomination ou description,* en vertu du quel une banque (la banque emettrice), agissant à la demande et sur instruc-tions d'un client (le donneur d'ordre):

I) est tenu d'effectuer un paiement à un tiers (bénéfi-ciaire) *ou à son ordre, ou de payer ou accepter des effets de commerce (traites) tirés par le dit bénéficiaire, ou*

II) *autorise un autre banque à effectuer le dit paiement, ou à payer, accepter ou négocier les dit effets de commerce (traites),* contre remise des documents stipulés, pour autant que les conditions du crédit soient respectées"

Por isso é de extrema importância que a carta de crédito precise os documentos a exigir ao **beneficiário,** os mesmos que o **ordenante** haja indicado nas instruções por si dadas ao Banco emitente ([12]).

Isto mesmo vai dito pela al. a) do art. 22.° das Regras e Usos Uniformes, que reza assim:

"Toute instruction relative a l'émission d'un crédit, les crédits eux-mêmes et, *le cas échéant,* toute *instruction* en *vue d'amender ceux-ci et les amendements eux-mêmes* doivent spéci-fier avec précision le ou les documents contre lesquels le paiement, l'acceptation ou la negotiation seront effectués".

Compreensivelmente, as vendas internacionais dão ori-gem a diversos documentos. De entre os geralmente descritos no crédito documentário salientam-se:

([12]) O Banco só pode exigir ao beneficiário os documentos enumerados na carta de crédito. Pelo que se houver desconformidade dos documentos indi-cados na carta de crédito com os descritos na convenção celebrada entre o ordenante e o Banco, este não só não pode invocar essa falta de conformidade perante o beneficiário como suporta as consequências da mesma.

Documentos de expedição – conhecimentos de embarque marítimo; documentos de transporte combinado; carta de transporte ferroviário; conhecimentos de embarque fluvial; conhecimentos de embarque aéreo; cartas de transporte por estrada –; **documentos de seguro; facturas comerciais;** outros documentos, tais como documentos aduaneiros, facturas consulares, certificados de origem, certificados de qualidade, etc.

Estes diversos documentos atestam o bom cumprimento do contrato pelo vendedor, dando ao importador a certeza de não ser debitado pelo seu Banco se aquele não apresentar os documentos exigidos. Por seu turno, **o exportador tem no crédito documentário uma garantia de pagamento.**

O conhecimento de embarque marítimo é o documento típico que mais frequentemente aparece numa operação de crédito documentário. Razão por que as Regras e Usos Uniformes lhe dedicam vários artigos (art. 26.º a 29.º).

Veja-se o art. 26.º:

"Si un crédit exigeant un document de transport stipule comme tel un connaissement maritime:

a) les banques accepteront, sauf stipulation contraire dans le crédit, un document qui

    I) *apparaît comme ayant été émis par un transporteur dénominé ou* son agent *et*

    II) *indique que les marchandises ont été embarguées ou mises à bord d'un navire dénommé et*

    III) *consiste dans le* jeu complet des originaux émis et destinés au chargeur *s'il a été émis plus d'un original* et

    IV) *satisfait à toutes les autres prescriptions du crédit.*

Fundamentalmente, o conhecimento de embarque desempenha as três funções já descritas no parecer. Citamos agora e aqui, no mesmo sentido, Chorley and Giles, *Shipping Law:*

"Thus a bill of lading performs three separate functions:

(a) It is evidence of the terms of a contract of affreightment; (b) it is evidence of the shipment of goods; (c) it is evidence that its holder has the right to claim possession of the goods it represents and that he might, in certain circunstances, have the property therein; that is, it is a document of title".

Cruzando agora os regimes do crédito documentário e do conhecimento de embarque, temos:

1) O Banco não pode pagar à SEACONSAR sem que esta entregue os documentos enumerados na carta de crédito;

2) Entre esses documentos o mais importante é o conhecimento de embarque;

3) Logo, a SEACONSAR teve de enviar o conhecimento de embarque ao Banco, além dos demais documentos.

Se, após a verificação dos documentos, o Banco tivesse pago à SEACONSAR, caberia ao consignatário levantar esses documentos e reembolsar o Banco. Deste modo, o consignatário receberia os documentos e (só) contra a entrega de um dos dois originais dos conhecimentos de embarque levantaria a mercadoria.

Inversamente, se, após a verificação dos documentos, o Banco recusa o pagamento, aqueles **são devolvidos ao exportador-beneficiário do crédito.** É a maneira que o vendedor tem de **continuar a garantir a sua posição. Logo, porque portadora legítima dos dois originais do conhecimento de embarque – devolvidos pelo Banco –, a SEACONSAR tem o direito de reclamar do transportador a entrega dos bens que aqueles representam.**

Mas como se faz a passagem do conhecimento de embarque da SEACONSAR para o Banco?

Normalmente emitidos pelo transportador a favor do beneficiário da carta de crédito – o carregador (Shipper) ([13]) –, este exige ao Banco o pagamento contra a entrega dos documentos. Entrega essa que é feita pelo beneficiário, endossando ou cedendo os seus direitos titulados por esses documentos ao próprio Banco. Esclarece ainda RAFAEL SERRANO que *"en la práctica internacional, muchas veces los documentos se emiten a la orden del consignatario, quien luego los endossa en blanco"* ([14]).

Vale dizer, pois, que o endosso pode ser efectuado, quer pelo carregador (Shipper), quer pelo consignatário (consignee) ([15]).

E como pode ler-se em SCRUTTON,

"The shipper may, if he has *retained the right of disposal of the goods,* delete the name of the consignee and either leave the bill deliverable to a name left blank or insert the name of another consignee.

So long as the goods are deliverable to a name left blank, or to bearer, or the indorsement is in blank, the bill of lading may pass from hand to hand by mere delivery, or may be redelivered without any indorsement to the original holder, so *as affect the property in the goods* ([16]).

([13]) O conhecimento de embarque não tem que emitir-se em nome do beneficiário do crédito. É o que resulta do art. 33.º das Regras e Usos Uniformes: *"sauf stipulation contraire dans le* crédit, *les banques accepteront des documents de transport indiquant comme expéditeur de la marchandise une partie* autre *que le bénéficiaire du crédit".*

Entre os documentos exigidos pelo art. 34.º da Convenção de Viena de 1980, que regula a venda internacional de mercadorias, conta-se o conhecimento de embarque.

([14]) RAFAEL SERRANO, *Los creditos documentarios,* 1986, pág. 277.

([15]) Cfr. SCRUTTON, *On Chaterparties and bills of lading,* 9.ª ed., Londres, 1984, pág. 184.

([16]) SCRUTTON, *On Chaterparties, cit.,* pág. 184.

No caso presente aconteceu isso mesmo: o conhecimento de embarque regressou sem qualquer outro endosso ao possuidor original – a SEACONSAR. Nada mais natural, já que o Banco, após a verificação dos documentos, entendeu não pagar o crédito. Nisto reside mesmo, como vimos, a pedra angular do funcionamento do crédito documentário, sobre que assenta a segurança do tráfico internacional: *garantia de pagamento para o exportador; garantia de exacto cumprimento do contrato para o importador.*

Permitir agora que o importador pudesse levantar a mercadoria sem a apresentação de um dos dois originais dos conhecimentos de embarque equivaleria, por um lado, a subverter toda a economia do crédito documentário, destruindo toda a eficácia deste instrumento, propiciador de celeridade e segurança ao comércio internacional, e, por outro, a esvaziar o conhecimento de embarque da função, universalmente reconhecida, de documento representativo da mercadoria, que confere ao seu legítimo possuidor o direito de a reclamar.

Sendo este o *regime específico universal* do crédito documentário e do conhecimento de embarque, não faz qualquer sentido tentar aplicar ao caso o regime geral do Código Civil: *lex specialis derrogat lex generalis.*

Nas palavras de SPINELLI e GENTILE:

"A tese preferível é a que reconduz o crédito documentário a um negócio plurilateral típico do direito consuetudinário e, portanto, a um contrato *sui generis* cuja função causal é representada pela troca simultânea com os documentos pré-estabelecidos. Isto determina que **a específica disciplina ditada em sede consuetudinária e internacional prevalece sobre aquela genérica que pode extrair-se para os negócios plurilaterais do direito positivo interno**" [17].

---

[17] SPINELLI/GENTILE, *Diritto bancario,* 2.ª ed., Pádova, 1991, pág. 364.

Outro resultado não se tira, de resto, no caso concreto dos autos, do disposto no art. 348.º do Código Civil português, conjugado com a revelia da ré e regras processuais correspondentes.

Coimbra, Maio de 1993.

CALVÃO DA SILVA

III
ASSOCIAÇÃO EM PARTICIPAÇÃO

CONSULTA

A acção movida por António da Rocha contra António Armindo de Castro Nunes e mulher foi julgada improcedente pelo Tribunal da Comarca do Porto, com o fundamento de a conta em participação ou contrato de associação em participação existente desde 1978 entre o Autor e o Réu marido não obedecer à forma especial de escritura pública exigida pelo n.º 1 do artigo 23.º do Decreto-Lei n.º 231/81, de 28 de Julho.

Interposto recurso, o Tribunal da Relação confirmou a decisão recorrida.

Não se conformando com o acórdão proferido, pretende o Autor recorrer para o Supremo Tribunal de Justiça. Mas antes pretende conhecer o parecer de V. Ex.ª sobre a questão.

PARECER

SUMÁRIO: 1 – *O equívoco.* CAPÍTULO I – **Os articulados.** 2 – *Petição Inicial.* 3 – *Contestação.* 4 – *Réplica.* CAPÍTULO II – **Despacho saneador-sentença e acórdão da Relação.** 5 – *Despacho saneador-sentença.* 6 – *Acórdão da Relação.* CAPÍTULO III – **A solução.** 7 – *Forma do contrato de associação em participação e do contrato celebrado em sua execução.* 8 – *Consensualidade da associação em participação discutida no caso vertente.* 9 – *Competência do supremo Tribunal para mandar prosseguir o processo.* **Conclusões.**

1 – O equívoco

Lidas as peças processuais, um grande equívoco perpassa no despacho saneador-sentença e no acórdão da Relação a convicção de que o prédio litigioso representa a contribuição do associado António da Rocha para a conta em participação ou contrato de associação em participação invocado como causa de pedir da acção.

Mas assim não é, seguramente, em face dos elementos constantes dos autos, como mostrarei.

I
OS ARTICULADOS

2 – Petição inicial

Na petição inicial, o Autor começa por alegar ter estado associado ao Réu marido na compra e venda de vários prédios rústicos e urbanos (artigo 1.º), como resulta da transacção homologada por sentença do 2.º Juízo Cível da Comarca do Porto, que reza assim:

> "2.º – O Autor e o Réu aceitam expressamente que, não obstante a inexistência dessa sociedade [irregular], estiveram associados na realização de vários negócios."

Seguidamente alega o Autor:

> *"Dentro desse contrato de associação foi adquirido o seguinte prédio..."* (artigo 3.º);
> "prédio adquirido pelos dois associados..." (artigo 4.º);
> *"prédio adquirido em hasta pública..."* (artigo 6.º)

Vale isto por dizer que, na versão do autor, *o prédio litigioso foi obtido no exercício ou prossecução da associação em participação, o* mesmo não constituindo, por conseguinte, objecto da sua entrada ou *contribuição de associado para o aludido contrato.*

3 – Contestação

Outra é, porém, a versão do Réu na contestação deduzida.

Depois de negar "que a aquisição do referido prédio tenha sido feita por ambos (artigo 6.º), o Réu afirma ter o mesmo sido comprado apenas por si "no exercício da sua actividade de compra e revenda de propriedades e em *arrematação judicial"* (artigo 7.º) ocorrida "em 24 de Junho de 1979 (artigo 8.º).

Para realizar essa compra alega o Réu ter pedido dinheiro emprestado ao Autor (artigos 11.º e 12.º), empréstimo esse garantido pela celebração de um contrato promessa (artigo 13.º) e pago com juros (artigo 16.º).

"*Não houve pois* – aduz o Réu – *nenhum contrato de associação entre A. e R. quanto ao prédio em* causa..." (artigo 18.º).

Mas mesmo "admitindo sem conceder" a sua existência, "o *invocado contrato carece de forma legal,* porque a natureza dos bens impunha a sua redução a escritura pública, pelo que é *nulo*" (artigo 32.º), conclui o Réu, invocando o Decreto-Lei n.º 231/81, de 28 de Julho.

4 – **Replica**

Na réplica, o Autor nega a versão do Réu. Nega, nomeadamente, que o prédio haja sido adquirido apenas pelo Réu em hasta pública (artigo 14.º), mantendo a tese de haver sido comprado por ambos (artigo 15.º) em conformidade com o contrato de associação entre eles celebrado (artigo 10.º). Nega, por outro lado, ter havido qualquer empréstimo seu ao Réu para a compra do prédio referido (artigo 16.º).

II
DESPACHO SANEADOR-SENTENÇA
E ACÓRDÃO DA RELAÇÃO

5 – **Despacho saneador-senteça**

Entendendo conter o processo os elementos que permitiam a tomada de uma decisão conscienciosa sobre o pedido, o Tribunal de Comarca proferiu despacho saneador-sentença, nos termos da alínea *c)* do n.º 1 do artigo 510.º do Cód. Proc. Civ., julgando a acção improcedente.

Na base da decisão do tribunal esteve a ideia de que o contrato de associação em participação invocado pelo Autor como causa de pedir era nulo por vício de forma, por não respeitar o disposto no artigo 23.º do Decreto-Lei n.º 231/81, de 28 de Julho.

Pode ler-se no despacho saneador-sentença:

"Conforme o A. alega na petição inicial, nomeadamente nos seus artigos 1.° e 3.°, a sua contribuição, como associado, para a actividade económica a desenvolver pelo Réu marido consistia em imóveis, rústicos e urbanos, destinados a venda...

(...) A natureza dos bens com que o A. contribuiu para a associação exigia, assim, que o contrato fosse celebrado por escritura pública, conforme o disposto no n.° 1 do artigo 23.° já citado...

(...) Nos termos do disposto no artigo 220.° do Código Civil a declaração negocial que carece de forma legalmente prescrita é nula.

(...) Assim e tendo em conta o disposto nos artigos 285.°, 286.° e 289.° do mesmo diploma, o negócio jurídico invocado como causa de pedir na presente acção sendo nulo, não produz quaisquer efeitos.

Pelo exposto, e sem necessidade de mais considerações, julgo a presente acção improcedente e, em consequência, dela absolvo os RR.".

6 – Acórdão da Relação

Inconformado, o Autor interpôs recurso limitado à parte da decisão que, exigindo escritura pública para a validade do contrato em apreço, considerou nula a associação em participação celebrada entre o Autor e o Réu marido. Nas alegações o Autor aduziu que sendo de 1978 o contrato devia ser regulado pelo Código Comercial (artigos 224.° e ss.) e não pelo citado Decreto-Lei n.° 231/81. Ora, em face do então vigente regime legal do Código Comercial, o contrato era consensual, logo válido.

Assim não entendeu o Tribunal da Relação.

Depois de se expraiar sobre o problema da aplicação das leis no tempo em geral, a segunda instância julgou ser de aplicar no caso concreto a lei nova- O Decreto-Lei n.º 231/81 –, confirmando desse modo a decisão recorrida.

III
SOLUÇÃO

7 – Forma do contrato de associação em participação e do contrato celebrado em sua execução

Uma coisa é o contrato de associação em participação, outra bem distinta são os negócios realizados em execução ou prossecução do mesmo.

No tocante aos segundos, aos contratos celebrados no exercício do contrato de associação em participação, valem as regras gerais, incluindo as regras relativas à forma.

Assim, a compra e venda de um bem imóvel terá de obedecer a escritura pública (artigo 875 do Código Civil; artigo 89, alínea a), do Código do Notariado), mas já a de um bem móvel será consensual (artigo 219 do Código Civil).

No que concerne ao primeiro, à natureza consensual ou formal do contrato de associação em participação ou conta em participação, há que distinguir:

Pelo Código Comercial (artigos 224 a 229), a conta em participação era negócio jurídico consensual, uma vez que não tinha de obedecer a forma especial. Era o que resultava do artigo 228, que preceituava:

"A formação, modificação, dissolução e liquidação da conta em participação podem ser estabelecidas pelos livros de escrituração, respectiva correspondência e testemunhas."

Pelo Decreto-Lei n.º 231/81, de 28 de Julho, que revogou os artigos 224 a 229 do Código Comercial, a associação em participação será negócio consensual ou solene *conforme a natureza mobiliária ou imobiliária dos bens com que o associado contribuir,* como decorre do artigo 23 que dispõe assim:

"1 – O contrato de associação em participação não está sujeito a forma especial, à excepção da que for exigida pela natureza dos bens com que o associado contribuir.

2 – ....

3 – A inobservância da forma exigida pela natureza dos bens com que o associado contribuir só anula todo o negócio se este não puder converter-se, segundo o disposto no artigo 293 do Código Civil, de modo que a contribuição consista no simples uso e fruição dos bens cuja transferência determina a forma especial".

8 – Consensualidade da associação em participação discutida no caso vertente

Aplicando ao caso concreto em apreço o que acaba de dizer-se no número precedente temos:

A associação (ou conta) em participação discutida no caso sub iudice *é negócio consensual, tanto pela lei antiga como pela lei nova.*

Pela lei antiga a validade do contrato em causa surge indiscutível, pois nenhuma forma especial é requerida pelos artigos 224 a 229 do Código Comercial.

Mas mesmo pela lei nova a validade do contrato se tem igualmente por indiscutível, na medida em que a contribuição do associado para a actividade económica exercida pelo associante não consistiu em bens imóveis, designadamente no prédio litigioso.

Na verdade, depois de invocar o contrato de associação em participação homologado por sentença (artigo 1.° da petição inicial), o Autor é bem claro na alegação de que *"dentro desse contrato de associação"*, que é como quem diz *no exercício ou prossecução desse contrato, "foi adquirido o seguinte prédio..." (artigo 3.° da petição inicial)* "pelos dois associados" (artigo 4.° da petição inicial) *"em hasta pública"* (artigo 6.° da petição inicial). Aspecto este, o da aquisição em hasta pública do prédio em causa, *confirmado pelo Réu marido* na contestação, ao alegar ter adquirido o referido imóvel "no exercício da sua actividade de compra e revenda da propriedade e *em arrematação judicial"* (artigo 7.°), em 24 de Junho de 1979 (artigo 8.°).

Nestes termos, porque os factos respigados dos articulados provam inequivocamente que o prédio misto litigioso foi adquirido em hasta pública, conforme alegação do Autor e confissão expressa do Réu, não pode haver qualquer dúvida séria de que o mesmo imóvel não representa a contribuição do associado António da Rocha para a actividade económica de compra e venda de propriedades exercida pelo associante.

Consequentemente, o presente contrato de associação em participação não está sujeito a forma especial mesmo em face da lei nova.

De resto, o Decreto-Lei n.° 231/81 não poderia aplicar--se ao caso concreto, pois as condições de validade de um contrato têm de aferir-se pela lei vigente ao tempo em que o negócio foi celebrado (artigo 12 do Código Civil) (¹). Esta a

---

(¹) Neste sentido, cfr. Pires de Lima e Antunes Varela, *Código Civil anotado, vol. 1*, 4.ª ed., 1987, anotação 2 ao artigo 12; Baptista Machado, *Sobre a aplicação no tempo do novo Código Civil*, 1968, p. 70; Baptista Machado, *Introdução ao direito e ao discurso legitimador*, 1983, pp. 238 e 242; acórdão do STJ, de 16 de Janeiro de 1973, de 8 de Fevereiro de 1974 e de 2 de Dezembro de 1975, respectivamente no *BMJ*, n.ᵒˢ 233, p. 186 e ss., 234, p. 212 e ss., 252, p. 123 e ss.

boa doutrina que, diferentemente do acórdão da Relação, não pode ser afastada *in casu* pelo contrato-promessa existente, porquanto este é de 31 de Janeiro de 1980 – logo, anterior ao Decreto-Lei n.º 231/81, de 28 de Julho!! – e foi objecto de duas prorrogações do prazo para a celebração de escritura pública, as quais em nada interferiram com a validade do contrato de associação.

Para uma melhor compreensão desta última questão convém ter presente *a falta de personalidade jurídica da associação em participação que, destarte, não constitui uma pessoa jurídica distinta dos associados, quer para efeitos externos quer internos* (²). *Há, assim, uma separação entre as relações externas – relações externas concentradas no associante, único titular e aparente dono do negócio – e as relações internas entre os contratantes,* confinando-se às segundas o alcance do assinalado contrato-promessa de 31 de Janeiro de 1980!

Isto posto, o *contrato de associação em participação é válido, pois não enferma de vício de forma. Só* o equívoco em que incorreu o juiz da primeira instância – o equívoco de considerar a contribuição do autor como associado para a actividade económica a desenvolver pelo Réu marido consistente "em imóveis, rústicos e urbanos, destinados a venda" conforme o alegado "na petição inicial, nomeadamente nos seus artigos 1.º e 3.º" (cfr. Despacho Saneador-Sentença) – é que explica o conteúdo preceptivo do acórdão da Relação, discutindo a aplicação da lei antiga ou da lei nova.

Termos em que, se nos cingirmos à delimitação objectiva do recurso para a relação, há motivo para a revista, com o fundamento de que a segunda instância, confirmando o despacho saneador-sentença, interpretou e aplicou indevidamente a lei substantiva.

(²) RAÚL VENTURA, *Associação em participação,* in "BMJ", n.º 189, p. 76 e ss.

9 – Competência do Supremo Tribunal para mandar prosseguir o processo

Não devemos, porém, parar aqui.

Entendeu a Primeira Instância conter o processo elementos que permitiam a tomada de uma decisão conscienciosa sobre o pedido logo no despacho saneador nos termos da alínea *c*) do n.º 1 do artigo 510 do Código de Processo Civil.

A questão que se põe é esta:

Tem o Supremo Tribunal de Justiça competência para apreciar se os elementos de facto fixados nas instâncias são ou não suficientes para uma conscienciosa decisão do mérito da causa? Ou constituirá matéria de facto, da exclusiva competência das instâncias, saber se ao tempo do despacho saneador o processo fornecia todos os elementos necessários para uma decisão conscienciosa e fundamentada? ([3]).

Cremos que a resposta deve ser no sentido de competir ao Supremo Tribunal de Justiça apreciar se os elementos de facto fixados nas instâncias são ou não suficientes para uma fundamentada e conscienciosa decisão do mérito da causa ([4]).

É sabido, com efeito, que para o Supremo Tribunal aplicar definitivamente o regime jurídico que julgue adequado tem de dispor de factos materiais suficientes. E quando essa base suficiente não exista, o STJ pode e deve mandar ampliar a decisão de facto necessária ao julgamento de direito (artigo 729, n.º 3, do Código de Processo Civil). Ora esta competência do

---

([3]) Sobre a questão pode ver-se ALBERTO DOS REIS, *Código de Processo Civil anotado*, vol. 3, p. 195 e ss.

([4]) Neste sentido cfr. Acórdão do STJ de 6 de Dezembro de 1979, "BMJ" 292, p. 320; Acórdão do STJ de 19 de Janeiro de 1978, "BMJ" 273, p. 206. Em sentido diferente, cfr. Acórdão do STJ de 16 de Janeiro de 1962, "BMJ" 113, p. 320.

Supremo deve valer, por igual razão, tanto para a sentença como para o despacho saneador-sentença.

Reconhecido em tese o poder de o Supremo Tribunal decidir da necessidade de apuramento dos factos quando as instâncias julguem poder resolver no saneador a questão de mérito, importa ver se o presente processo contém todos os elementos necessários para uma decisão conscienciosa, nos termos da alínea *c*) do n.º 1 do artigo 510 do Código de Processo Civil.

Atentemos, então, de novo, na acção, tal como as partes a definem nos articulados.

Na petição inicial, o Autor invoca um contrato de associação (artigo 1.º) no exercício do qual foi adquirido o prédio litigioso (artigo 3.º) por ele e pelo Réu marido (artigo 4.º) em hasta pública (artigo 6.º). Aduz ainda o Autor ter sido estipulado não poder esse mesmo prédio ser vendido sem o seu acordo prévio (artigo 4.º), com o preço a dever ser repartido entre os dois em partes iguais (artigo 5.º) e a sua parte garantida por uma promessa de venda (artigo 6.º).

Ora, alega o Autor, o contrato não foi respeitado no tocante a parte do prédio – a parte correspondente aos artigos matriciais 1791 e 1349 (artigos 9.º e ss.) –, em consequência do que sofreu um prejuízo de cerca de 30 mil contos de que pretende ser indemnizado (artigos 21.º e ss.).

Os Réus, na contestação, impugnam largamente os factos articulados pelo Autor. Em primeiro lugar, impugnam que a aquisição do prédio tenha sido feita pelo Réu marido e pelo Autor (artigos 5.º e 6.º), alegando ter sido adquirido apenas por aquele em arrematação judicial (artigo 7.º). Em segundo lugar, alegam os Réus que para fazer essa compra o Réu marido *pediu dinheiro emprestado* ao Autor (artigos 11.º e 12.º), empréstimo esse garantido pela celebração do contrato-promessa invocado pelo autor na petição (artigo 13.º) e pago com juros (artigo

16.°). "Não houve pois – dizem os Réus – nenhum contrato de associação entre o Autor e o Réu quanto ao predio em causa" (artigo 18.°). Mas *"admitindo sem conceder que* entre A. e R. tenha existido o invocado contrato", o mesmo "carece de forma legal, porque a natureza dos bens impunha a sua redução a escritura pública" (artigo 32.°).

Na réplica, o Autor nega a versão do Réu e mantém o alegado na petição inicial.

Posto isto, é bem de ver que estamos perante duas versões completamente distintas dos factos relevantes para a decisão definitiva da causa. Substancialmente, *há que averiguar se se trata de um contrato de associação em participação,* como pretende o Autor, ou de um *mútuo,* como alegam os Réus.

De facto, o que está provado é que o Autor entregou dinheiro ao Réu marido. Mas não se sabe se esse dinheiro representa a contribuição do Autor como associado para o contrato de associação em participação ou a sua prestação como mutuante: *será contrato de associação em participação se o Réu marido devia gerir a sua actividade económica com uma comunidade de fim ou finalidade comum ao Autor; será mútuo se essa gestão for por si realizada tão-somente com uma finalidade própria* ([5]).

As instâncias dão como líquido que se trata de associação em participação. Porém, a contestação é bem clara: "não houve pois nenhum contrato de associação entre A. e R. quanto ao prédio em causa (artigo 18.°).

Vale tudo isto por reconhecer que o *caso concreto não está suficientemente iluminado, não tendo sido considerados na decisão todos os factos relevantes alegados pelas partes. Logo, porque e na medida em que ainda sujeitos a controvérsia, indagação e esclareci-*

([5]) Para a distinção entre associação em participação e mútuo, cfr. RAÚL VENTURA, *ob. cit.,* p. 96 e ss.

mento, esses mesmos factos não dispensam a instrução do processo. Não foi, pois, feito o uso devido, cauteloso e seguro do disposto na alínea c) do n.º 1 do artigo 510 do Código de Processo Civil.

Pelo exposto, porque prematuro e indevido o conhecimento do mérito da causa no saneador (artigo 510, n.º 1, alínea c) do Código de Processo Civil) e porque impossibilitado de aplicar o direito, por falta de base de facto suficiente (artigo 729 do Código de Processo Civil), o Supremo Tribunal de Justiça deve ordenar que o processo prossiga os seus termos regulares.

CONCLUSÕES

De tudo quanto detalhadamente se expôs resulta:

I – Os factos respigados dos articulados provam inequivocamente que o prédio litigioso foi adquirido em hasta pública, conforme alegação do Autor e confissão expressa dos Réus, não representando seguramente a contribuição do Autor como associado para a actividade económica do associante.

II – O contrato de associação em participação é válido, pois não está sujeito a forma especial, quer pela lei antiga – a lei aplicável – quer mesmo pela lei nova.

Consequentemente,

III – Há motivo para a revista, com o fundamento de que a Relação, ao confirmar o despacho saneador--sentença, interpretou e aplicou indevidamente a lei substantiva, devendo o Supremo Tribunal declarar a validade formal do contrato de associação em participação.

IV – Um outro fundamento – fundamento acessório – da revista consiste no uso indevido e prematuro do poder de conhecer do mérito da causa no saneador (artigo 510, n.º 1, alínea *c*) do Código de Processo Civil), com as instâncias a não considerarem todos os factos relevantes alegados pelas partes.

Consequentemente,

V – Impossibilitado de aplicar o direito por falta de base de facto suficiente (artigo 729 do Código de Processo Civil), o Supremo Tribunal de Justiça pode ordenar que o processo prossiga os seus termos regulares.

Tal é o meu parecer.

Coimbra, Junho de 1992

CALVÃO DA SILVA

IV
SEGURO DE CRÉDITO

CONSULTA

A) Em 3 de Agosto de 1979, a sociedade JAMES RAWES & COMPANHIA, LIMITADA, celebrou com a COMPANHIA DE SEGURO DE CRÉDITO, E. P. (abreviadamente COSEC) um contrato de seguro destinado a cobrir, entre 1 de Maio e 31 de Dezembro de 1979, determinados riscos inerentes à cobrança de créditos da segurada, provenientes da prestação de serviços de alojamento, "transfers" e assistência a turistas trazidos a Portugal pela empresa em nome individual denominada PRIMAIR, da Holanda, pertencente ao operador turístico R. LIGTHART.

Mais concretamente, segundo as alíneas a), b) e c) do n.º 2 do artigo 2.º das "Condições gerais" da apólice, para as quais remete o n.º 6 das "Condições particulares", consideram-se riscos cobertos pelo contrato

"os atrasos ou faltas de pagamento do preço que derivem de:
a) *insolvência* ou *falência* do devedor;
b) concordata judicial celebrada com o devedor;
c) insuficiência de meios de pagamento obtidos através de execução movida contra o devedor ou de outra liquidação do seu património para o pagamento do crédito."

B) Nos termos do n.º VIII das "Condições particulares" da apólice, a concretização dos riscos cobertos pelo seguro confere à segurada o direito de receber da seguradora 85% do montante garantido.

C) O artigo 11.º das "Condições gerais" da apólice, a propósito da definição dos sinistros, prescreve o seguinte:

1. Considera-se sinistro a falta ou o atraso de todo ou de parte do pagamento do devedor ao Segurado ou a quem o represente, *devido à ocorrência de quaisquer dos factos discriminados nas Condições Particulares e previstos no n.º 2 do artigo 2.º.*

2. Com referência aos riscos mencionados no n.º 2 do artigo 2.º, considera-se verificado o sinistro:

    a) Nos casos das alíneas a) e b), na data do trânsito em julgado da sentença declaratória da insolvência ou falência ou homologatória da concordata;

    b) Nos casos da alínea c), na data do trânsito em julgado da sentença executória ou da decisão final de qualquer processo de liquidação judicial;

    c) ....

    d) ....

3 ....

4 ....

D) Em 14 de Outubro de 1982, foi a COSEC citada para contestar uma acção judicial interposta por JAMES RAWES 4 COMPANHIA, LIMITADA, no montante de Esc. 25.082.482$00, indemnização que seria devida por uma de duas causas de pedir:

    "– quer por verificação material e efectiva, em 20 de Setembro de 1979, do sinistro coberto pela apólice, o qual foi regulado em 31 de Outubro de 1980;

    – quer pelo facto de a Ré, por não ter cumprido os deveres de boa fé relativos à cooperação com a Autora, para esta cumprir os seus deveres legais e contratuais de tentativa de evitar o sinistro ou de redução dos prejuizos, *tê-la impedido de requerer a falência judicial, a concordata judicial ou a liquidação de bens do devedor* e, por outro lado, com essa sua conduta omissiva, negligente e ausente de boa fé, ter colocado a Autora perante a necessidade de aceitar um acordo com o devedor e um terceiro, nas condições e sob o condicionalismo em que tal ocorreu, apesar de tudo, no melhor interesse da Ré e da Autora, pois outra solução melhor não era possível *e a falência era um iminente risco*".

Acrescentou a Autora que "o risco real e material (e não meramente formal e conceptual) coberto pela Apólice dos autos é a insuficiência efectiva de bens necessários ao pagamento à Autora ou que sejam garantes desse pagamento" e, "por outro lado, dos acordos firmados resultou a liquidação do património do devedor, pelo que, também formalmente, o sinistro tem subsunção no disposto no artigo 29, n.º 2, al. c), segunda parte, da Apólice, que não exige liquidação judicial".

A Autora não invocou, pois, neste momento – petição inicial –, o risco derivado da alínea a) do n.º 2 do artigo 2.º das Condições gerais da Apólice – insolvência ou falência do devedor.

E) Contestou a ora consulente COSEC, rematando em conclusão:

"– os acordos firmados na Holanda pela Autora extinguiram o crédito seguro;

– tais acordos extra-judiciais não configuram sequer a verificação de um sinistro, nos termos das C. G. da ICS (apólice)".

Isto é, sustentou (e sustenta) a COSEC a não verificação de qualquer sinistro que fosse devido à ocorrência de algum dos factos discriminados nas Condições Particulares e previstos no n.º 2 do artigo 29 das Condições Gerais.

F) Em 14 de Novembro de 1990, depois de vários incidentes no período de saneamento do processo, que não vêm ao caso, foi proferida sentença, notificada à Ré no dia 20 dos mesmos mês e ano, julgando a acção procedente e provada.

★★★

Inconformada com a decisão, interpôs a Ré COSEC recurso de apelação para o Venerando Tribunal da Relação de Lisboa, sobre o mérito do qual gostaria de conhecer o nosso parecer.

PARECER

SUMÁRIO: I – **Introdução**. 1 – *Ponto axial do litígio*. 2 – *Questão de direito*. II – **Interpretação do contrato**. 3 – *Teoria da impressão do destinatário razoável*. 4 – *Circunstâncias atendíveis na interpretação*. 5 – *A apólice é formalidade "ad substatiam"*. § 1.º – **Termos da Apólice**. 6 – *Riscos seguráveis, riscos seguros e riscos excluídos*. 7 – *A delimitação do risco coberto*. 8 – (Cont.) *A falência declarada*. 9 – *Riscos excluídos: a falência presumida e a falência de facto*. § 2.º – **Termos da lei**. 10 – *A não previsão da falência de facto como risco segurável pelo Decreto-Lei n.º 318/76, de 30 de Abril*. 11 – *Natureza inovadora do Decreto-Lei n.º 169/81, de 20 de Julho*. § 3.º – **Outras questões**. 12 – *Harmonia dos artigos 9.º e 10.º das Condições Gerais da Apólice*. III – **Conclusões**.

I
INTRODUÇÃO

1 – Ponto axial do litígio

O caso sobre que somos consultados respeita ao contrato de seguro de crédito celebrado, em 3 de Agosto de 1979, entre a seguradora COMPANHIA DE SEGURO DE CRÉDITOS, E. P. (COSEC) e a segurada JAMES RAWES COMPANHIA, LTDA.

Concretamente, a questão fundamental que opõe as partes desavindas consiste em saber se o risco da *"insolvência ou falência do devedor"* coberto pela Apólice (art. 2.º, n.º 2, al. a) das Condições Gerais, por remissão do ponto VI das Condições Particulares) é apenas e tão-só o da *falência propriamente dita, declarada por via judicial*, ou também o da mera *falência de facto*.

Na primeira tese, a da seguradora, o presente recurso deverá proceder, pois não houve declaração judicial de falência da PRIMAIR, cliente do segurado; na segunda, a tese da segurada, a apelação improcederá, se e na medida em que a situação fáctica da PRIMAIR, em 20 de de Setembro de 1979, consubstanciar a dita falência de facto.

2 – Questão de direito

Postas as coisas neste pé, reconhecer-se-á sem discrepância que *o ponto axial do litígio constitui uma questão de direito*, a questão da *interpretação do contrato de seguro*, com especial relevo para as cláusulas que estão no centro da lide. Isto mesmo foi acertadamente reconhecido no acórdão lavrado pela Relação no recurso de agravo do despacho proferido sobre as reclamações da especificação e do questionário, de que vale a pena transcrever o passo seguinte:

> "A presente lide resume-se essencialmente em saber se o condicionalismo em que se encontrava a Primair, cliente da autora, em 20 de Setembro de 1979 (...) constitui ou não um dos riscos cobertos pela apólice (...). Levantam-se nos autos *duas teses*: a de ser necessária a declaração judicial de falência (o que não aconteceu) para que o risco que se quer como verificado tenha ocorrido, ou se basta a falência de facto. *Tudo o demais decorre da solução a dar a este ponto de direito*" ([1]).

([1]) No mesmo sentido, no sentido de que a interpretação do negócio jurídico constitui matéria de direito, cfr. CASTANHEIRA NEVES, *Questão-de--facto – Questão-de-direito*, Coimbra, 1970, p. 328 e ss.; VAZ SERRA, na Revista de Legislação e de Jurisprudência, anos 103, p. 284 e ss., e 107, p. 184; ANTUNES VARELA/M. BEZERRA/S. NORA, *Manual de Processo Civil*, 2.ª ed., Coimbra, 1985, p. 409; PIRES DE LIMA e ANTUNES VARELA, *Código Civil Anotado*, I, Coimbra, 1987, anotação 5 ao art. 236.º, e os acórdaos do S.T.J. aí citados; acórdãos do S.T.J. de 6 de Fevereiro de 1983 e de 2 de Fevereiro de 1983, no Boletim do Ministerio da Justiça n.º 324, p. 597, e 325, p. 519.

Naturalmente, porque nos autos se levantaram as *duas teses* referidas, o tribunal da Relação mandou "especificar e levar ao questionário *os factos com interesse para a decisão da causa em qualquer dos dois sentidos*". É a regra decorrente do n.º 1 do artigo 511.º do Código de Processo Civil, que dispõe assim:

> "Se o processo houver de prosseguir (e a acção tiver sido contestada (²)), o juiz, no próprio despacho a que se refere o artigo anterior, seleccionará entre os factos articulados os que interessam à decisão da causa, *segundo as várias soluções plausíveis da questão de direito*, especificando os que julgue assentes por virtude de confissão, acordo das partes ou prova documental e quesitando, com subordinação a números, os pontos de facto controvertidos que devam ser provados".

Deste modo se salvaguarda o conveniente *spacium deliberandi* do juiz incumbido de elaborar a sentença final e do tribunal de recurso, que, podendo perfilhar solução jurídica diferente daquela para que se inclina o juiz da causa no momento da elaboração do despacho saneador, não necessitarão de ampliar fora do momento oportuno, com todos os inconvenientes daí decorrentes, o questionário e a instrução.

Colocado assim o problema na sua expressão mais simples, vejamos a solução jurídica a dar ao conflito que opõe as partes no processo.

(²) Esta parte foi introduzida pelo Decreto-Lei n.º 242/85, de 9 de Julho.

II
INTERPRETAÇÃO DO CONTRATO

3 – Teoria da impressão do destinatário razoável

Actividade dirigida a determinar o conteúdo declaracional relevante, o sentido decisivo com que o negócio háde valer, se valer puder, a interpretação do negócio vem disciplinada no artigo 236.º e seguintes do Código Civil [3]. Dispõe o artigo 236.º:

"1 – A declaração negocial vale com o sentido que um declaratário normal, colocado na posição do real declaratário, possa deduzir do comportamento do declarante, salvo se este não puder razoavelmente contar com ele.

2 – Sempre que o declaratário conheça a vontade real do declarante, é de acordo com ela que vale a declaração emitida".

O n.º 1 do preceito transcrito estabelece o *grande princípio* da interpretação negocial, consagrando a conhecida *doutrina da impressão do destinatário*: o sentido decisivo é aquele que se obtenha do ponto de vista de um declaratário normal, colocado na posição do declaratário real, em face do comportamento do declarante.

Quer dizer: toma-se o declaratário efectivo, nas condições reais em que se encontrava, e presume-se depois ser ele uma pessoa normal e razoável, medianamente instruída e diligente. E o sentido prevalecente será aquele que *objectivamente* resulte

---

[3] Sobre a interpretação do negócio jurídico, cfr. MANUEL DE ANDRADE, *Teoria geral da relação jurídica,* II, Coimbra, 1972, p. 305 e ss; MOTA PINTO, *Teoria geral do direito civil,* Coimbra, 1985, p. 444 e ss.; LARENZ, *Algemeiner Teil des deutschen Bürgerlichen Rechts,* 7.ª ed., 1989, p. 536 e ss..

da interpretação feita por esse destinatário razoável, que ajuiza não só das circunstâncias *efectivamente* conhecidas pelo declaratário real mas também daquelas outras que um declaratário normal, posto na situação daquele, teria conhecido.

Por fim, diga-se ainda, no plano teórico, que à regra básica da interpretação, protectora da legítima confiança, abre a lei duas excepções: a de o sentido objectivo apurado não poder ser imputado razoavelmente ao declarante (art. 236.º, n.º 1, *in fine*) – caso em que o negócio jurídico deve ser nulo – ou a de o declaratário conhecer a vontade real do declarante (art. 236.º, n.º 2), valendo de acordo com ela a declaração emitida, em aplicação do brocardo *"falsa demonstratio non nocet"* e respeito à autonomia privada.

4 – Circunstâncias atendíveis na interpretação

Para desatar o *nó górdio* da lide temos de determinar o conteúdo voluntário, *rectius*, o *conteúdo declaracional* das cláusulas constantes da apólice relativa ao contrato de seguro celebrado entre a COSEC e JAMES RAWES, principalmente o da al. a) do n.º 2 do artigo 2.º das Condições Gerais, aplicando, naturalmente, a doutrina da impressão do destinatário razoável consagrada na lei.

De entre as várias circunstâncias atendíveis para a interpretação merecem realce os *termos do negócio* e os *termos da lei, devendo o contrato ser interpretado conforme os seus termos, sentido e fim, e ainda conforme a lei não arredada pelas partes.* Efectivamente, nada mais natural, na fixação do conteúdo decisivo do negócio jurídico, do que tomar o declaratário efectivo, presumir que ele teve conhecimento e em conta a própria lei, tal qual o faria uma pessoa razoável, posta na sua situação. Afinal a ignorância da lei não escusa (art. 6.º do Código Civil).

5 – A apólice é formalidade *"ad substantiam"*

Nos termos do artigo 426.º do Código Comercial, "o contrato de seguro *deve ser reduzido a escrito* num instrumento, que constituirá a apólice de seguro".

Equivale isto a dizer que a exigência legal de documento escrito constitui elemento do contrato, isto é, formalidade *ad substantiam*. Por esta razão é nulo o contrato de seguro que careça da forma legalmente prescrita (art. 220.º do Código Civil), salvo se constar de documento de força probatória superior, ou seja, documento autêntico ou autenticado (art. 364.º, n.º 1, do Código Civil).

Diferentemente se a formalidade exigida fosse *ad probationem*, como acontece no direito italiano em que "o contrato de seguro *deve ser provado* por escrito" (art. 1888.º do Código Civil). Neste caso o contrato não seria nulo, mas só poderia provar-se por confissão expressa, judicial ou extrajudicial, devendo esta última constar de documento de igual ou superior valor probatório (art. 364.º, n.º 2, do Código Civil). Sublinhe-se, no entanto, que a *regra* é a de os documentos escritos exigidos (autênticos, autenticados ou particulares) constituirem formalidades *ad substantiam*, apenas valendo como formalidades *ad probationem* quando a lei se refira *claramente* à prova do negócio (art. 364.º, n.º 2, do Código Civil).

Negócio jurídico formal, o *contrato de seguro regular-se-á, naturalmente, pelas estipulações da respectiva apólice* não proibidas por lei, e, na sua falta ou insuficiência, pelas disposições legais correspondentes (cfr. art. 427.º do Código Comercial).

Nada mais natural, pois as partes gozam da *faculdade de determinar a disciplina normativa do contrato* dentro dos limites da lei, vale dizer, nos limites das regras imperativas (art. 405.º do Código Civil).

Impõe-se, pois, analisar a apólice que no caso *sub iudice* formaliza o contrato de seguro, expressão da vontade declaracional que o tribunal deve interpretar para fixar o sentido decisivo com que o negócio deve valer, se valer puder.

§ 1.º

TERMOS DA APÓLICE

6 – Riscos seguráveis, riscos seguros e riscos excluídos

O primeiro grande elemento ou coeficiente atendível para a interpretação é o dos *termos do negócio jurídico, in casu os termos da apólice.*

Pelo ponto VI das Condições Particulares, os *riscos seguros* são "os contemplados nas alíneas a), b) e c) do n.º 2 do art. 2.º das Condições Gerais".

Por seu turno, dispõe o n.º 2 do art. 2.º das Condições Gerais:

"Consideram-se riscos comerciais os atrasos ou faltas de pagamento do preço que derivem de:
a) Insolvência ou falência do devedor;
b) Concordata judicial celebrada com o devedor;
c) Insuficiência dos meios de pagamento obtidos através de execução movida contra o devedor ou de outra liquidação do seu património para o pagamento do crédito;
d) Mora do devedor por periodo excedente a seis meses;
e) Rescisão injustificada do contrato pelo devedor".

Vale isto por afirmar que de entre os riscos comerciais *seguráveis*, previstos nas Condições Gerais, as partes seguraram apenas alguns. O que é importante enfatizar, pois traduz a supremacia do *contrato negociado,* reduzido a escrito nas Condições Particulares, sobre o *contrato de adesão*, estandardizado nas Condições Gerais. Naquilo que o contrato individual não tiver afastado vigora o contrato-base nas suas Condições Gerais, fixadas, sob proposta da COSEC e mediante parecer da Comissão de Créditos e Garantias de Créditos, por portaria conjunta dos Ministros das Finanças e do Comércio Externo (art. 8.º, n.º 1, do Dec.-Lei n.º 318/76, de 30 de Abril). Mais: porque sujeitas a fiscalização administrativa prévia, as Condições Gerais da presente Apólice não se subsumem sequer no *ius singulare* ou regime específico dos contratos de adesão [4].

Por outro lado, nos termos do n.º 1 do artigo 2.º das Condições Gerais, "pela presente Apólice a Companhia obriga-se a cobrir, de entre os riscos comerciais a seguir indicados, os que estão *expressamente estipulados* nas Condições Particulares, *com exclusão de quaisquer outros*".

Não garantidos pelo contrato de seguro ficaram, portanto, quer a "mora do devedor por período excedente a seis meses", quer a "rescisão injustificada do contrato pelo devedor" (als. d) e e) do art. 2.º das Condições Gerais, não mencionadas no ponto VI das Condições Particulares).

---

[4] Cfr. o Dec.-Lei n.º 446/85, de 25 de Outubro, o qual, por força do art. 3.º, n.º 1, al. c), não se aplica "a cláusulas impostas ou expressamente aprovadas por entidades públicas com competência para limitar a autonomia privada".

Vejam-se ALMEIDA COSTA e MENEZES CORDEIRO, *Cláusulas contratuais gerais. Anotação ao Decreto-Lei n.º 446/85, de 25 de Outubro*, Coimbra, 1986, que, entre os casos de cláusulas contratuais gerais subordinadas à al. c) do n.º 1 do Dec.-Lei n.º 446/85 referem justamente o do art. 8.º, n.º 1, do Dec.-Lei n.º 318/76.

No mesmo sentido, cfr. ainda o acórdão da Relação do Porto, de 30 de Julho de 1987, que considerou válida "a cláusula constante da apólice de contrato de seguro não obrigatório, aprovada pela entidade pública competente, que exclui a responsabilidade da seguradora no tocante aos prejuízos ou danos morais", em virtude de a apólice ter sido aprovada por entidade pública com competência para limitar a autonomia privada (Colectânea de Jurisprudência, 1987-IV, p. 226 e ss.).

Feita esta aproximação global aos riscos seguráveis, aos riscos seguros e aos riscos excluídos, impõe-se dissecar de seguida os dois últimos, por forma a verificarmos se a dita falência de facto foi positivamente garantida ou antes excluída.

7 – A delimitação do risco coberto

Por natureza e função, o seguro visa proporcionar ao segurado uma adequada tutela contra a ocorrência de determinados *eventos futuros e incertos*. E esta possibilidade de verificação do sinistro, evento futuro e incerto, é que constitui o risco segurável, pressuposto necessário de um seguro.

Compreende-se assim que *a exacta determinação do risco constitua ponto cardeal da disciplina dos seguros*: por um lado, em relação a ele se estabelece o montante do *prémio* e assegura a sinalagmaticidade da relação contratual; por outro, uma inexacta valoração do risco por parte do segurador repercute-se, dado o aumento da probabilidade de verificação do sinistro, na gestão da empresa. Precisamente porque, para decidir da celebração ou não do contrato, o segurador precisa de conhecer uma série de factores e circunstâncias, impende sobre o futuro segurado o dever de máxima boa fé (*uberrimae fidei*) nas informações e comunicações daqueles elementos [5].

Ora, se, como nota JEAN BASTIN,

"*la définition du sinistre est evidemment primordiale* pour l'assure, car il y trouvera son droit à l'indemnisation" [6].

---

[5] Cfr. LUCA BUTTARO, *Assicurazione (contratto di)*, in Enciclopedia del diritto, especialmente o n.º 12.

[6] JEAN BASTIN, *L'assurance-crédit dans le monde contemporain*, 1978, p. 346.

Seguro de Crédito 109

e se, no seguro de crédito, como salienta MARCEL FONTAINE,
> "*le risque est en principe constitué par 'l'insolvabilité' du débiteur, telle que la police la définit (déclaration ou clôture de faillite, obtention d'un concordat, etc.)* (⁷),

justifica-se o extremo cuidado posto pelas partes na *definição do risco* ou *verificação do sinistro*, vale dizer, *na delimitação dos factores (eventos futuros e incertos) geradores do risco garantido* (⁸), afinal pressuposto do contrato e seu elemento central.

A tal ponto isto é assim que a selecção individual dos riscos pelo segurador constitui reconhecidamente um dos grandes princípios das apólices do seguro de crédito. Na expressão de JEAN BASTIN,
> "C'est également un principe universellement admis par toutes les compagnies du Marché Commun, que tout risque doit être accepté individuellement par la compagnie" (⁹).

O caso vertente não foge à regra e a definição do risco ou verificação do sinistro surge muito pormenorizada nos artigos 2.º e 11.º das Condições Gerais: pelo primeiro fica a saber-se os riscos seguros; pelo segundo o momento da verificação dos factos geradores desses riscos. O que corresponde a afirmar que a *delimitação do risco coberto passa pela definição do sinistro*, evento em vista do qual foi estipulado o seguro. Daí a equivalência de formulação do corpo do n.º 2 do artigo 2.º – "*consideram-se riscos comerciais* os atrasos ou faltas de pagamento do preço que derivem de" – e do n.º 1 do artigo 11.º – "*considera-se sinistro* a falta ou o atraso de todo ou de parte do pagamento do deve-

---

(⁷) MARCEL FONTAINE, *Essai sur la nature juridique de l'assurance-crédit*, Bruxelles, 1966, p. 9.

(⁸) Sobre o risco, seus factores e sua definição, cfr. BASTIN, *L'assurance--crédit*, cit., p. 111 e ss.

(⁹) JEAN BASTIN, *L'assurance-crédit*, cit., p. 263.

dor ao segurado ou a quem o represente, devido à ocorrência de quaisquer dos factos discriminados nas Condições Particulares e previstas no n.° 2 do artigo 2.°". Lógico que assim seja, pois *risco e facto gerador estão indissociavelmente ligados, sendo este a fonte daquele.*

Assim, nos termos conjugados dos artigos 2.° e 11.° das Condições Gerais, o *risco (ou sinistro) do atraso ou falta de pagamento do preço resultante de*

a) insolvência ou falência do devedor;
b) concordata judicial celebrada com o devedor;
c) insuficiência dos meios de pagamento obtidos através de execução movida contra o devedor ou de outra liquidação do seu património para o pagamento do crédito;

considera-se verificado

a) na data do trânsito em julgado da *sentença declaratória da insolvência ou falência* ou homologatória da concordata;
b) na data do trânsito em julgado da sentença executiva ou da decisão final de qualquer outro processo de liquidação *judicial.*

Pelo que, numa interpretação feita por declaratário razoável, *só o risco previsto no art. 2.° e ocorrido nas datas referidas no art. 11.° é que constitui o objecto do contrato, o domínio de aplicação do presente seguro de crédito.*

A delimitação do risco coberto assim feita pelas partes ([10]) obedece, de resto, às boas regras doutrinárias.

([10]) Apesar de as Condições Gerais promanarem de um órgão da Administração Pública, a subscrição da Apólice não deixa de comportar a aceitação daquelas. Logo, a força obrigatória das Condições Gerais deriva da vontade das partes.

Com efeito, como salienta MICHELE FRAGALI,
"uma delimitação certa (do risco) é feita pondo o acento nas causas produtivas do evento no qual se concretiza o risco" ([11]).

E, na ponderação de MARCEL FONTAINE,

"*l'insolvabilité est considérée comme établie, aux termes des différents polices, en présence de l'un des événements suivants*: déclaration de faillite, obtention d'un concordat judiciaire ou d'un concordat amiable auquel ont adhéré tous les créanciers (...). Parfois, en cas de faillite, l'insolvabilité résulte seulement de la clôture des opérations, et non de la simple déclaration de faillite" ([12]).

8 – (Cont.): **A falência declarada**

Em abono da interpretação que acaba de ser feita, veja-se também o art. 14.º das Condições Gerais, que reza assim:
"*Verificado um sinistro, nos termos previstos no art. 11.º,* o segurado tem o direito de, no prazo de sessenta dias a contar da regulação, ser indemnizado dos prejuízos cobertos pela presente apólice".

Corresponde a significar que *o segurado só tem direito à indemnização logo que verificado um sinistro, nos termos previstos no artigo 11.º*.

Nada mais natural e conforme à doutrina exposta, quer à de BASTIN – segundo a qual "a definição do sinistro é evidentemente primordial para o segurado, uma vez que é aí

([11]) MICHELE FRIGALI, *Assicurazione di crédito*, in "Enciclopedia del diritto", p. 533.

([12]) M. FONTAINE, *Essai*, cit., p. 29, *in fine*, e 30.

que ele encontrará o seu direito à indemnização" ([13]) –, quer à de FRAGALI – nos termos da qual a "delimitação certa do risco é feita pondo o acento nas causas produtivas do evento em que se concretiza o risco" ([14]) –, quer à de M. FONTAINE, na qual "o risco é em princípio constituído pela 'insolvabilidade' do devedor, *tal qual a apólice o define"* ([15]), considerando-se aquela verificada na presença de *um dos eventos previstos na apólice* ([16]).

Ora, nos termos previstos no artigo 11.º, n.º 2, al. a), o sinistro da insolvência ou falência do devedor (art. 2.º, n.º 2, al. a)) verifica-se "na data do trânsito em julgado da sentença declaratória da insolvência ou falência". Por isso, *"tal qual a apólice a define"* (FONTAINE), a situação em que se funda o direito do segurado à indemnização é a da *"insolvabilidade declarada"*, para usar a terminologia de BASTIN ([17]).

Isto é, *a falência erigida a evento futuro e incerto em vista do qual foi estipulado o seguro foi a judicialmente declarada.*

Destarte, por força do princípio da autonomia privada, a *"falência definitiva" não é necessária e a "falência de facto" não é suficiente para desencadear o direito à indemnização. Na Apólice só a falência judicialmente declarada foi expressamente estipulada como sinistro e a sua verificação constitui pressuposto necessário mas suficiente do direito à indemnização do segurado: o risco da falência de facto, não expressamente estipulado, está clara e inequivocamente excluído* (art. 2.º, n.º 1, das Condições Gerais). Repare-se, ainda, nas alíneas b) e c) do n.º 2 do art. 2.º, conjugado com as alíneas a) e b) do n.º 2 do art. 11.º, e ver-se-á como o sistema da *declaração judicial* foi o adoptado.

([13]) J. BASTIN, *O seguro de crédito no mundo contemporâneo*, 1983 (tradução portuguesa), p. 313. O correspondente passo em francês pode ver-se *supra*, p. 108.

([14]) FRAGALI, *Assicurazione*, cit., p. 533.

([15]) FONTAINE, *Essai*, cit., p. 9 (cfr. *supra*, p. 109).

([16]) FONTAINE, *Essai*, cit., p. 29, *in fine*, e 30.

([17]) BASTIN, *L'assurance-crédit*, cit., p. 347.

Por fim, diga-se que *uma coisa são os riscos que podem ser cobertos pelo seguro de crédito, outra os efectivamente cobertos pelas apólices emitidas.*

Neste sentido veja-se a exposição de BASTIN que, depois das noções de "insolvabilidade definitiva", de "insolvabilidade declarada", de "insolvabilidade de facto" e de "insolvabilidade presumida" – as quatro "situações em que se funda o direito do segurado à indemnização" [18] –, examina as principais apólices francesas, belgas e luxemburguesas. Nessa explanação [19], pode colher-se não só a ideia de que o sistema adoptado é variável de apólice para apólice, como ainda a de que dentro do sistema da insolvabilidade declarada "as companhias não fixam da mesma maneira o momento em que a insolvabilidade é declarada" [20].

Em termos conclusivos:

"O direito à indennização do segurado pressupõe a verificação de um sinistro nos termos previstos no artigo 11.° (cfr. art. 14.° das Condições Gerais), *em que se consagra o sistema da insolvabilidade declarada judicialmente,* temperado pela indemnização provisória (art. 18.° das Condições Gerais).

O condicionalismo em que se encontrava a PRIMAIR em 20 de Setembro de 1979 não consubstancia nem uma insolvência ou falência declarada judicialmente (al. a) do n.° 2 do art. 2.° e al. a) do n.° 2 do art. 11.°), nem uma concordata judicial celebrada com o devedor (al. a) do n.° 2 do art. 11.°), nem tão-pouco insuficiência dos meios de pagamento obtidos através de execução movida contra o devedor ou de outra *liquidação judicial* do seu património para o pagamento do crédito (al. c) do n.° 2 do art. 2.° e al. b) do n.° 2 do art. 11.°).

---

[18] BASTIN, *L'assurance-crédit*, cit., p. 346.

[19] BASTIN, *L'assurance-crédit*, cit. p. 349 e ss.

[20] BASTIN, *L'assurance-crédit*, cit., p. 350.

Logo, *a situação de falência de facto em que se encontrava a PRIMAIR*, em 20 de Setembro de 1979, *não constitui pressuposto ou requisito suficiente do direito à indemnização.*

9 – Riscos excluídos: a falência presumida e a falência de facto

A conclusão de que a falência de facto não constitui risco coberto pela Apólice tira-se ainda por outra via.

Nos termos do ponto VI das Condições Particulares, os riscos seguros são "os contemplados nas alíneas a), b) e c) do n.º 2 do artigo 2.º das Condições Gerais". Excluídos ficaram, portanto, os riscos contemplados nas alíneas d) e e) do n.º 2 do artigo 2.º das Condições Gerais.

O mesmo é constatar que o risco da "insolvabilidade presumida" ([21]), ou seja, o risco do atraso ou falta de pagamento do preço derivado da *"mora do devedor por período excedente a seis meses"* (al d) do n.º 2 do art. 2.º), não foi incluído na apólice. Porquê?

A razão é óbvia: à data da celebração do contrato de seguro, o devedor encontrava-se já em mora quanto a alguns dos pagamentos garantidos, pelo que a COSEC não ia cobrir um risco de concretização altamente provável.

Eadem ratio ou *por maioria de razão* se justifica a não inclusão da insolvabilidade de facto na Apólice relativa ao contrato sobre que versa a consulta. Basta para tanto ter presente que *a noção de insolvabilidade presumida derivou da insolvabilidade de facto e que surgiu precisamente com vista a superar a dificuldade de definir esta última e sobretudo o momento da sua verificação.*

([21]) Para a *insolvabilidade presumida*, cfr. BASTIN, *L'assurance-crédit*, cit., p. 90 e ss., p. 348.

Neste sentido pode confrontar-se, de novo, JEAN BASTIN.

Escreve este autor:

"É assim que surge a noção de insolvabilidade presumida, nascida de um outro conceito, a insolvabilidade de facto (...).

A dificuldade de definir a insolvabilidade de facto era por vezes árdua, mas maior ainda a determinação do momento em que ocorria.

O segurado, muito legitimamente, pretendia não ficar dependente do arbítrio do segurador, e foi assim que *germinou a ideia de determinar a insolvabilidade de facto a partir de um certo prazo de mora no pagamento (délai de carence)* [22].

Em conclusão:

Se a insolvabilidade presumida não passa da insolvabilidade de facto com um prazo de mora fixado – no fundo, insolvabilidade de facto provada por presunção –, *a sua exclusão do âmbito dos riscos garantidos inculca ou acarreta igualmente a da falência de facto.*

---

[22] BASTIN, *L'assurance-crédit*, cit., p. 93 (trad. portuguesa, p. 88, *in fine*, p. 89).

§ 2.º
TERMOS DA LEI

10 – A não previsão da falência de facto como risco segurável pelo Decreto-Lei n.º 318/76, de 30 de Abril

Passemos agora à interpretação da Apólice conforme a lei regulamentadora da matéria.

À data da celebração do contrato, o seguro de crédito era disciplinado pelo Decreto-Lei n.º 318/76, de 30 de Abril.

Da nutrida lista dos riscos seguráveis fixada pelo artigo 14.º do diploma legal citado, apenas cinco (alíneas a) a e)) foram incorporadas pelo artigo 2.º das Condições Gerais da Apólice. As Condições Particulares especificaram como *riscos seguros* tão-somente três dessas cinco categorias de risco.

O procedimento assinalado é legal.

É que, em primeiro lugar, o legislador estabelece um *elenco taxativo* [23] dos riscos seguráveis no artigo 149, cujo corpo do n.º 1 estatui:

"O seguro dos riscos posteriores à entrega dos bens ou à prestação dos serviços *poderá* garantir os atrasos ou faltas, totais ou parciais, de pagamento diferido do preço que resultem de:".

---

[23] Nada impede, naturalmente, que o legislador venha aumentar a lista dos riscos seguráveis. Porém, só a ele cabe fazê-lo, e não à Empresa Pública de Seguro de Crédito (COSEC). Neste sentido vejam-se o art. 4.º do Dec.-Lei n.º 169/81, de 20 de Junho, e o n.º 2 do art. 3.º do Dec.-Lei n.º 183/88, de 24 de Maio, nos termos dos quais os Ministros das Finanças e do Comércio e Turismo podem definir, mediante portaria conjunta, outros riscos susceptíveis de cobertura no âmbito do seguro de créditos.

Mas logo de seguida *o mesmo legislador reconhece à Companhia de Seguro de Créditos o poder de "restringir as suas garantias, excluindo, total ou parcialmente, das suas apólices determinadas categorias de riscos"* (n.º 3 do art. 15.º do Dec.-Lei n.º 318/76).

Consequentemente, *ainda que a falência de facto estivesse prevista — e não o está — na al. a) do n.º 1 do art. 14.º do Decreto-Lei n.º 318/76 —* "insolvência ou falência dos importadores ou dos seus garantes" —, *mesmo assim a sua já demonstrada exclusão da Apólice* (arts. 2.º e 11.º das Condições Gerais) *seria lícita, em conformidade com o disposto no n.º 3 do art. 15.º do mesmo diploma e princípio da autonomia da vontade.* Legalidade tanto mais justificada quanto as Condições Gerais da Apólice são fixadas, por proposta da COSEC, por portaria conjunta dos Ministros das Finanças e do Comércio Externo (art. 8.º, n.º 1, do Dec.-Lei n.º 318/76).

Ao preceituar a insolvência ou falência dos importadores ou dos seus garantes (al. a) do n.º 1 do art. 14.º do Dec.-Lei n.º 318/76), esta não pode deixar de ser entendida *de iure*, conforme ao Código de Processo Civil. E se tivesse querido abranger como risco *segurável* a falência de facto em sentido lato, decerto que o legislador a enunciaria em termos claros. Mas não o fez de caso pensado, por ter querido *cingir a insolvabilidade de facto segurável à insolvabilidade presumida de "mora do importador por período excedente a seis meses"* (al. e) do n.º 1 do art. 14.º do Dec.-Lei n.º 318/76). Ora mesmo esta, como tivemos ocasião de ver, não foi incluída na Apólice relativa ao presente contrato de seguro.

Isto posto, sendo certo que o direito à indemnização nasce logo que o segurado demonstre a *efectiva concretização do risco coberto pelo seguro* e que, não obstante todos os esforços extrajudiciais, não pôde obter a amortização ou o reembolso do crédito garantido pelos bens (art. 6.º, n.º 1, do Dec.-Lei

118 João Calvão da Silva

n.º 318/76), *de nada vale ao segurado a prova da falência de facto, porquanto ela não constitui risco coberto pela Apólice.*

11 – Natureza inovadora do Decreto-Lei n.º 169/81, de 20 de Julho

O Decreto-Lei n.º 318/76 foi revogado pelo Decreto--Lei n.º 169/81, de 20 de Julho.

No que toca à matéria do caso *sub iudice*, é de salientar a introdução, como risco autónomo segurável, da "verificação dos pressupostos de facto" que fundamentem a declaração da falência ou insolvência (al. n) do n.º 3 do art. 3.º do Dec.-Lei n.º 169/81). Trata-se, *naturaliter*, de uma *inovação*, porquanto a falência de facto não estava prevista no Decreto--Lei n.º 318/76.

Igualmente inovadora é a al. o) do mesmo preceito, na parte em que introduz a *concordata ou moratória extrajudicial* preventiva da falência ou insolvência do devedor.

O carácter *inovador* do diploma legal nestes pontos aparece confirmado pelo seu preâmbulo, quando refere ter-se procedido "a reformulação, actualizada, dos riscos de crédito".

Mesmo assim, apesar de prevista no elenco taxativo dos riscos *seguráveis* (art. 3.º), *nada impede a não inclusão da falência de facto numa apólice concreta*, dentro do jogo da autonomia privada. E o segurador tem a faculdade de, na apólice, subordinar a eficácia do seguro à verificação de condições, bem como de estabelecer prazos constitutivos de sinistros (n.º 2 do art. 12.º do Dec.-Lei n.º 169/81).

No caso vertente, não é legítima qualquer dúvida séria acerca da natureza inovadora do Decreto-Lei n.º 169/81. Mas ainda que se considerasse a falência de facto abrangida na al. a) do n.º 1 do art. 14.º do Dec.-Lei n.º 318/76 – o que não é exacto, como vimos –, como ela tinha sido legalmente excluída da Apólice (arts. 2.º e 11.º das Condições Gerais), em conformidade com o disposto no n.º 3 do artigo 15.º do mesmo diploma legal e princípio da autonomia privada, *o Decreto-Lei n.º 169/81 não poderia aplicar-se retroactivamente ao negócio jurídico sub iudice.* De acordo com a solução consagrada no n.º 2 do artigo 12.º do Código Civil, *o contrato de seguro em apreciação tem de regular-se pela lei vigente ao tempo em que foi celebrado.*

O Decreto-Lei n.º 169/81 foi entretanto revogado pelo Decreto-Lei n.º 183/88, de 24 de Maio. No artigo 4.º, este diploma, a par da insolvabilidade declarada (al. a)), mantém a insolvabilidade de facto (al. b)) e a insolvabilidade presumida (al. c)).

§ 3.º
OUTRAS QUESTÕES

12 – Harmonia dos artigos 9.º e 10.º das Condições Gerais da Apólice

Feita a demonstração de que não se concretizou qualquer um dos riscos cobertos pelo contrato de seguro, o mais que possa adiantar-se é supérfluo. Apesar disso, sempre faremos uma observação mais.

Respeita ela à interpretação dos artigos 9.º e 10.º das Condições Gerais da Apólice, entre as quais não há incompatibilidade ou incongruência.

Na primeira norma prevêem-se *factos suficientemente graves* (agravam o risco) para requererem a especial atenção do segurador. Daí que a modificação das formas de pagamento e das garantias de cumprimento, acordos judiciais ou extrajudiciais respeitantes ao crédito seguro, sua renúncia ou cedência devam ser submetidos pelo segurado a prévio acordo escrito do segurador, assim transformado em árbitro, sob pena de nulidade da garantia prestada (art. 23.º, 3, das Condições Gerais).

Nas palavras de BASTIN,

"la prorogation d'échéance est un événement suffisamment grave pour requérir spécialement l'attention de la compagnie et dès lors son arbitrage; aussi peut-on dire que le principe est que tout demande de prorogation doit lui être soumisé [24].

---

[24] BASTIN, *L'assurance-crédit*, cit., p. 330.

No caso vertente, o segurado remitiu a dívida (cfr. art. 863.º do Cód.Civ), por contrato de 21 de Setembro de 1979 celebrado com o devedor. Na medida *em que assim foi extinto o crédito seguro antes da concretização de um dos riscos cobertos pelo contrato, o contrato de seguro caducou.*

Neste sentido, escreve MICHELE FRAGALI:

"É suficiente para impedir a constituição da *fattispecie* determinativa do direito à indemnização que o segurado *perdoe* o crédito ou transaccione ou participe em concordata sem o consentimento do segurador, prejudique o direito de sub-rogação, ou, com facto próprio, provoque a perda total ou parcial do crédito" [25-26].

Pelo n.º 4 do artigo 10.º, o segurado *"deve adoptar as providências aconselháveis, com vista a evitar o agravamento dos prejuízos,* designadamente suspender a prestação de novos serviços ao cliente nos casos em que estes devam ter lugar". Sendo o escopo da norma o de *evitar o agravamento dos danos,* logo se vê que a adopção das providências aconselháveis não carece do consentimento do segurador. Tratando-se, afinal, de evitar o agravamento da situação financeira do devedor, porquê e para quê o consentimento prévio do segurador?

Nas situações abrangidas pelo n.º 4 do artigo 10.º, o acordo escrito do segurador impõe-se na hipótese inversa, sempre que o segurado pretenda *não adoptar* as providências aconselháveis à prevenção do agravamento do risco, designadamente a suspensão da prestação de serviços.

Por outras palavras: a *exceptio non adimpleti contratus* (suspensão do fornecimento de serviços) *ou qualquer outra medida destinada a evitar o agravamento do risco deve ser tomada pelo segurado, salvo acordo escrito do segurador.*

---

[25] M. FRAGALI, *Assicurazione di crédito,* cit., p. 548.

[26] No mesmo sentido, veja-se o parecer, junto aos autos, de MÁRIO JÚLIO ALMEIDA COSTA, p. 43.

III
CONCLUSÕES

Da exposição precedente resultam as conclusões seguintes:

I – Nos termos do douto acórdão da Relação, lavrado no recurso de agravo do despacho proferido sobre as reclamações da especificação e do questionário, "a presente lide resume-se essencialmente em saber se o condicionalismo em que se encontrava a PRIMAIR, em 20 de Setembro de 1979, (...) constitui ou não um dos riscos cobertos pela apólice (...). Levantam-se nos autos duas teses: a de ser necessária a declaração judicial de falência (o que não aconteceu) para que o risco que se quer como verificado tenha ocorrido, ou se basta a falência de facto. Tudo o demais decorre da solução a dar a este ponto de direito".

II – Interpretado o contrato conforme os seus termos, sentido e fim, e ainda conforme a lei, a falência de facto não constitui um dos riscos seguros.

Com efeito,

III – A delimitação do risco coberto passa pela definição do sinistro (arts. 2.º e 11.º das Condições Gerais, por remissão do ponto VI das Condições Particulares da Apólice), termos em que é garantido o não pagamento do preço resultante da "insolvência ou falência do devedor" "verificada na data do trânsito em julgado da sentença declaratória".

IV – De acordo com o artigo 14.º das Condições Gerais da Apólice, o direito à indemnização do segurado pressupõe a verificação de um sinistro nos termos previstos no artigo 11.º, preceito em que não se inclui, inequivocamente, a insolvabilidade de facto *tout court*.

V – O risco da mora do devedor por período excedente a seis meses, previsto na al. d) do n.º 2 do artigo 2.º das Condições Gerais, foi excluído do contrato pelo ponto VI das Condições Particulares da Apólice. Como essa "insolvabilidade presumida" não passa de "insolvabilidade de facto" com um prazo de mora fixado, a sua exclusão do âmbito dos riscos garantidos acarreta, igualmente ou por maioria de razão, a da falência de facto.

VI – O Decreto-Lei n.º 318/76, de 30 de Abril, não prevê a falência de facto no elenco taxativo dos riscos seguráveis (art. 14.º), salva a insolvabilidade presumida da mora superior a seis meses (al. e)). Mas ainda que a tivesse previsto, a sua exclusão da Apólice seria lícita, em conformidade com o disposto no n.º 3 do artigo 15.º do mesmo diploma legal, nos termos do qual a COSEC tem o direito de "restringir as suas garantias, excluindo, total ou parcialmente, das suas apólices determinadas categorias de riscos".

VII – Ao introduzir a *verificação dos pressupostos de facto* que fundamentam a declaração da falência como risco autónomo *segurável*, o Decreto-Lei n.º 169/81, de 20 de Julho, reveste natureza *inovadora*. Mas ainda que assim não fosse, este diploma não poderia aplicar-se retroactivamente ao presente contrato de seguro (cfr. art. 12.º, n.º 2, do Código Civil), porquanto a falência de facto teria sido validamente excluída da Apólice, em conformidade com o disposto no n.º 3 do artigo 15.º do Decreto-Lei n.º 318/76.

Tal é o meu parecer

Coimbra, Abril de 1991

CALVÃO DA SILVA

V
CONTRATO DE FRETAMENTO POR VIAGEM E ARRESTO DE NAVIO

CONSULTA

Nos autos de providência cautelar de arresto proposta no Tribunal Marítimo de Lisboa *pela National Iranian Tanker Company*, com sede em Teerão, contra Comisal SPA, com sede em Génova, o meretíssimo juiz julgou improcedente o pedido, não determinando o arresto do navio Aspra.

Não se conformando com o despacho de indeferimento do arresto, a *National Iranian Tanker Company* pretende interpor recurso do mesmo.

Mas antes pretende obter o parecer de V. Excelência.

PARECER

SUMÁRIO: 1 – *Contrato de fretamento por viagem. 2 – Regime Jurídico. 3 – Incumprimento do contrato pelo fretador. 4 – Responsabilidade do fretador pelo incumprimento contratual e atraso do navio. 5 – Razões para a reparação do agravo.* **Conclusão.**

1 – Contrato de fretamento por viagem

Inquestionavelmente, no caso presente está em causa um contrato de fretamento por viagem.

Na verdade, entre os factos provados nos termos do art. 304, n.º 3, do Código de Processo Civil, está o de que a "National Iranian Tanker Company afretou à Comisal SPA o navio Aspra, para uma viagem do porto de Khang e/ou porto de Lavan, no Irão, para o transporte de *crude oil* para um dos portos mencionados na carta de fretamento, à opção da requerente". (folha 108).

Ora, segundo o art. 5.º do Decreto-Lei n.º 191/87, de 29 de Abril, contrato de fretamento por viagem é muito justamente "aquele em que o fretador se obriga a pôr à disposição do afretador um navio, ou parte dele, para que este o utilize numa ou mais viagens, previamente fixadas, de transporte de mercadorias determinadas".

2 – Regime jurídico

De acordo com o artigo 3.º do citado Decreto-Lei "o contrato de fretamento é *disciplinado pelas cláusulas da carta-partida* e, *subsidiariamente, pelas disposições do presente diploma*".

Da carta-partida, documento particular exigido para a válida celebração do contrato, faz parte a cláusula 2 que estipula assim:

"*Antes, no início e durante toda a viagem*, os armadores farão as devidas diligências para *ter* e *manter* o navio, os seus tanques, bombas, válvulas e oleodutos justos, estanques, fortes, *em boa ordem e condição, convenientemente aptos para a viagem e adaptados para transportar a carga como estipulado* nas cláusulas 3 e 32 desta carta, com a maquinaria do navio, caldeiras e casco *em perfeito estado* e *com pessoal competente* (comandante, oficiais e tripulação) para um navio da sua tonelagem".

O conteúdo da cláusula transcrita corresponde, no fundo, *à gestão* (náutica e comercial) *do navio*, pertencente ao fretador (cf. art. 8.º do Dec.-Lei n.º 191/87).

Deste modo, a *Comisal* tem a obrigação de *apresentar e manter o navio em bom estado de navegabilidade, devidamente armado e equipado, de modo a dar integral cumprimento ao contrato* (cfr. artigo 7.º, al. b), do Decreto-Lei n.º 191/87, em conjugação com a cláusula 2.ª da carta-partida).

Sendo este, como indiscutivelmente é, o regime da relação em causa, a questão crucial a indagar de imediato é a de saber se o contrato foi ou não *integralmente cumprido* pelo fretador.

3 – Incumprimento do contrato pelo fretador

Pela cláusula 14 das Cláusulas Adicionais à carta de fretamento, *"os proprietários têm a opção de reduzir a velocidade até cerca de 11 nós"*.

Vale dizer que as partes clausularam uma *velocidade mínima*, na observância da qual é legítimo ao afretador alicerçar toda a confiança e a celebração de contrato de venda do *crude oil* a cumprir dentro de determinado prazo no porto de destino.

Ora *está provado* (cf. folha 109) que:

em 30 de Junho de 1991, a *Comisal foi informada* "de que o navio devia seguir viagem para o porto de Sarroch, em Itália, para descarregar o crude oil";

"em 1.7.1991, o comandante do navio informou que este deveria chegar ao porto de Sarroch *em 10 de Julho*";

"em 6 de Julho, o comandante informou que a chegada seria a 12 de Julho";

"em 12 de Julho, o comandante indicou que a data de chegada seria a 14 de Julho";

"o navio chegou ao posto de Sarroch em 14 de Julho";

"a requerente não vendeu em Sarroch o crude oil".

Porquê tudo isto?

Porque, segundo a prova feita (cf. folha 109, verso),

"na viagem até ao porto de Sarroch o navio teve uma velocidade média de 7,9 nós".

Quer isto dizer que houve um *incumprimento da obrigação prescrita na cláusula 14* das Cláusulas Adicionais à carta de fretamento, nos termos *da qual, vimo-lo já, a velocidade mínima seria de 11 nós.*

4 – Resposabilidade do fretador pelo incumprimento contratual e atraso do navio

Consequentemente e naturalmente, *o armador e fretador é o responsável pelo incumprimento danoso* da obrigação contratual prevista na carta de fretamento, ou seja, em termos práticos, *pelo atraso (da chegada) do navio ao porto de destino, na medida em que não prove que esse incumprimento ou atraso não é imputável a si.*

No caso presente, *não se apurou por que motivo o navio teve a velocidade média de 7,9 nós* (cfr. folha 109, verso). Corresponde a afirmar que o fretador não mostrou que o incumprimento ou o atraso danoso do navio tinha sido devido a *caso fortuito ou força maior*. Logo, o fretador não pode deixar de responder pelo incumprimento da obrigação de velocidade mínima e consequente atraso do navio só a si imputável – lembremos, uma vez mais, que a gestão do navio e a sua manutenção em bom estado de navegabilidade, de modo a dar cumprimento integral ao contrato, competem ao fretador – de acordo com as regras gerais do direito das obrigações (art. 798 e ss. do Código Civil), vertidas, de resto, nos artigos 14 e ss. do Decreto-Lei n.° 191/87.

Na verdade, segundo o art. 798 do Código Civil, "o devedor que falta culposamente ao cumprimento da obrigação torna-se responsável pelo prejuízo que causa ao credor". E o art. 799.° do mesmo Código consagra a *presunção de culpa do devedor*, ao incumbir a este *"provar que a falta de cumprimento ou o cumprimento defeituosos da obrigação não procede de culpa sua"* – prova que no caso vertente não foi feita pela Comisal.

Por outro lado, tornando-se impossível a prestação *in casu* – velocidade mínima de 11 nós – por causa imputável ao devedor, é este responsável como se faltasse culposamente ao cumprimento da obrigação (art. 801, n.° 1, do Código Civil; art. 15, n.° 1, do Decreto-Lei n.° 191/87).

Por fim, a simples mora "constitui o devedor na obrigação de reparar os danos causados ao credor" (art. 804, n.° 1, do Código Civil), assim como o torna responsável "pelo prejuízo que o credor tiver em consequência da perda ou deterioração daquilo que deveria entregar, mesmo que estes factos lhe não sejam imputáveis (art. 807, n.° 1, do Código Civil) – é o chamado efeito da inversão do risco –, salvo se provar que o credor teria sofrido igualmente os danos se a obrigação tivesse sido cumprida em tempo (n.° 2 do art. 807 do Código Civil).

5 – Razões para a reparação do agravo

Acabámos de ver que em sede de responsabilidade contratual incumbe ao devedor provar o cumprimento ou a falta de culpa sua no não cumprimento da obrigação (art. 799 do Código Civil). Só o devedor está, com efeito, em condições de fazer a prova das razões do seu comportamento em face do credor, assim como dos motivos que o levaram a não efectuar a prestação a que estava vinculado – como é que, no caso concreto, o afretador poderia averiguar a causa de não cumprimento da velocidade mínima de 11 nós, se a gestão da navio durante a viagem pertence ao fretador?

No caso a *sub judice*, a Comisal não provou, como lhe competia legalmente, o cumprimento da obrigação de velocidade mínima de 11 nós nem a falta de culpa sua no não cumprimento da mesma obrigação.

Vale dizer, noutros termos, que a Comisal não ilidiu a presunção de culpa que sobre ela impende *ex vi* do art. 799 do Código Civil. Ora, quem tem a seu favor a presunção legal escusa de provar o facto a que ela conduz (artigo 350, n.º 1, do Código Civil).

Porém, *in casu* o afretador – National Iranian Tanker Company – goza, não só da referida presunsão legal de inadimplemento culposo, como ainda da prova positiva de que a velocidade média do navio foi de 7,9 nós. Consequentemente, a *Comisal é responsável pelo incumprimento da obrigação de velocidade mínima de 11 nós e correspectivo atraso da chegada do navio ao porto de destino.*

Sendo estas as regras legais, não julgou bem o meretíssimo juiz ao não decretar o arresto do navio, "porque não se apurou a que causas se ficou a dever a velocidade média do navio de 7,9 nós, que é inferior à velocidade referida na cláusula adicional n.º 14", "e, ainda, porque não foi carreada

a indispensável prova que permita, mesmo perfunctoriamente, alicerçar um juízo sobre a responsabilidade de uma
das partes no incumprimento do contrato de fretamento".
Tal julgamento viola frontalmente a lei.

No que toca ao primeiro argumento, a prova das causas a
que se ficou a dever a velocidade média de 7,9 nós incumbe
ao fretador, se quiser exonerar-se da respectiva responsabilidade emergente do não cumprimento da obrigação contratual
de velocidade mínima de 11 nós. É o que preceitua a lei ao
fazer recair sobre o devedor a prova de que o não cumprimento da obrigação não procede de culpa sua (art. 799.º, n.º 1,
do Código Civil). Não tendo logrado essa prova, ilidindo a
presunção legal, o devedor (a Comisal) torna-se responsável
pelo prejuízo que causa ao credor (art. 798 do Código Civil),
decidindo-se, naturalmente, contra a parte a que incumbe o
onus probandi (art. 342, n.º 2, do Código Civil e art. 516 do
Código de Processo Civil).

No que concerne ao segundo argumento, não é exacto
não ter sido carreada a indispensável prova que permita, mesmo
perfunctoriamente, alicerçar um juízo sobre a responsabilidade
de uma das partes no incumprimento do contrato de fretamento.
Desde logo, porque existe prova por presunsão legal (arts. 349
e 350, 799 do Código Civil). Depois porque há até prova positiva do não cumprimento da obrigação contratual de velocidade mínima de 11 nós, ao ter ficado demonstrada a velocidade
média de 7,9 nós praticada pelo navio na viagem. Existe, portanto, prova segura, e não meramente perfunctória, do incumprimento contratual por parte do fretador. Fretador que a lei
considera responsável, visto não ter demonstrado não proceder
de culpa sua o não cumprimento (art. 799 do Código Civil).

Em face das razões acabadas de expor, a boa solução reside
em *o tribunal a quo reparar o agravo*, decretando o arresto do
navio.

Na verdade, não sendo conhecidos outros bens pertencentes à requerida em Portugal, o *receio* de o afretador perder a garantia patrimonial é *justificado*, pois, com a transferência do navio para o estrangeiro, o devedor torna consideravelmente difícil a realização coactiva do crédito.

Por outro lado, provado que está o incumprimento do contrato pelo qual a lei responsabiliza o devedor que não afasta a presunção de culpa (arts. 798 e 799 do Código Civil), *a existência do crédito reclamado está em princípio demonstrada*. Mas, acresce que, devendo a prova do crédito ser feita na acção principal – processo de arbitragem pendente em Inglaterra –, a lei se basta neste caso com a prova da *probabilidade da existência do crédito* (cf. art. 403 do Código de Processo Civil) – o que no caso presente é óbvio, não tendo de resto suscitado qualquer dúvida.

Postas as coisas neste pé, porque para o decretamento do arresto preventivo a lei se contenta com a aparência do direito de crédito – a *sumaria cognitio* faculta (pelo menos) um juízo de probabilidade ou verosimilhança, um *fumus boni juris* – e com o perigo da sua insatisfação, não se vislumbra no caso presente qualquer regra válida para a não reparação do agravo. Tanto mais que se o arresto viesse a ser julgado injustificado, o afretador seria responsável pelos danos causados ao arrestado, nos termos do artigo 621 do Código Civil e art. 387 do Código de Processo Civil.

Repare-se, por outro lado, que a Adenda à carta de fretamento, celebrada na decisão preliminar do tribunal arbitral, teve um grande objectivo – o da rápida ida do navio para Savonna e aí descarregar o *crude oil*. Para isso, o afretador pagou US$ 1.311.000 relativos à sobrestadia – o que mais não é do que a aplicação do previsto na cláusula 18 da Carta de fretamento.

Quer dizer: enquanto corre a acção arbitral para declarar se houve ou não incumprimento do contrato, as partes acordaram em estender o fretamento, computando o preço à taxa de sobrestadia, *para evitar danos maiores.*

Mas nos termos do n.º 5 da Adenda em apreço, *"este acordo é feito sem prejudicar quaisquer direitos* que os afretadores possam ter para reclamar prejuízos (*incluindo a recuperação de quaisquer quantias pagas pelo presente*) por delito de natureza civil ou *por incumprimento do contrato de fretamento pelos proprietários.* O pagamento das quantias assinaladas nos parágrafos 2.3, 3.1. e 3.4, acima citados, será feito *sem prejuízo do direito dos afretadores de manter que nenhuma ou menores sobrestadias são devidas e pagáveis aos proprietários, bem como de recuperar as mesmas dos proprietários".*

Ainda nos termos do n.º 14 da decisão preliminar do tribunal arbitral, foi determinado que nada obstava a que o afretador pudesse vir a provar que o atraso do navio à chegada a Sarroch resultava de "um incumprimento por parte dos proprietários causando-lhes assim prejuízos".

Essa prova foi feita, ao dar-se por assente que a velocidade média do navio foi de 7,9 nós, demonstrativo de que a obrigação contratual de velocidade mínima de 11 nós não foi cumprida. Logo, temos um incumprimento do contrato por parte do proprietário, que a lei presume culposo, e pelo qual o devedor é responsável. Portanto, a despesa da extensão do fretamento, necessária por causa do atraso do navio, imputa--se ao fretador, constituindo dano emergente para o afretador. A existência do crédito está assim em princípio provada, contentando-se até a lei para o decretamento do arresto com a aparência do direito e com o perigo da sua insatisfação.

CONCLUSÃO

Em face das razões que acabámos de expor deve o juiz *a quo* proceder à reparação do agravo.

Tal o meu parecer

Coimbra, Novembro de 1991

CALVÃO DA SILVA

VI
COMPRA E VENDA DE EMPRESAS

CONSULTA

É-nos formulada a seguinte consulta:

I – Nos termos da Lei n.º 11/90, de 5 de Abril, e do Decreto-Lei n.º 282-A/90, de 14 de Setembro, e com vista à sua privatização, a Sociedade Financeira Portuguesa, E. P., foi transformada em sociedade anónima de capitais públicos e assumiu o estatuto de banco de investimento, passando a denominar-se Sociedade Financeira Portuguesa – Banco de Investimento, S. A..

II – Posteriormente, em fins de Fevereiro de 1991, o Estado transferiu para o Banco Pinto & Sotto Maior a titularidade das acções da Sociedade Financeira Portuguesa – Banco de Investimento, S. A.

III – Como único titular, o Banco Pinto & Sotto Maior, ao abrigo do Decreto-Lei n.º 138-A/91, de 9 de Abril, e da Resolução do Conselho de Ministros n.º 12/91, de 12 de Abril, procedeu à alienação na Bolsa de Valores de Lisboa, de 6 de Maio de 1991, das acções representativas da totalidade do capital social da Sociedade Financeira Portuguesa – Banco de Investimento, S.A., tendo sido adquirido 80% por um conjunto de investidores liderado pelo Grupo Mello.

IV – Assumindo o controlo da Sociedade Financeira Portuguesa – Banco de Investimento, S. A., o

Grupo Mello foi surpreendido pela existência de *duas garantias autónomas*, no valor de 2.000.000 contos, prestadas pela anterior Administração da Sociedade Financeira, em Dezembro de 1990 e em Janeiro de 1991, à Iberol – Socedade Ibérica de Oleaginosas, S. A. Isto porque nos respectivos vencimentos – 20 de Julho e 30 de Agosto de 1991 – a Sociedade Financeira Portuguesa – Banco de Investimentos, S.A., foi chamada a honrar essas garantias, dado o incumprimento da dívida pela Iberol.

V – As garantias referidas não só não haviam sido consideradas na *avaliação* – e sua posterior actualização – da empresa oportunamente feita por entidades independentes, como não constavam das informações prestadas aos candidatos e eventuais compradores no *Prospecto Oficial*, divulgado nos termos das leis da Bolsa de Valores.

VI – Porque a existência de tais garantias ocultas significava menos 17% do valor atribuído à Sociedade Financeira Portuguesa – Banco de Investimentos, S. A., e tido em conta pelos concorrentes na formulação das suas propostas, o Grupo Mello denunciou, quer ao Governo quer ao Banco Pinto & Sotto Maior, o facto e correspondente menor-valor da empresa.

VII – Na petição inicial apresentada em Tribunal Arbitral, com o poder de julgar *ex aequo et bono*, os compradores das referidas acções pretendem ser ressarcidos dos 2.000.000 contos, montante da diferença de valor em causa, e dos danos sofridos.

Pretende saber-se se assiste razão ao Grupo Mello e demais compradores das acções referidas.

PARECER

SUMÁRIO: I – **o problema e a solução equitativa**. 1 – *A sociedade Financeira Portuguesa – Banco de Investimento, S.A., como empresa colectiva e objecto da compra e venda realizada na Bolsa. 2 – Determinação do preço da compra e venda. 3 – Erroneidade do formalismo informativo que esteve na base da determinação do preço da compra e venda. 4 – A solução equitativa do problema.* II – **O problema e as vias legais de solução**. 5 – *Acordo negocial e erro na venda de coisas defeituosas ou oneradas. 6 – O hibridismo da garantia edilícia no direito positivo português: erro e cumprimento defeituoso. 7 – Garantia e erro: vícios em direito e vícios materiais da coisa. 8 – (cont.) A) Erro sobre o objecto. 9 – (cont.) B) Erro sobre a base negocial. 10 – Garantia e cumprimento defeituoso. 11 – Garantia e responsabilidade civil. A Prospekthaftung.* III – **Conclusões**.

I
O PROBLEMA E A SOLUÇÃO EQUITATIVA

1 – A sociedade Financeira Portuguesa – Banco de Investimento, S.A., como empresa colectiva e objecto da compra e venda realizada na Bolsa

O primeiro grande aspecto que, à cabeça, importa desnudar, em ordem à exacta compreensão do problema posto na consulta transcrita, é o da Sociedade Financeira como empresa e *a empresa como objecto de negócio(s) jurídico(s)* [1].

---

[1] Sobre a questão é fundamental a tese de ORLANDO DE CARVALHO, *Critério e estrutura do estabelecimento comercial. O problema da empresa como objecto de negócios*, Coimbra, 1767. Veja-se, ainda, BRECHER, *Das Unternehmen als Rechtsgegenstand*, 1953.

Efectivamente, ao proceder à alienação na Bolsa de Valores de Lisboa das acções representativas da totalidade do capital social da Sociedade Financeira Portuguesa – Banco de Investimento, S. A., o Banco Pinto & Sotto Maior transmitiu a titularidade dessa sociedade. Sociedade que, todavia, não deixa de configurar a forma jurídica de uma empresa colectiva, de uma certa actividade económica exercida em comum por duas ou mais pessoas com vista à repartição dos lucros dela resultantes (cfr. art. 980.º do Código Civil).

Mas uma vez posto em evidência o nexo existente entre sociedade e empresa – vendo *a sociedade*, nos diversos tipos regulados no Código Comercial, *como a forma jurídica típica mas não exclusiva da empresa* – fácil é reconhecer que o *Banco Pinto & Sotto Maior alienou uma sociedade como empresa colectiva ou uma empresa personalizada na forma jurídica de sociedade anónima, com todo o seu património.*

Destarte, do ponto de vista do tráfego o que sobressai no caso *sub iudice* como objecto concreto do negócio celebrado na bolsa é uma *Organização complexa de pessoas e bens* – bens corpóreos e incorpóreos, bens materiais e imateriais, créditos e débitos, *good will*, etc. –, uma autónoma unidade de actividade económica organizada e exercida profissionalmente. Foi isso, na verdade, o que as partes quiseram com a transacção da Sociedade Financeira Portuguesa – Banco de Investimento, S. A. – *alienar e adquirir uma sociedade como empresa, ou uma actividade económica organizada em forma de empresa* [2].

Por fim, o negócio realizado na Bolsa deve ser qualificado como compra e venda, uma vez que transmitiu a titularidade ou propriedade de uma empresa mediante um preço (art. 874.º do Código Civil) [3].

---

[2] Cfr. RAISER, *Das Unternehmen als Organitation*, 1969.

[3] Sublinhando não ser necessária a aquisição de *todas* as acções da sociedade para a empresa constituir o objecto da compra e venda – decisiva é

2 – Determinação do preço da compra e venda

Na esteira da lei-quadro das privatizações – Lei n.°11/90, de 5 de Abril –, a privatização da Sociedade Financeira Portuguesa na Bolsa foi aprovada pelo Decreto-Lei n.° 138--A/91, de 9 de Abril, e regulamentada pela Resolução do Conselho de Ministros n.° 12/91, de 11 de Abril.

Prescreve o artigo 10.° do Decreto-Lei n.° 138-A/91:

"Compete ao Conselho de Administração da sociedade *propor* ao Ministro das Finanças *o valor da empresa*, com base em *avaliação* especialmente efectuada por duas entidades independentes a escolher de entre as que foram *pré--qualificadas* por despacho do Ministro das Finanças".

Por sua vez, e porque se tratava de títulos não cotados na Bolsa, o *Boletim de Cotações* deveria publicitar certos e determinados elementos como o número e data do Diário da República em que tivessem sido publicados os relatórios e contas do Conselho de Administração e o parecer do Conselho Fiscal ou Comissão de Fiscalização relativos aos últimos três exercícios (cfr. Decreto-Lei n.° 8/74, de 14 de Janeiro, e Portaria n.° 532/81, de 29 de Junho).

Além disso, a admissão à cotação na Bolsa requer prévia publicação do chamado *Prospecto Oficial*, regulado pelo Decreto-Lei n.° 8/88, de 15 de Janeiro, e pela Portaria n.° 295-A/88, de 10 de Maio.

---

a transmissão do seu domínio para outro dono – cfr. STAUDINGER, *BGB*, II vol., 1978, § 434, anotação 8; Münchener Kommentar, *BGB*, T. 3, 1, § 433, anotação 14. Sobre o tema em geral, *vide* também KANTENWEIN, *Die Sachmangelgewährleistung beim Unternehmenskauf*, 1988; BEISEL/KLUMPP, *Der Unternehmenskauf*, 2.ª ed., 1991; LARENZ, *Lehrbuch des Schuldrechts*, Band II/1, 13.ª ed., 1986, p. 163 e segs., e bibliografia aí citada; DANET, *Cession de droits sociaux: information préalable ou garantie des vices?*, in Rev. trim. dr. comm., 1992, p. 315 e segs..

Pela sua decisiva relevância no caso concreto, transcreve-se o n.º 2 do artigo 2.º do Decreto-Lei n.º 8/88, que reza assim:

"O prospecto deve conter as informações que, de acordo com as características da entidade emitente e dos valores mobiliários cuja admissão à cotação oficial é requerida, sejam *necessárias para que os investidores possam ter um conhecimento fundamentado sobre o património, situação financeira, resultados e perspectivas da entidade emitente, bem como dos direitos ligados a esses valores mobiliários".*

Por sua vez, dispõe o n.º 20 da Portaria n.º 295-A/88: "Qualquer facto novo que seja significativo e que possa influenciar a avaliação dos valores mobiliários e que ocorram entre o momento em que o conteúdo está estabelecido e o momento em que a cotação oficial se torna efectiva deve ser objecto de um suplemento ao prospecto, controlado nas mesmas condições que este é publicado segundo as modalidades que forem fixadas pela Comissão Directiva".

Quer tudo isto significar que a lei faz anteceder a privatização propriamente dita de todo um *formalismo informativo que dê a conhecer aos interessados e concorrentes o retrato fiel da empresa a privatizar. Formalismo informativo* esse que deverá, naturalmente, obedecer ao *princípio da veracidade e transparência, sob pena de, assim não sucedendo, frustrar a legítima confiança dos seus destinatários, enganados pela inexactidão ou incompletude dos elementos fornecidos.*

Quer tudo isto significar ainda que *a base da determinação do preço da compra e venda da empresa, o valor das acções da sociedade, é representada muito justamente pelo formalismo informativo assinalado.*

3 – Erroneidade do formalismo informativo que esteve na base da determinação do preço da compra e venda

No caso presente, o formalismo informativo que esteve na base da determinação do preço da compra e venda da Sociedade Financeira é erróneo, porque e na medida em que omitiu dados importantes relativos à empresa, dando desta um retrato inexacto.

Na verdade, a existência de duas garantias autónomas no valor de 2.000.000 de contos prestadas, em Dezembro de 1990 e Janeiro de 1991, a favor da Iberol não só não foi tida em atenção na avaliação da empresa como não aparece nos relatórios e contas e nem sequer no Prospecto Oficial. Como tal, a determinação do preço assentou numa *base informativa errada*: avaliação errada, porque nela não foram tomadas em conta as referidas garantias que oneravam a sociedade e seu património; Prospecto Oficial errado, na medida em que nele não transpareceram essas garantias, informando os candidatos à aquisição das acções da sua existência.

Deste modo, o preço mínimo fixado pelo Governo não foi o conforme, porque estabelecido com base em avaliação incidente sobre dados incorrectos, melhor, incompletos, da empresa; o preço de aquisição também não foi o conforme, porque oferecido como correspectivo de um certo valor da empresa que, afinal, surgiu significativamente sobreavaliado.

É esta assinalada *não-conformidade entre o preço da compra e venda e o valor real da empresa* – não-conformidade não querida pelas verdadeiras partes contratantes – *que importa agora relevar juridicamente*, tendo presente que estamos perante duas *garantias de grande risco*, dado o disposto no Aviso n.º 10/90, de 5 de Julho, do Banco de Portugal.

Efectivamente, logo após fazer impender sobre todas as instituições de crédito o dever de procederem *"a uma ade-*

quada gestão dos riscos que assumem", o n.º 2 do referido Aviso considera grande risco

"O risco assumido por uma instituição de crédito quando o seu valor, isolado ou em conjunto com outros vigentes respeitantes ao mesmo cliente, representa, pelo menos, 40% dos fundos próprios da instituição de crédito".

Ora no caso vertente o valor das duas garantias atingia quase os 40% dos fundos próprios da Sociedade Financeira Portuguesa, como é reconhecido na Informacão n.º 7/91, de 21 de Janeiro, do seu Departamento Comercial, que diz assim:

"Tendo em conta o Aviso n.º 10/90 do Banco de Portugal, que estabelece como limite máximo de concessão de crédito a uma só entidade o valor de 40% dos fundos próprios da Instituição de crédito, *o que equivale a 1.890.719 contos para o caso da SFP – BI*, de acordo com a C. I. n.º 139/90 do órgão de Controlo Financeiro, poder-se-á concluir que o valor conjunto destas duas garantias bancárias (cerca de 1.862.000 contos) não atinge tal limite".

Não só porque o valor das duas garantias estava no limite legal de crédito permitido ao mesmo cliente, mas também porque a situação pré-falimentar da Iberol era então já conhecida ou cognoscível, era máximo o risco corrido pela Sociedade Financeira Portuguesa, do qual deviam ter sido informados os candidatos à compra das acções.

Mas como isso não sucedeu, como essas garantias não foram tomadas em consideração na avaliação da empresa nem salientadas ou declaradas nos relatórios e no Prospecto Oficial postos à disposição dos Candidatos, impõe-se – repete-se – relevar juridicamente a situação.

4 – A solução equitativa do problema

Na arbitragem pendente, o tribunal resolverá segundo a equidade.

Corresponde a dizer que *o julgamento será "ex aequo et bono"*, isto é, determinado pela justiça do caso concreto e não pelos critérios normativos fixados na lei.

Cremos que a mais elementar justiça comutativa do caso concreto passa pela interrogação seguinte:

Que preço teria sido oferecido pelos compradores, se nesse momento tivessem tido conhecimento das garantias ocultas?

Os compradores teriam, com certeza, oferecido um preço menor. Pois bem, *a diferença entre o preço efectivamente recebido e o preço que teria sido pago é que o Banco Pinto & Sotto Maior deverá restituir aos compradores, para salvaguarda da Justiça do caso concreto.*

De facto, a verificação após a venda de que a avaliação da empresa e as informações prestadas eram inexactas, porque omitiam duas garantias autónomas, equivale a reconhecer que o *património líquido da sociedade tinha um valor real significativamente inferior ao previsto.* Nesta medida, *as acções valerão tanto menos quanto menor for o património líquido da sociedade. E o património líquido da empresa é menor na medida em que o passivo, que onera o activo, for superior ao que estava previsto.*

Por conseguinte, porque o valor de um património se exprime pela diferença entre o activo e o passivo, e porque no caso concreto o passivo acabou por se revelar superior ao previsto e anunciado em cerca de 2.000.000 de contos – valor realmente pago pela garante, em virtude do não cumprimento pela Iberol das dívidas garantidas –, por tudo isto as acções foram vendidas por um preço superior ao seu valor real, em consequência do que o Banco Pinto & Sotto

Maior recebeu a mais do que teria recebido exactamente aquela quantia – 2.000.000 de contos:

É este valor de 2.000.000 de contos que o Banco Pinto & Sotto Maior deverá restituir aos compradores, em nome da justiça do caso concreto e da própria justiça contratual, pois afinal a empresa valia menos do que o previsto e calculado. Assim se releva juridicamente a desvalorização da empresa decorrente de o seu património líquido ser inferior ao declarado, o que levou os compradores a adquirirem acções desvalorizadas em face do valor com que podiam legitimamente contar.

Visto o problema por outro ângulo, a solucão equitativa será a de o Banco Pinto & Sotto Maior colocar o objecto vendido – a empresa – na situação em que estaria sem as garantias ocultas. Com efeito, o Banco Pinto & Sotto Mayor quis vender a empresa conforme ao Prospecto Oficial da mesma.

Há, todavia, uma não conformidade entre esse objecto e o objecto realmente transmitido. O vendedor pode sanar essa não conformidade, traduzida na existência de duas garantias autónomas, não declaradas, incorporando na Sociedade Financeira Portuguesa – hoje Banco Mello, sucessor legal – a importância por esta despendida com o cumprimento das referidas garantias. Deste modo restabelecer-se-ia a sinalagmaticidade das prestações querida pelas partes no momento da celebração do(s) contrato(s), com plena salvaguarda da justiça comutativa.

Acresce ainda ao que vai dito a responsabilidade civil pelos danos ocorridos.

Por fim, não se afigura despido de interesse cotejar a solução equitativa encontrada com os critérios normativos fixados na lei, por forma a verificarmos que aquela, longe de arbitrária, se coaduna com o direito positivo, ponto de partida [4].

---

[4] Cfr. MENEZES CORDEIRO, *A decisão segundo a equidade*, in "O Direito", ano 122 – II – 1990, p. 261.

II
O PROBLEMA
E AS VIAS LEGAIS DE SOLUÇÃO

5 – Acordo negocial e erro na venda de coisas defeituosas ou oneradas

Do ponto de vista de direito positivo o problema em apreço é de complexo enquadramento dogmático, em virtude de nele se levantar a dificílima questão de distinguir *acordo negocial e erro na venda de coisas defeituosas ou oneradas.*

O tema foi magistralmente tratado entre nós pela pena arguta e penetrante do saudoso Prof. BAPTISTA MACHADO [5]. Eu próprio dediquei à matéria algumas páginas na dissertação de doutoramento [6]. Por isso, porque o aprofundamento da questão pode ser visto nesses dois trabalhos, limitamo-nos aqui e agora a avocar, esquematicamente, o essencial.

6 – O hibridismo da garantia edilícia no direito positivo português: erro e cumprimento defeituoso

Ao regular a venda de bens onerados no art. 905.º e seguintes, o Código Civil atribui ao comprador o direito de anular o contrato por erro ou dolo, verificados os requisitos legais da anulabilidade. Foi a consagração do entendimento de que não haveria razão para excluir na matéria o regime

---

[5] BAPTISTA MACHADO, *Acordo negocial e erro na venda de coisas defeituosas,* in BMJ, n.º 215.

[6] JOÃO CALVÃO DA SILVA, *Responsabilidade Civil do produtor,* Coimbra, 1990, p. 179 e ss.

geral sobre esses vícios da vontade e que o mais simples e mais razoável seria, pois, a remissão para eles consignando apenas as imprescindíveis especialidades ([7]).

Mas, por outro lado, o regime legal confere ao comprador *o direito a convalescença da venda de bens onerados* (art. 907.º) e *o direito à reparação ou substituição da coisa defeituosa* (art. 914.º), *os quais mais não representam do que o direito ao exacto cumprimento* – realização da prestação originária devida, isenta de vícios ou ónus.

Assim sendo, a conclusão a tirar é a de que o *legislador fundamenta a garantia edilícia num duplo pólo – o pólo do erro e o pólo do cumprimento inexacto ou cumprimento defeituoso –*, configurando-a com uma natureza híbrida ([8]).

A explicação possível para este dualismo assentará no facto de os vícios jurídicos ou vícios materiais serem anteriores ou concomitantes da venda e se projectarem no futuro, no desenvolvimento e execução da relação obrigacional, perturbando ou rompendo o equilíbrio prestacional. Pelo que para o legislador há uma identidade de pressupostos de facto nas duas figuras, uma coincidência de *fattispecie* entre erro sobre o objecto e vícios jurídicos ou materiais da coisa vendida, a justificar a admissão da *concorrência electiva das acções de anulabilidade*, de *redução do preço e de exacto cumprimento*.

Ao conceber assim as coisas, o legislador português articula o pressuposto da garantia nas duas fases sucessivas do negócio: a *fase estipulativa*, em que o comprador adquire a coisa na errónea convicção de que seja isenta de vícios; a *fase executiva*, em que a venda, não invalidada, não pode manter-se de pé sem correcções, como se não tivesse sido precedida

---

([7]) Cfr. GALVÃO TELLES, *Contratos Civis*, Lisboa, 1954, p. 22 e 23.

([8]) Para maiores desenvolvimentos, cfr. CALVÃO DA SILVA, *Responsabilidade Civil do produtor, cit.*, n.º 47, p. 217 a 231.

e afectada na sua função económico-social por uma falsa representação da realidade no momento da sua formação. Por isso, a primeira é tutelada com a *anulablidade* (total ou parcial) do contrato, em virtude de os vícios serem anteriores ou contemporâneos da formação do negócio, subsumíveis ao erro; já na segunda fase, a hipótese é considerada por lei como *cumprimento defeituoso*, em nome da necessidade de corrigir o desequilíbrio ou turbação no sinalagma funcional causado pela projecção daquele erro na aceitação da coisa defeituosa – supostamente isenta de vícios pelo comprador e em regra pelo próprio vendedor – na fase dinâmica da realização do programa prestacional ou programa de cumprimento querido pelas partes [9].

7 – Garantia e erro: vícios em direito e vícios materiais da coisa

A descrita singularidade do regime português da garantia edilícia simplifica a complexa e dissentidíssima questão da sua relação com as regras ou direito comum dos contratos e da responsabilidade civil [10].

No que toca à *impugnação por erro*, na forma simples ou qualificada por dolo, a sua admissibilidade é indiscutível, desde que no caso se verifiquem os requisitos legais da anulabilidade (arts. 905.° e 913.°). E isto não só "subsidiariamente", como é óbvio, em *hipóteses autónomas de erro em sentido técnico* sobre o objecto (art. 251.°) que não se subsumam a uma das catego-

---

[9] Cfr. CALVÃO DA SILVA, *Responsabilidade Civil do produtor, cit.*, n.° 48, p. 231 e ss.

[10] Sobre a questão, amplamente, cfr. CALVÃO DA SILVA, *Responsabilidade Civil do produtor, cit.*, p. 235 e ss.

rias de vícios jurídicos ou vícios materiais previstas nos artigos 905.° e 913.°, mas também *concorrentemente e electivamente* em casos de coincidência ou consumpção de erro sobre as qualidades do objecto (art. 251.°) e vícios jurídicos ou materiais da coisa (arts. 905.° e 913.°).

Tendo sido esta a opção legislativa, na esteira de uma linha doutrinária que considera a distinção entre erro sobre o objecto e garantia por vícios necessariamente arbitrária e deplora mesmo essa dualidade por equivaler a querer descobrir o sexo dos anjos [11], importa ver se no caso concreto há *erro autónomo* ou *erro consumido* no regime da garantia.

É conhecida a distinção entre *venda de bens onerados* (art. 905.° e ss.) e *venda de coisas defeituosas* (art. 913.° e ss.): a primeira tem lugar quando existam vícios jurídicos, isto é, respeita ao *estado jurídico* da coisa e pressupõe *vícios jurídicos, vícios do direito ou vícios em direito (Rechtsmängel)* a onerá-la ou limitá-la; a segunda é relativa ao *estado material* da coisa, pressupondo *vícios materiais* ou *vícios físicos da própria coisa (Sachmängel).*

Conquanto não seja inteiramente líquida e incontrovertível a escolha entre a aplicação da responsabilidade por vícios jurídicos ou vícios materiais sempre que esteja em causa a empresa como objecto da compra [12], quer-nos parecer que o caso presente, a enquadrar-se em alguma das hipóteses, sê-lo-á na primeira.

É que, a nosso ver, a situação de facto no caso *sub iudice* respeita não ao *estado material*, mas ao *estado jurídico* da empresa. A existência de duas garantias autónomas, ignoradas pelos compradores, a *onerarem* ou *limitarem* o património da Sociedade Financeira Portuguesa, reporta-se mais à *situação jurídica*

---

[11] Cfr. a bibliografia citada na nossa *Responsabilidade civil do produtor, cit.,* p. 239.

[12] Cfr. Münchener Kommentar, *BGB, cit.,* § 434, anotação 6; § 437, anotação 18; § 459, anotação 47, Staudinger, *BGB, cit.,* § 434, anotação 8.

do que à situação de facto da empresa objecto da compra. Logo, à correspondente desvalorização da empresa resultante da oneração ou limitação do activo por um passivo superior ao previsto e declarado deverá aplicar-se o regime da chamada *venda de coisas oneradas*.

Dispõe o artigo 905.º do Código Civil:

"Se o direito transmitido estiver sujeito a alguns ónus ou limitações que excedam os limites normais inerentes aos direitos da mesma categoria, o contrato é anulável por erro ou dolo, desde que no caso se verifiquem os requisitos legais da anulabilidade".

A função do preceito é a de obrigar o vendedor a entregar ao comprador o objecto vendido livre de direitos que contra este possam ser feitos valer por terceiros. E funda-se esse dever de prestação na ideia de que o preço da compra visa não só a propriedade, mas também os correspondentes e naturais poderes de uso, de fruição e de disposição da coisa (*ius utendi, fruendi et abutendi*). Pelo que se assim não acontecer e houver qualquer ónus ou limitação que exceda os limites normais inerentes aos direitos da mesma categoria abstracta, ónus ou limitação desconhecido do comprador e que contra ele possa ser exercido por terceira pessoa impendindo ou limitando o uso e disposição normal do objecto, verificar-se-á o *conceito objectivo de vício do direito ou vício em direito.*

Quanto ao *âmbito de aplicação* do artigo 905.º, nele cabem não só a compra de *coisa* mas toda a espécie de objectos de compra, focando a literatura alemã, a propósito do preceito paralelo (§ 434), expressamente a *compra de acções de sociedade (Gesellschaftsanteilen), a empresa (Unternehmen) e títulos de valor (Wertpapieren)* [13].

---

[13] Cfr. STAUDINGER, *BGB, cit.,* § 434, anotação 3; Münchener Kommentar, *BGB, cit.,* § 434., anotação 6.

Atendendo mais ao significado prático, pode dizer-se que *o âmbito clássico de aplicação do artigo 905.º são os direitos privados de terceiros que onerem o objecto vendido e sejam eficazes perante o comprador. O que abrange*, naturalmente, os *direitos reais limitados de gozo e as garantias reais* [14].

Mas não só. *Devem considerar-se abrangidos ainda os próprios direitos de crédito com eficácia real e que sejam*, por conseguinte, *eficazes perante o comprador.* Serão os casos não só do *arrendamento*, como ainda de *preferência legal* ou *preferência convencional com eficácia real* e do *contrato promessa com eficácia real*, bem como de *cláusulas de concorrência e de inalienabilidade com eficácia real.*

O decisivo, portanto, não é a natureza jurídica do direito de terceiro, mas a sua eficácia perante o comprador.

Logo, todos os direitos que confiram a terceiros pretensões contra o comprador e que este desconheça no momento da compra caem no âmbito de aplicação do artigo 905.º.

E isto quer o terceiro seja uma pessoa estranha à relação da compra e venda, quer seja o próprio vendedor ou até mesmo o comprador [15].

A *ratio legis* é a de entregar ao comprador o direito com as faculdades que lhe são naturais, livres de quaisquer ónus ou limitações que vão além dos *limites legais normais* inerentes ao direito da categoria do transmitido [16]. Se isso não acontece, porque algum direito, ónus ou limitação com eficácia real pertencente ao *próprio vendedor ou mesmo ao comprador, mas só*

---

[14] Cfr. Pires de Lima e Antunes Varela, *Código Civil anotado*, vol. II, 3.ª ed., 1986, anotação ao art. 905.º.

[15] Cfr. Soergel, *BGB*, Band 2/2, § 434, anotações 14 e 15.

[16] Para a exclusão do âmbito de aplicação do art. 905.º das limitações legais da propriedade, cfr. Pires de Lima e Antunes Varela, *Código Civil anotado*, II, *cit.*, anotação 1 ao art. 905.º; Soergel, BGB, *cit.*, § 434, anotações 11 e 17 e ss.

Porém, *essas limitações legais podem relevar nos domínios do erro do comprador ou do dolo do vendedor.*

se com desconhecimento deste, onera ou limita o direito transmitido, o regime do artigo 905.º e seguintes deve aplicar-se, tendo em conta a finalidade da própria lei. Repare-se que se ao comprar a coisa o comprador desconhece a existência de um seu direito menor sobre ela, o preço acordado pelas partes foi-o em atenção a um objecto supostamente livre de ónus ou limitações. Consequentemente, o comprador deve poder agir contra o vendedor como actuaria se esse ónus ou limitação pertencesse a terceiro *tout court*, no campo da responsabilidade por vícios jurídicos da coisa.

No caso concreto, a Sociedade Financeira Portuguesa – Banco de Investimento, S. A., foi alienada através da venda da totalidade das acções. Consequentemente, *foi alienada a sociedade anónima, forma jurídica de uma empresa colectiva, incluindo, portanto, o seu património global. O objecto da compra foi, pois, uma empresa, onerada ou limitada por duas garantias autónomas de grande risco, não declaradas e desconhecidas para os compradores*. O património líquido adquirido é, assim, menor do que o convencionado, *porquanto o passivo, que onera o activo, é* significativamente superior ao anunciado. Como tal, *a empresa transmitida está sujeita a ónus ou limitações que excedem os limites normais inerentes aos direitos da mesma categoria transmitidos na Bolsa, uma vez que de acordo com as regras legais a avaliação e o Prospecto Oficial têm de ser verídicos, exactos, completos, sem sonegar ou ocultar informacões, sem poderem omitir ónus e garantias existentes*. Porque assim não aconteceu, *porque a empresa transmitida estava onerada no seu património com duas garantias autónomas ocultas, os direitos dos terceiros garantidos podem ser exercidos eficazmente contra os compradores, sucessores legais da Sociedade Financeira Portuguesa – Banco de Investimento, S. A.*

É que, nas palavras de STAUDINGER/KÖHLER, "quando a *empresa constitui o objecto da compra* (não sendo sequer necessária a aquisição de todas as acções da sociedade), *o vendedor responde pelos vícios jurídicos da empresa"* [17], aceitando-se como vício jurídico o impedimento ou estorvo do comprador de uma empresa por direitos de garantia mobiliária de terceiros *(im Falle der Behinderung des Unternehmenskäufers durch gewerbliche Schutzrechte Dritter)* [18]. Bem vistas as coisas, os compradores da empresa podem ser estorvados eficazmente, pelos terceiros garantidos, no uso, fruição e disposição do objecto que adquiriram – a empresa – sem contarem nem poderem contar com essas duas garantias ocultas de grande risco.

Por isso, directamente ou no mínimo por analogia, pode aplicar-se ao caso em apreço o regime da venda de bens onerados.

8 – (cont.): **A) Erro sobre o objecto**

Aceitando-se o que acaba de ser dito, o erro em que incorreram os compradores, por ignorarem a existência das duas garantias, será um erro consumido no artigo 905.º. A pensar-se de modo diferente, então *o erro será autónomo.* Naquele como neste, os requisitos da sua relevância são, porém, os mesmos, porquanto o artigo 905.º diz ser anulável o contrato por erro ou dolo, *desde que no caso se verifiquem os requisitos legais da anulabilidade.*

Na dogmática jurídica que presidiu ao pensamento legislativo subjacente ao regime da garantia edilícia, há *erro--vício* dada a representação inexacta ou ignorância das garantias autónomas que foi determinante na decisão do negócio. Não

---

[17] Cfr. STAUDINGER, *BGB, cit.,* § 434, anotação 8.

[18] É a tese defendida por HUBER, in ZGR, 1972, p. 392, 401 e 413, citado quer no Münchener Kommentar, *BGB, cit.,* § 434, anotação 4, nota 5, quer por STAUDINGER, *BGB, cit.,* § 434, anotação 8.

que se estivessem esclarecidos, os compradores não teriam realizado o negócio; mas apenas que se eles tivessem o exacto conhecimento da situação, teriam firmado o contrato noutros termos.

A desvalorização da empresa comprada é tão significativa que, no fundo, afecta um motivo determinante do negócio: os adquirentes quando compraram por aquele preço fizeram-no na convicção de ser esse o valor real da empresa, em face do retrato supostamente fidedigno que dela davam a avaliação e o Prospecto Oficial publicados; e os compradores não teriam comprado por preço tão alto, se estivessem devidamente esclarecidos acerca da existência dessas duas garantias ocultas. Trata--se, pois, de *um erro só parcialmente essencial*, melhor, de *um erro incindental*, pois sem ele *os compradores teriam adquirido a empresa mas por preço mais baixo.*

Essencialidade parcial ou incindental essa que o vendedor não devia ignorar. Ou seja: não se exige o conhecimento do erro pelo vendedor; basta que este conhecesse ou não devesse ignorar a essencialidade, para o declarante, do elemento sobre que incidiu o erro (art. 247.º, *ex vi* do art. 251.º do Código Civil). Ora é legítimo supor que *o vendedor não ignorava a essencialidade para os compradores do valor da empresa resultante da avalição e do Prospecto,* pelo que se ele acabou por se revelar *sobrevalorizado,* dada a existência de duas garantias ocultas, *o negócio deverá fazer--se valer nos mesmos termos em que teria sido concluído sem o erro.* E isto, quer na hipótese de erro consumido no artigo 905.º, quer na hipótese de erro autónomo (arts. 251.º e 247.º), já que a *redução do preço previsto no artigo 911.º não passa de afloramento do regime geral do erro relativamente essencial ou do erro incidental* [19].

---

[19] Sobre o erro incidental, cfr. MOTA PINTO, *Teoria geral do direito civil,* Coimbra, 1985, p. 509 e 510, MANUEL DE ANDRADE, *Teoria geral da relação jurídica,* II vol., p. 238.

O segundo requisito ou condição geral de relevância do erro-vício – a *propriedade* – também se verifica, pois incide sobre uma circunstância que não é a verificação de qualquer elemento legal da validade do negócio [20].

Estão, assim, preenchidos os requisitos da relevância do *erro sobre as qualidades do objecto* – com culpa ou sem culpa, não importa –, *nas quais se incluem a respectiva constituição material e aquelas condições factuais e jurídicas* que, *pela sua natureza e duração, influem no valor ou no préstimo desse objecto* [21]. É o que ocorre precisamente no caso vertente com as *garantias ocultas* que, pela sua *natureza* (garantias autónomas ou independentes, pagas à primeira solicitação) e *montante elevado, influem no valor da empresa vendida, desvalorizando-a em termos tão significativos com que os compradores não podiam legitimamente contar*. Logo, o *direito à redução do preço é inquestionável*, tanto ex 905.º e 911.º, como pelo regime do erro autónomo, pois ainda não ocorreu um ano da cessação do vício (art. 287.º, n.º 1, do Código Civil).

9 – (Cont.): **B) Erro sobre a base negocial**

Alega o Banco Pinto & Sotto Mayor na contestação que quando muito haverá *erro na base negocial*, previsto no artigo 252.º, n.º 2, que remete para o artigo 437.º.

Repare-se, em primeiro lugar, que o artigo 252.º regula o *erro sobre os motivos que não se refiram à pessoa do declaratário nem ao objecto do negócio*. Trata-se, assim, de uma noção residual, como é sublinhado pela doutrina [22], definida por via negativa.

---

[20] Cfr. MANUEL DE ANDRADE, ob. cit., p. 239; MOTA PINTO, *Teoria, cit.,* p. 510.

[21] Cfr. MANUEL DE ANDRADE, *ob. cit.,* p. 251.

[22] Cfr., por todos, MOTA PINTO, *Teoria, cit.,* p. 514.

Logo, o n.º 2 do mesmo artigo 252.º estabelece um certo regime especial para certos casos de erro sobre os motivos determinantes da vontade, *que não se refiram, porém, à pessoa do declaratário nem ao objecto do negócio.*

Ora nós acabamos de ver, com o autorizado MANUEL DE ANDRADE, que as *condições jurídicas que*, pela sua natureza, duração e quantitativo, *influem no valor ou no préstimo do objecto, são de designar como qualidades desse objecto* [23]. *Donde, o problema é de erro sobre o objecto (art. 251.º) e não de erro sobre os motivos (art. 252.º).*

Ainda que assim fosse, não se aceitaria o salto automático de regime para o artigo 437.º. Efectivamente, *no caso de erro sobre a base negocial, haverá lugar à anulabilidade* – total ou parcial, conforme o erro for essencial ou incidental – *e não à resolução do contrato, uma vez que o vício é anterior ou contemporâneo da formação do negócio.* O alcance da remissão feita pelo n.º 2 do artigo 252.º para o "disposto sobre a resolução ou modificação do contrato por alteração das circunstâncias vigentes no momento em que o negócio foi concluído" visa tocar tão-somente os requisitos ou pressupostos aí previstos – "desde que a exigência das obrigações assumidas afecte gravemente os *princípios da boa fé* e não esteja coberta pelos riscos próprios do contrato" – mas não a resolução propriamente dita [24].

Seria, de resto, chocante entender amplamente a remissão do n.º 2 do artigo 252.º para o artigo 437.º, designadamente para concluir pela não aplicação ao caso *sub iudice* do regime lá previsto, com o argumento de que o contrato já está cumprido. Embora seja este um entendimento corrente, o mesmo não é sequer pacífico, nem aceite por toda a doutrina no domínio da alteração das circunstâncias.

---

[23] Cfr. MANUEL DE ANDRADE, *ob. cit.*, p. 251.

[24] Neste sentido, cfr. MOTA PINTO, *Teoria, cit.*, p. 515; MANUEL DE ANDRADE, *ob. cit.*, p. 247.

158 João Calvão da Silva

Muito menos poderia sê-lo no caso *sub iudice*, não só em virtude de se tratar de uma remissão do artigo 252.º, n.º 2, mas também e sobretudo porque *o tribunal julgará segundo equidade*. Ora esta ditaria, também por aqui, a *modificação do contrato segundo juízos de equidade*, porquanto *a exigência das obrigações do preço assumidas pelos compradores afecta gravemente os princípios da boa fé* e não está coberta pelos riscos próprios do contrato, segundo o comportamento próprio de pessoas de bem.

10 – Garantia e cumprimento defeituoso

Continuando a análise do caso *sub iudice* à luz do quadro normativo do Código Civil, os compradores têm *direito ao exacto cumprimento da prestação devida*, vertido nos arts. 907.º e 914.º [25].

Para o que aqui nos interessa, os compradores têm o direito de exigir do vendedor o cumprimento do *dever de sanar a anulabilidade do contrato, mediante a expurgação dos ónus ou limitações existentes* (art. 907.º, n.º 1). Expurgar os ónus ou limitações existentes no caso concreto equivalerá a *reembolsar ao Banco Mello*, sucessor legal da Sociedade Financeira Portuguesa – Banco de Investimento, S. A., *a importância que haja despendido para honrar o pagamento das garantias autónomas*.

Concedendo a lei aos compradores o direito ao exacto cumprimento, coerentemente lhes deve ser reconhecida a *aplicação das demais regras gerais do incumprimento,* no caso, *a redução do preço* (arts. 793.º e 802.º) e a *indemnização* (art. 798.º e ss.) [26].

---

[25] Sublinhando este aspecto, cfr. CALVÃO DA SILVA, *Responsabilidade civil, cit.,* p. 200 e 201.

[26] Cfr. CALVÃO DA SILVA, *Responsabilidade civil, cit.,* p. 236 e ss.

Se nos desprendermos do modelo do Código Civil, pensamos que o caso presente poderá reconduzir-se mesmo ao cumprimento defeituoso. Basta para tanto reconhecer *ser possível* que o *acordo negocial incida sobre a Sollbeschaffenheit da coisa, qualidade ou constituição que a coisa deve possuir e que vai pressuposta na vontade negocial.*

A questão será, pois, de *interpretação-integração do negócio jurídico concreto, a de saber se as qualidades que a coisa vendida deve possuir ingressaram ou não no conteúdo do contrato (Vertragsinhalt): no caso afirmativo, o problema é de incumprimento ou cumprimento defeituoso; no caso negativo, o problema é de erro* (27).

Aplicando este decisivo e certeiro critério ao caso *sub iudice,* poderemos concluir que *a hipótese é de incumprimento ou curaprimento defeituoso.*

Na verdade, a empresa transmitida pelo vendedor desvia-se ou diverge, com desvantagem para os compradores, da qualidade que devia ter e foi pressuposta pelas partes na avaliação e Prospecto Oficial publicados, tornando-se parte integrante do conteúdo do contrato celebrado. Logo, existe uma *entrega defeituosa (Schlechtlieferung),* porque o vendedor entregou *a empresa,* à qual faltam, porém, qualidades acordadas. Como tal, *a inexactidão qualitativa da prestação respeita à fase executiva do contrato e representa um caso de incumprimento parcial ou cumprimento defeituoso:* o vendedor não cumpre exactamente a *prestação devida* aos compradores segundo a interpretação objectiva do contrato – a prestação devida era a empresa descrita na avaliação e Prospecto Oficial, *sem garantias ocultas –, verificando-se uma desconformidade entre a coisa na sua configuração real (Istbeschaffenheit) – empresa com duas garantias ocultas – e a coisa na sua configuração representanda e acordada pelas partes – empresa sem as garantias ocultas.*

---

(27) Cfr. a demonstração, desenvolvida, em CALVÃO DA SILVA, *Responsabilidade civil do produtor,* p. 253 e ss.

Consequentemente, *o problema só pode ser de cumprimento defeituoso.*

Não se põe um problema de erro na formação do contrato, porque este vale com o sentido querido pelo comprador e, portanto, não é cabido o direito à anulação.

Dir-se-á mesmo que *o erro sobre as qualidades acordadas é uma antinomia.* Se as qualidades exigidas do objecto foram convencionadas e não se encontram na coisa entregue, não se trata já de erro ou de um qualquer vício do consentimento mas de *inexecução do contrato* [28].

Por isso, sendo o problema presente de cumprimento inexacto ou defeituoso, as regras gerais do direito comum do incumprimento das obrigações são aplicáveis.

11 – Garantia e responsabilidade civil. A Prospekthaftung

Ao lado dos direitos acabados de descrever existe ainda o direito à indemnização.

Assim, no direito ao exacto cumprimento, traduzido na sanação da anulabilidade pela expurgação dos ónus (art. 907.º), os compradores podem pedir o ressarcimento do prejuízo que lhes tenha sido causado pela entrega da coisa viciada imputável ao vendedor.

Trata-se, no fundo, de dano moratório e a sua indemnização é a reintegração do interesse positivo do comprador na tempestividade do adimplemento exacto da prestação. Nos termos do artigo 909.º, o vendedor, *ainda que não haja culpa sua,* é obrigado a indemnizar os *danos emergentes do contrato, a que acrescem os lucros cessantes* se não sana a anulabilidade (art. 910.º).

---

[28] Cfr. MALINVAUD, *De l'erreur sur la substance,* in "Dalloz", 1972, p. 216 e 217.

Por outro lado, o direito à redução do preço é acumulável com a indemnização (art. 911.°), não só do interesse contratual negativo (nos termos previstos nos arts. 908.°, 909.° e 915°) mas também do dano *in contractu* não consumido ou não compreendido no dano *in contrahendo*, de modo a colocar o comprador na situação em que estaria se o contrato tivesse sido exactamente cumprido [29].

Por fim, diga-se que *a culpa do Banco Pinto & Sotto Mayor existe pelo menos desde o momento em que a contabilização da garantia ocorreu e não publicou um suplemento ao Prospecto Oficial, como impõe a lei* (art. 20.° da Portaria n.° 295-A/88, de 10 de Maio). Ora esse momento terá sido o dia 12 de Abril de 1991, quando a venda na Bolsa ocorreu mais tarde – 6 de Maio do mesmo ano. A própria comissão de Acompanhamento das Privatizações, com base nesse facto, concluiu "haver deficiente informação susceptível de gerar responsabilidade perante os compradores" [30].

Deparamo-nos, pois, com um caso da famosa *Prospekthaftung – responsabilidade por prospecto informativo falso ou incompleto*. Neste domínio defende-se além da *responsabilidade do emitente*, a *responsabilidade pré-contratual do Banco* que coloca as acções na Bolsa. Sustenta-se mais: que o dever pré-contratual da boa fé (art. 227.°) recai ainda sobre "terceiros" que, como representantes, agentes, mandatários, medidores ou intermediários, etc., têm intervenção directa no *iter* formativo do contrato como pessoas de confiança, como pessoas que pela sua qualificação profissional ou actividade especializada geram uma especial confiança objectiva na sua própria competência, lealdade e probi-

---

[29] Cfr. CALVÃO DA SILVA, *Responsabilidade civil do produtor, cit.*, p. 198 e 199.

[30] Relatório publicado no Diário da República, II Série, de 4 de Junho de 1992.

dade, ainda que não venham a ser as reais partes do contrato [31].

O Banco Pinto & Sotto Mayor responde ainda pelo prospecto informativo incompleto, devendo ressarcir todos os danos adequadamente sobrevindos aos compradores, por força do artigo 485.°, n.° 2, uma vez que é um dos casos de dever legal de informação não cumprido em termos.

III
CONCLUSÕES

De tudo quanto detalhadamente se expôs resulta:

I – A Sociedade Financeira Portuguesa – Banco do Investimento, S. A., como empresa colectiva e objecto da compra e venda realizada na Bolsa.

II – A erroneidade do formalismo informativo que esteve na base da determinação do preço da compra e venda da empresa.

III – A solução equitativa do problema estará ou na restituição pelo Banco Pinto & Sotto Mayor aos compradores da diferença entre o preço recebido e o preço justo se as garantias autónomas fossem conhecidas ou na incorporação na Sociedade Financeira – hoje Banco Mello – da importância por esta despendida com o cumprimento das garantias.

IV - Visto à luz do direito positivo, o problema pode ser enquadrado na venda de coisas oneradas

---

[31] Cfr. ASSMAN, *Prospekthaftung*, 1985; E. SCHMITZ, *Dritthaftung aus culpa in contrahendo*, Berlin, 1980.

(art. 905.º e ss. do Código Civil), havendo erro sobre o objecto, com os compradores a gozarem do direito à redução do preço ou sanação da anulabilidade e respectiva indemnização.

V – Se nos desprendermos do modelo híbrido da garantia estabelecido no Código Civil, o caso vertente reconduz-se ao *cumprimento defeituoso*, porque as qualidades da empresa descritas na avaliação e no Prospecto Oficial ingressaram no conteúdo negocial. Logo, a inexactidão qualitativa da prestação devida respeita à fase executiva e não à fase estipulativa do contrato.

VI – Há ainda responsabilidade civil do Banco Pinto & Sotto Maior por prospecto informativo falso ou incompleto.

Tal o meu parecer

Coimbra, Setembro de1992

CALVÃO DA SILVA

VII
A EMPRESA COMO OBJECTO
DE TRÁFICO JURÍDICO

CONSULTA

É-nos formulada a seguinte consulta:

1 – Pelo Decreto-lei n.º 205-A/75, de 16 de Abril, foi nacionalizado o sector petrolífero português.

2 – Em 26 de Março de 1976, pelo Decreto-lei n.º 217-A/, foi criada a PETROGAL – PETRÓLEOS DE PORTUGAL, E. P., empresa pública para a qual transitaram os patrimónios das antigas empresas privadas.

3 – Nos termos do Decreto-lei n.º 103-A/89, de 4 de Abril, em plena vigência da Lei n.º 84/88, de 20 de Julho, a PETROGAL foi transformada em sociedade anónima de capitais maioritariamente públicos e o Governo, dada a impossibilidade constitucional de transferir para o sector privado a maioria do capital nacionalizado, foi autorizado a proceder à alienação de 49% do capital social.

4 – O Decreto-lei n.º 353/91, de 20 de Setembro, tendo em atenção o novo regime das privatizações instituído pela Lei n.º 11/90, de 5 de Abril, veio autorizar o Governo a reprivatizar o capital da sociedade PETRÓLEOS DE PORTUGAL – PETROGAL, S.A., em duas fases:

— uma primeira, logo aí regulada, relativa a 51% do capital social – aumento do capital social de 19.000.000 contos, a subscrever pelos particulares interessados; alienação de 5.000.000 de acções do Estado; alienação diferida de 24.960.000 acções do Estado;

166   *João Calvão da Silva*

– uma segunda, até 90% do capital social, remetida para o futuro.

5 – Em 16 de Março de 1992 um agrupamento constituído por várias entidades – hoje PETROCONTROL – SOCIEDADE GESTORA DE PARTICIPAÇÕES SOCIAIS, S. A. – dirigiu ao Senhor Ministro das Finanças uma oferta de subscrição das novas acções e de aquisição das 5.000.000 pertencentes ao Estado, ao preço base de 1.700$00 por acção fixado no artigo 6.º da Resolução do Conselho de Ministros n.º 3/92, de 17 de Janeiro, assumindo ainda o compromisso de comprar ao Estado no prazo de três anos mais 26% de acções, o que daria 51% do capital da PETROGAL. Ao referido agrupamento, seleccionado em Conselho de Ministros, foram adjudicadas as acções, com homologação de 4 de Junho de 1992.

6 – Posteriormente, surgem novos elementos relativos à situação da PETROGAL que traduzem uma *empresa substancialmente diferente daquela que fora anunciada no prospecto* aquando da privatização e em que a actual PETROCONTROL adquiriu 25% do capital social, comprometendo-se, nos termos regulamentados, a adquirir mais 26% no prazo de três anos.

7 – *As diferenças entre a PETROGAL anunciada e a PETROGAL real podem ser seriadas da seguinte forma:*
- diferenças entre os elementos fornecidos no Prospecto aos particulares interessados e a situação real da empresa;
- diferenças entre a evolução anunciada pelo Prospecto e a evolução verificada após a privatização.

Ambas as diferenças ocorreram porque o Prospecto contrariava dados sem correspondência com a realidade. Assim (*vide* anexos):
- o défice do Fundo de Pensões anunciado era de 5.000.000 contos, ao passo que o défice real ascendia a 11.700.000 contos, sem contar com o défice de 6.600.000 contos nas provisões para pré-reformas;

- o volume de investimentos anunciado para 1991 e 1992 era de 32.000.000 e 51.000.000 de contos, sendo as cifras correctas de 44.000.000 e 70.000.000 de contos, respectivamente;
- a previsão de investimentos para 1993-1995 dá uma diferença da situação real de cerca de 74.000.000 de contos;
- a situação económico-financeira da empresa anunciada era de equilíbrio, contrariamente à situação real que obriga a PETROGAL a novo e vultoso endividamento.

8 – Alterações legislativas posteriores vieram implicar o fecho de muitos postos urbanos de abastecimento da PETROGAL cuja substituição custará cerca de 24.000.000 de contos, e a reorganização provocada pelos novos IP's e IC's vai exigir um acréscimo de dispêndio na ordem dos 9.000.000 de contos. Entre as modificações radicais e imprevisíveis conta-se a realização da EXPO 98 em Lisboa Oriental e a consequente expropriação de Cabo Ruivo, onde estão situadas as instalações da PETROGAL. A indemnização "acordada" entre o Estado e a PETROGAL não foi aceite pela PETROCONTROL.

Pretende saber-se se assiste razão à PETROCONTROL e, em caso afirmativo, que via ou vias para a correspondente fundamentação

PARECER

SUMÁRIO: 1 – *Diplomas regulamentadores do processo de reprivatização da PETROGAL. 2 – Regras fundamentais da alienação das acções representativas do capital social da PETROGAL. 3 – Fixação do sentido e alcance decisivo do negócio da reprivatização. 4 – Compra e venda de empresa pela via da compra e venda de acções. 5 – (Cont.) Critério. 6 – Responsabilidade por vícios materiais da empresa. 7 – (Cont.) Consequências jurídicas. 8 – Direitos da PETROCONTROL na compra de empresa defeituosa. 9 – Direitos da PETROCONTROL na simples compra de acções.* **Conclusões**.

1. Diplomas regulamentadores do processo de reprivatização da PETROGAL.

O caso a que se reporta a consulta insere-se no mais amplo *movimento de (re)privatizações* de empresas públicas que o Estado português tem vindo a pôr em prática. Importa por isso e antes de mais conhecer os instrumentos fundamentais elaborados pelo Governo para concretizar o processo de alienação da PETROGAL.

No processo especial recortado pelo Governo para a reprivatização da PETROGAL, os instrumentos legais fundamentais são a Lei n.º 11/90, de 5 de Abril, o Decreto-lei n.º 353/91, de 20 de Setembro,e a Resolução do Conselho de Ministros n.º 3/92, de 17 de Janeiro.

A Lei n.º 11/90, de 5 de Abril, é a lei-quadro das privatizações. E nos termos do seu artigo 14.º,

"Cabe ao Conselho de Ministros aprovar, por resolução, de acordo com a lei, as condições finais e concretas das operações a realizar em cada processo de reprivatização".

No desenvolvimento do novo regime instituído pela Lei n.º 11/90 surge o Decreto-lei nº 353/91, de 20 de Setembro, a autorizar o Governo a iniciar a reprivatização do capital da sociedade PETRÓLEOS DE PORTUGAL – PETROGAL, S. A.

Considerando a competência atribuída ao Conselho de Ministros pelo artigo 11.º do Decreto-Lei n.º 353/91, veio a Resolução n.º 3/92, de 17 de Janeiro, regulamentar a privatização da PETROGAL e aprovar o respectivo caderno de encargos.

2. Regras fundamentais da alienação das acções representativas do capital social da PETROGAL.

Pela lei-quadro das privatizações – lei n.º 11/90, de 5 de Abril –, a reprivatização de uma empresa deve ser precedida de avaliação, feita pelo menos por duas entidades independentes (art. 5.º) – *in casu*, essas entidades foram a ESSI e a FINANTIA.

Feita a avaliação, a reprivatização deve operar, ainda segundo a mesma lei, por alienação do capital ou por aumento do capital, a concretizar, preferencialmente, por concurso público, por oferta na bolsa ou por subscrição pública.

A reprivatização da PETROGAL foi aprovada pelo citado Decreto-lei n.º 353/91, de 20 de Setembro. Dispõe como segue o artigo 1.º:

"1 – (...) *É aprovada a redução, por fases, da participação do Estado no capital* da sociedade Petróleos de Portugal – Petrogal, S. A., *até 10% do total*, depois de aumentado em conformidade com o disposto nos artigos seguintes.

2 – A redução aprovada pelo número anterior efectuar-se-á mediante *aumentos de capital*, em que o Estado

não participará, e por *alienação de acções pertencentes ao Estado.*

3 – A 1.ª fase é regulada pelo presente diploma e pela resolução do Conselho de Ministros prevista no art. 11.º".

Resulta daqui que o grande objectivo do Estado é a reprivatização da PETROGAL até 90%.

De imediato, a lei regula a reprivatização de 51%. Reza assim o n.º 1 do artigo 2.º:

"*1.º – A 1.ª fase do processo de reprivatização da Petrogal destina-se à reprivatização de 51% do respectivo capital social* e será realizada por meio de uma *operação conjunta, consistente num aumento do capital da sociedade em 19.000.000 de contos,* através da emissão de igual número de acções, com valor nominal de 1.000$ cada uma, *na alienação, pelo Estado, de 5.000.000 de acções* e, ainda, *na alienação diferida,* dentro de determinado prazo, *de 24.960.000 acções da sociedade*".

O disposto no n.º 1 do artigo 2.º transcrito realizar-se-ia mediante *concurso público,* devendo os interessados apresentar-se *em agrupamento* (art. 3.º). Nos termos da Resolução n.º 3/92, de 27 de Dezembro, o concurso processava-se em duas fases (art. 3.º) – a fase da selecção de concorrentes, decidida por Resolução do Conselho de Ministros, e a da abertura das ofertas e determinação do adquirente, conduzida pela Bolsa de Valores de Lisboa, competindo ao Conselho de Ministros a homologação do resultado (art. 5.º).

No prazo de três anos a contar da publicação da Resolução homologatória do resultado do concurso, o agrupamento vencedor compraria o lote dos 26% a que se refere a parte final do n.º 1 do artigo 2.º ao preço que tiver determinado o vencimento do concurso, se a aquisição se der até ao fim dos primeiros nove meses do triénio referido, ou por um preço *corrigido* – preço determinante do vencimento do concurso acrescido de um rendimento igual ao produzido por títulos FIP's por período equivalente (art. 31.º, n.º 4, do Caderno de Encargos) – se a compra se efectuar posteriormente (art. 10.º, n.º 3, do Decreto-lei n.º 353/91 e art. 31.º da Resolução 3/92).

Em caso de incumprimento da obrigação de comprar o referido lote de 26% de acções, o Caderno de Encargos, em concretização do disposto no n.º 4 do artigo 10.º do Decreto-lei n.º 353/91, estabeleceu como sanção a reversão automática para o Estado, sem direito a qualquer indemnização ou compensação, das acções já adquiridas e subscritas por via do concurso público representativas de 6% do capital social (art. 32.º da Resolução 3/92). Norma importante ainda é a do artigo 16.º do Decreto-lei n.º 353/91, que estatui como segue:

> "Compete ao Conselho de Administração da sociedade propor ao Ministro das Finanças o valor da empresa, com base em avaliação especialmente efectuada por duas entidades independentes, escolhidas de entre as que forem pré-qualificadas por despacho do mesmo Ministro".

Em concretização do que vai dito, o preço base das propostas foi fixado em 1.700$00 por acção, incluindo as respeitantes ao aumento de capital (art. 6.º da Resolução 3/92).

Foi assim em execução das regras legais referidas que um agrupamento de várias entidades, entretanto constituído em SOCIEDADE GESTORA DE PARTICIPAÇÕES SOCIAIS – a PETROCONTROL –, concorreu e ganhou com a oferta de subscrição das novas acções da PETROGAL e de aquisição de 5.000.000 acções da mesma sociedade pertencentes ao Estado, ao preço de 1.700$00 por acção – o preço base fixado no Caderno de Encargos, portanto –, e com o compromisso de comprar ao Estado no prazo de três anos mais 26% do capital da empresa, perfazendo-se, assim, os 51%.

3. Fixação do sentido e alcance decisivo do negócio da reprivatização

Conhecidas as regras básicas da privatização da PETRO-GAL estamos agora em condições de fixar o *conteúdo normativo* por que tem de pautar-se a conduta das partes interessadas no negócio de reprivatização em análise.

Primeiro grande dado a reter: *o objectivo confesso do Estado é a reprivatização até 90% da PETROGAL* (art. 1.º, n.º 1, do Dec.-lei n.º 353/91). Tudo o mais deve ser lido a esta luz como medidas preparatórias, meios ou instrumentos para atingir esse fim a que há-de conduzir o processo (entendido como conjunto de actos interligados ou encadeados) de reprivatização em curso.

Segundo dado a evidenciar: de imediato, o *Estado quer reprivatizar já 51% do capital social da PETROGAL, em bloco e numa operação conjunta, com um só agrupamento.* Ou seja: *o Estado quer alienar 51% da empresa ao mesmo adquirente,* e não deseja nem permite a pulverização ou disseminação de 51% do capital social por múltiplos interessados. *Pretende-se, destarte, garantir a unidade de comando de uma empresa de sector estratégico, em que seja claro quem domina, quem controla e quem manda.*

É o que resulta inequivocamente dos artigos 2.º e 10.º do Decreto-lei n.º 353/91 e dos artigos 2.º e 31.º da Resolução 3/92 – *contratação unitária, em bloco, de 51% do capital social: 25%* (subscrição de 19.000.000 de acções representativas de um aumento de capital; aquisição de 5.000.000 de acções pertencentes ao Estado) *mais 26% (compromisso de compra* ao Estado de 24.960.000 acções, no prazo de três anos).

Terceiro dado a ressaltar: *o organizador da operação global de reprivatização é o Estado,* que desta sorte intervém activamente e directamente na fixação das regras do jogo. Compreensivelmente: por um lado, porque a reprivatização em concreto se insere na *política global* de reprivatizações, a qual, para o bem e para o mal, atinge a imagem do Governo; por outro, porque o Estado é o único accionista da PETROGAL. Correspondentemente, *o Estado é quem aliena as acções representativas do capital social e a empresa explorada pela sociedade* – Estado que assim se apresenta como o *responsável* pelas operações conducentes à alienação e como o seu *beneficiário directo.*

4. Compra e venda de empresa pela via da compra e venda de acções.

Conhecida a vontade do Estado expressamente vertida nos diplomas regulamentadores acabados de analisar, passemos ao contrato (através deles preparado e) concluído com a PETRO-CONTROL.

De modo directo e imediato trata-se, inquestionavelmente, de uma compra e venda de acções representativas do capital social de uma sociedade – a PETROGAL, S. A. Veja--se o artigo 874.º do Código Civil, que define compra e venda como "o contrato pelo qual se transmite a *propriedade* de uma coisa, ou *outro direito*, mediante um preço".

Mas decididamente, embora de forma mediata e indirecta, o objectivo final, determinante, do Estado é a *transmissão da empresa a título oneroso para um novo dono, para um novo "dominus"* ([¹]). E dentro das regras do jogo definidas pelo Governo nos diplomas regulamentadores e preparatórios do *contrato unitário de transferência da PETROGAL para outro "senhor"*, a *PETROCONTROL* pela via da compra de acções representa-

---

([¹]) Em geral, *vide* Berger/Latxague, *La transmission des entreprises*, 5.ª ed., 1994; J. F. Le Bars, *La transmission d'entreprise à titre gratuit*, 1991.

tivas de 51% do capital social *tomaria o controlo daquela sociedade como empresa colectiva ou de uma empresa personalizada na forma jurídica de sociedade anónima* ([²]).

Esta me parece ser a vontade inequívoca das partes contratantes – Estado e PETROCONTROL – apurada em sede de interpretação do negócio jurídico, segundo a conhecida teoria da impressão do destinatário canonizada no artigo 236.º do Código Civil, tendo em atenção os *termos do contrato, os interesses em jogo* e a *finalidade prosseguida.* Tenhamos presente tratar--se de negócio de reprivatização de uma empresa pública, dentro do movimento da política global de liberalização (ou desintervenção estatal) da economia portuguesa, nos sectores nacionalizados em 1975.

Saber que o *sentido e o fim último do contrato são a compra e venda da PETROGAL pela via da compra e venda de acções corresponde a dizer que as partes não se confinaram à simples alienação de acções.* Ou seja, os contratantes não se limitaram a querer transmitir *títulos de participação que conferem um feixe de direitos vários – quer direitos de carácter administrativo,* como o direito de participar e de votar na Assembleia Geral, o direito de impugnar judicialmente as deliberações inválidas, o direito à informação, etc., *quer direitos de carácter patrimonial,* como o direito aos lucros e quotas de liquidação, o direito de preferência na subscrição de novas acções, etc. – sem, contudo, atribuirem aos seus titulares direitos sobre os bens da sociedade. *"Bens de segundo grau"* (ASCARELLI), cujo valor depende do valor do património e da capacidade lucrativa da sociedade a que respeitam, *as acções conferem aos sócios direitos perante a sociedade mas não direitos sobre o património social* – este pertence à sociedade, pessoa jurídica colectiva.

([²]) *Vide* M. ETTIJANI, *La prise de contrôle d'une société par voie de cession d'actions,* 1980.

Ao quererem a alienação da PETROGAL por via da transmissão onerosa das acções as partes pretenderam a compra e venda da empresa explorada por essa sociedade. E é isso o que no caso em apreço sobressai, *do ponto de vista do tráfego e da vontade contratual*, como *o objecto do contrato unitário celebrado: uma organização complexa de pessoas e bens* – coisas, tanto corpóreas como incorpóreas, bens materiais e imateriais, direitos, dívidas, *goodwill*, situações de facto com relevo económico, etc. –, *uma autónoma unidade jurídico-económica organizada e exercida profissionalmente,* uma entidade *a se stante*.

Destarte deparamo-nos aqui com a interessante problemática geral da *empresa, uma especial coisa unitária incorpórea, como objecto de negócios* (³), *in casu* da compra e venda.

Inquestionavelmente, a *compra e venda de empresas é uma realidade crescente, ora de forma directa e imediata pela alienação do património social ou do estabelecimento, ora de forma indirecta e mediata através da cessão das participações sociais da sociedade exploradora da empresa.* Isto mesmo é reconhecido pela literatura jurídica em geral (⁴), especialmente pela literatura alemã, país onde o fenómeno tem sido muito estudado.

Assim, impressivamente, escreve MEDICUS:

"Para a aquisição de uma empresa são pensáveis dois caminhos: ou podem ser adquiridos os bens patrimoniais

---

(³) Cfr., por todos, ORLANDO DE CARVALHO, *Critério e estrutura do estabelecimento comercial*, I, O *problema da empresa como objecto de negócios*, Coimbra, 1967.

(⁴) Entre nós, além de ORLANDO DE CARVALHO, *Critério e estrutura, cit.*, vejam-se FERRER CORREIA/ALMENO DE SÁ, *Oferta pública de venda de acções e compra e venda de empresa* (Parecer), na "Colectânea de Jurisprudência", T. IV, 1993, p. 15 e segs.; JOÃO CALVÃO DA SILVA, *Compra e venda de empresas* (Parecer), na "Colectânea de Jurisprudência", T. II, 1993, p. 9 e segs.

O acórdão do Tribunal Arbitral, de 31 de Março de 1993, que julgou o caso a que respeitam os dois pareceres referidos, encontra-se publicado na "Revista de Legislação e de Jurisprudência", ano 126, p. 128 e segs., com anotações críticas de ANTUNES VARELA e de HENRIQUE MESQUITA (ano 127, p. 152 e segs).

(*Vermögensstücke*) da empresa ou as participações sociais de uma sociedade a que pertence a empresa" (⁵).

Do mesmo modo, e não menos impressivamente, pode ler-se em BEISEL/KLUMPP:

"A venda de uma empresa faz-se pela transmissão para o adquirente de participações sociais (acções, quotas, participações em sociedades de pessoas) ou pela transmissão de todos ou determinados bens económicos e obrigações (*Verbindlichkeiten*) de uma empresa, de uma universalidade" (⁶)(⁷).

A segunda modalidade – compra de uma empresa através da aquisição de participações sociais da sociedade que a explora – constitui prática corrente na vida dos negócios. Compreensivelmente, pois se a empresa pertence ao património ou constitui o património de uma sociedade, então a participação naquela pode ser obtida através de uma participação nesta, sem ser necessária a transmissão dos elementos do património da empresa. Ou seja, *o vendedor torna o comprador titular da empresa através da transmissão das participações sociais na sociedade que a explora* (⁸).

5. (Cont.): Critério

Saber se a compra e venda de participações sociais é *apenas* aquisição de direitos sociais ou *meio* de aquisição de

---

(⁵) D. MEDICUS, *Schuldrecht* II, 6.ª ed., 1993, p. 74.

(⁶) BEISEL/KLUMPP, *Der Unternehmenskauf* 2.ª ed., 1991, p 41, anotação 137.

(⁷) A *praxis* negocial conhece também a compra da firma (*Mantelkauf*) em que as participações sociais são vendidas sem a empresa explorada pela sociedade.

(⁸) Cfr. LARENZ, *Lehrbuch des Schuldrechts*, II/1, 13.ª ed., p. 169; MEDICUS, *Schuldrecht* II, *cit.*, p. 75; REINICKE/TIEDTKE, *Kaufrecht*, 3.ª ed., 1987, p. 231, *fine*, 232.

empresa e da posição de empresário depende da *vontade das partes e ponto de vista do tráfego*. É, pois, um *problema de interpretação do negócio jurídico celebrado* [9]: terão as partes querido transaccionar tão-somente acções e o correspondente feixe de direitos sociais nelas corporizado ou a sua vontade ter-se--á dirigido mesmo à transacção da própria empresa?

No primeiro caso, haverá compra e venda de acções; no segundo, compra e venda de empresa.

Acresce, por outro lado, como defendemos algures [10], *não ser necessária a aquisição de todas as acções da sociedade que explora a empresa* para esta poder constituir o objecto da compra e venda — *decisiva é a transmissão do domínio da empresa para outro dono* [11].

Noutros termos e em síntese: *para se poder falar de compra e venda de empresa urge, por um lado, que a vontade das partes configure a empresa como o objecto negocial, sendo a transmissão das acções o meio de concretizar esse intento, e , por outro, que o comprador obtenha o domínio da empresa ou a posição dominante na empresa.*

Conhecido o critério, *pretender fixar uma percentagem para delimitar e distinguir a compra e venda de acções da compra e venda de empresa seria formal e arbitrário* [12]. Mas como compra e venda de empresa deve ser tida a compra e venda de acções

---

[9] Cfr. Ferrer Correia/Almeno de Sá, *ob. cit.*, p. 19 e 20; Calvão da Silva, *ob. cit.*, p. 10; Hommelhoff, *Der Unternehmenskauf als Gegenstand des Rechtsgestaltung*, ZHR 1986, p. 272 e segs.; Larenz, *ob. cit.*, p. 169; Beisel/ /Klumpp, *Der Unternehmenskauf, cit.*, p. 238; Westermann, *Neure Entwicklungen der Verkäuferhaftung beim Kauf von Unternehmensbeteiligungen*, ZGR 1982, p. 55.

[10] João Calvão da Silva, *Compra e venda de empresas, cit.*, p. 10, especialmente nota 3, e supra, p. 140, nota 3.

[11] No mesmo sentido, Ferrer Correia/Almeno de Sá, *ob. cit.*, p. 19, *in fine*, p. 20.

[12] Cfr. Larenz, *ob. cit.*, p. 169; Staudinger, BGB, 12.ª ed., § 459, anotação 9; SOERGEL, BGB, 11.ª ed., Vor § 459, anotação 121; Beisel/ /Klumpp, *Der Unternehmenskauf, cit.*, p. 239.

A empresa como objecto de tráfico jurídico   179

quando aquela seja a vontade negocial e o comprador adquira a *totalidade ou uma quantidade tal de participações sociais que as restantes (quantité négligeable,* quantidade não significativa) *na titularidade do vendedor ou de terceiro não estorvem de modo decisivo o poder de disposição do adquirente sobre a empresa* ([13]). Equivale isto a dizer, por outras palavras, que *deve ter-se por compra e venda de empresa a transmissão de participação social que confira ao seu titular uma posição correspondente à de titular da empresa*([14]).

6. **Responsabilidade por vícios materiais da empresa.**

A vontade das partes que vier a ser apurada em sede interpretativa para fixar o sentido com que deve valer o contrato celebrado entre o Estado e a PETROCONTROL será, pois, decisiva para o regime jurídico a aplicar no caso da consulta.

Se se viesse a apurar que as partes se haviam cingido a querer tão-somente transmitir acções da PETROGAL e a fazer da PETROCONTROL um simples adquirente de participações sociais, estaríamos perante a compra de direitos sociais. Impor-se-ia, por conseguinte, averiguar se estaríamos perante *bens onerados,* a fim de responsabilizar o vendedor nos termos dos artigos 905.º e segs. do Código Civil, ou se haveria razões para a *impugnação por erro* – erro sobre as qualidades do objecto ou erro na base negocial – do contrato celebrado.

Porém, não se nos afigura que tenha sido essa a vontade das partes no caso vertente. Inversamente, tudo se conjuga,

---

([13]) Cfr. MEDICUS, *ob. cit.,* p. 75, citando o BGHZ 65, 246, 251 – esta decisão do Supremo Tribunal pode ver-se na NJW 1976, 236; PALANDT, *BGB,* 53.ª ed., 1994, *Vorbem v.* § 459, anotações 17 a 20; § 433, anotação 3; WIEDEMANN, *Die Haftung des Verkäufers von Gesellschaftsanteilen für Mängel des Unternehmens, in* Festschrif für Niepperdey, I, p. 836.

([14]) Mais amplamente, cfr. BEISEL/KLUMPP, *ob. cit.,* p. 238 e segs.

do ponto de vista do tráfego e da vontade das partes, para a compra e venda das acções da PETROGAL como meio de compra e venda da empresa explorada pela sociedade PETRÓLEOS DE PORTUCAL – PETROGAL, S. A.: por um lado, dentro do mais vasto processo de privatizações, é o Estado que quer entregar o sector petrolífero ao sector privado, corrigindo o movimento contrário da nacionalização da economia ocorrido na época revolucionária de 1975; por outro, é a PETROCONTROL que parece querer ocupar a posição de *novo dono* da PETROGAL, assumindo uma *posição dominante* na sociedade respectiva. É o que parece resultar do facto inequívoco de *o Estado querer alienar a PETROGAL até 90%, regulando desde já a transmissão de 51% do seu capital social a um só agrupamento*, destarte reduzido a comprador unitário não obstante ser constituído por múltiplas entidades. O objectivo parece claro: *transmitir a empresa para um novo dono, que passasse a dominá-la e a dirigi-la.*

Por seu turno, e em consonância com a vontade negocial do Estado vertida nos diplomas legais regulamentadores da reprivatização, o agrupamento vencedor – a PETRO-CONTROL – concluiria um *contrato unitário de aquisição dos 51%* do capital social: 25% desde logo, mais o compromisso de compra de 26% no prazo de três anos. Desta sorte, a *PETROCONTROL conseguiria uma posição dominante na empresa, que lhe permitiria dirigi-la e controlá-la.*

Se, como tudo leva a crer, vier a ser encontrado o resultado hermenêutico assinalado – o fim do contrato unitário celebrado não era o de mera alienação de acções mas sim o da *transmissão do domínio e direcção da empresa explorada pela PETROGAL, S. A.* –, não há dúvida alguma na *subsunção do caso ao regime jurídico da venda de coisas defeituosas previsto no artigo 913.º e segs. do Código Civil.*

A empresa como objecto de tráfico jurídico 181

Esta é igualmente e indubitavelmente a posição da doutrina alemã que, por um lado, considera a compra de empresa como compra de coisa (*Sachkauf*) – não obstante a definição de coisa pelo § 90 do BGB como (apenas) objecto corpóreo ([15]) – e, por outro, sempre que segundo o sentido e o fim do contrato a empresa como tal seja o objecto da compra aplica aos vícios de empresa as regras da venda de coisa defeituosa (§ 459 e segs. do BGB, correspondentes aos artigos 913.º e segs. do nosso Código Civil) ([16]).

7. (Cont.): Consequências jurídicas

Dispõe o artigo 913.º do Código Civil:
"1. Se a coisa vendida sofrer de vício que a desvalorize ou impeça a realização do fim a que é destinada, ou não tiver as qualidades asseguradas pelo vendedor ou necessárias para a realização daquele fim, observar-se-á, com as devidas adaptações, o prescrito na secção precedente, em tudo quanto não seja modificado pelas disposições dos artigos seguintes.

([15]) Cfr., por todos, PALANDT, *BGB*, anotações ao § 90.

(16) Cfr. MEDICUS, *ob. cit.*, p. 75; STAUDINGER, *BGB, cit.*, § 437, anotação 10, e § 459, anotação 9; PALANDT, *BGB, cit.*, § 433, anotação 3, Vor § 459, anotação 16; LARENZ, *ob. cit.*, p. 165 e segs.; HÜBER, *Mängelhaftung beim Kauf von Gesellschaftsanteilen*, ZGR 1972, p. 395 e segs.; HOMMELHOFF, ZHR 1976, p. 271 e segs.; HOMMELHOFF, *Die Sachmängelhaftung beim Unternehmenskauf*, 1975, p. 20 e segs.; WIEDEMANN, *ob. cit.*; REINICKE/TIEDTKE, *Kaufrecht, cit.*, p. 231 e segs.; SOERGEL, *BGB*, Vor § 459, anotações 118 e 149; BEISEL/KLUMPP, *ob. cit.*, p. 238 e segs.

Em sentido diferente são apontadas apenas as posições de BAUR, *Die Gewährleistungshaftung des Unternehmensverkäufers*, BB 1979, p. 381 e segs., que recorre à *culpa in contrahendo*, e de CANARIS, *Leistungsstörungen beim Unternehmenskauf*, ZGR 1982, p. 395 e segs., que recorre à *teoria da base negocial*.

2. Quando do contrato não resulte o fim a que a coisa vendida se destina, atender-se-á à função normal das coisas da mesma categoria".

Daqui resultam várias coisas ([17]).

Em primeiro lugar, o legislador *sujeita o vício e a falta de qualidade da coisa ao mesmo regime jurídico*, tornando sem interesse prático a discussão acerca da sua distinção.

Em segundo lugar, a lei acentua o carácter funcional do vício ou defeito — vício que desvaloriza a coisa ou impede a realização do fim a que se destina; falta das qualidades asseguradas, *garantidas* expressa ou tacitamente pelo vendedor, ou necessárias para a realização do fim a que se destina —, postergando a definição conceitual.

Em terceiro lugar, na determinação do defeito da coisa considera-se primeiramente o particular uso preestabelecido por contrato,atendendo ao fim tido em vista pelas partes. É a *concepção subjectiva-concreta* de defeito. Na sua falta ou em caso de dúvida, a inidoneidade da coisa é determinada "pela função normal das coisas da mesma categoria", uso habitual ou função que no ambiente económico-social é reconhecida ao bem em causa. É a *noção objectiva de defeito*. Nada impede, naturalmente, que o acordo das partes possa ser completado e integrado pelo padrão objectivo, numa *definição subjectiva--objectiva de defeito*.

Em quarto lugar, a lei não exige que os defeitos sejam ocultos para responsabilizar o vendedor.

Neste pano de fundo são vários os direitos que a lei concede ao comprador de coisas defeituosas.

Desde logo, *o direito à anulação do contrato por erro ou dolo*, verificados os respectivos requisitos de relevância exigidos

---

([17]) Cfr. JOÃO CALVÃO DA SILVA, *Responsabilidade civil do produtor*, Coimbra, 1990, p. 186 e segs.

pelos artigos 251.º (erro sobre o objecto do negócio) e 254.º (dolo). É o que resulta do artigo 905.º, por remissão do artigo 913.º.

Depois, o *direito à redução do preço*, se as circunstâncias "mostrarem que, sem erro ou dolo, o comprador teria igualmente adquirido os bens, mas por preço inferior" (art. 911.º, *ex vi* do art. 913.º).

Um terceiro direito reconhecido ao comprador, no caso de anulação do contrato, é o da *indemnização do interesse contratual negativo*, sendo, todavia, diferente o *quantum debeatur* consoante se trate de anulação por dolo ou erro (arts.908.º, 909.º e 915.º). O mesmo se diga para a hipótese de redução do preço, em que, contudo, não parece ser ilógica a reclamação do *dano in contractu* não "compreendido" ou não consumido no *dano in contrahendo* ([18]).

Além da anulação do contrato e da redução do preço, cumuláveis com a indemnização, o regime da venda de coisas defeituosas reconhece ainda ao comprador um quarto direito: o direito de exigir do vendedor a *reparação da coisa* ou, se for necessário e esta tiver natureza fungível, a substituição dela (art. 914.º), o qual mais não representa do que o direito ao exacto cumprimento do contrato.

Tudo isto mostra que o *legislador fundamenta a garantia edilícia num duplo pólo – o pólo do erro e o pólo do cumprimento inexacto ou defeituoso –*, configurando-a com uma natureza híbrida. A explicação possível para este dualismo assentará no facto de os vícios – vícios materiais ou vícios jurídicos – serem anteriores ou concomitantes da venda e se projectarem no futuro, no desenvolvimento e execução da relação obrigacional, perturbando ou rompendo o equilíbrio pres-

---

([18]) Desenvolvimentos podem ver-se na nossa *Responsabilidade civil do produtor*, *cit.*, p. 197 e segs.

tacional. Pelo que para o legislador há uma identidade de pressupostos de facto nas duas figuras, uma coincidência de *fattispecie* entre erro sobre o objecto e vícios da coisa vendida, a justificar a admissão da *concorrência electiva das acções de anulabilidade, de redução do preço e de exacto cumprimento.*

Ao conceber assim as coisas, o legislador português articula o pressuposto da garantia nas duas fases sucessivas do negócio jurídico ([19]): a *fase estipulativa*, em que o comprador adquire a coisa na errónea convicção de ser a mesma isenta de vícios; a *fase executiva*, em que a venda, não invalidada, não pode manter-se de pé sem correcções, como se não tivesse sido precedida e afectada na sua função económico-social por uma falsa representação da realidade no momento da sua formação. Por isso, a primeira é tutelada com a *anulabilidade* (*total ou parcial*) do contrato, em virtude de os vícios serem anteriores ou contemporâneos da formação do contrato, subsumíveis ao erro; já na segunda fase, a hipótese é considerada por lei como *cumprimento defeituoso*, em nome da necessidade de corrigir o desequilíbrio ou turbação no sinalagma funcional causado pela projecção daquele erro na aceitação da coisa defeituosa – supostamente isenta de vício pelo comprador e em regra pelo próprio vendedor – na fase dinâmica da realização do programa prestacional ou programa de cumprimento querido pelas partes.

8. Direitos da PETROCONTROL na compra de empresa defeituosa

A fim de averiguarmos os direitos da PETROCONTROL na hipótese de o resultado hermenêutico a apurar vir

---

([19]) Cfr. BAPTISTA MACHADO, *Acordo negocial e erro na venda de coisa defeituosa*, BMJ n.º 215; CALVÃO DA SILVA, *Responsabilidade civil do produtor, cit.*, p. 231 e segs.

A empresa como objecto de tráfico jurídico   185

a ser, como tudo o indica, o da compra e venda da empresa PETROGAL através da compra e venda de acções, importa saber se há e quais sejam os *vícios da empresa como tal, como unidade jurídico-económica*.

Segundo os elementos fornecidos pela consulente,

> "os novos elementos surgidos traduzem uma *empresa subs-tancialmente diferente daquela que fora anunciada* aquando da privatização e na qual os particulares interessados adquiri-ram 25% do capital social, comprometendo-se, nos ter-mos regulamentados, a adquirir mais 26%".

Essa diferença entre a PETROGAL anunciada e a PETRO-GAL real demonstra-a a consulente pelo

> "cotejo entre os *dados fornecidos* aos interessados, aquando da privatização, e os elementos oficiais aprovados pela empresa e devidamente auditados,e, ainda, certos ele-mentos oficiosos (...)".

As diferenças apuradas entre a PETROGAL anunciada e a PETROGAL real são seriadas pela consulente da seguinte forma: "diferenças entre os elementos fornecidos aos parti-culares interessados pelo Estado – isto é, o Prospecto – e a situação real da empresa, aquando da privatização; diferenças entre a evolução anunciada pelo Prospecto e a evolução veri-ficada após a privatização". Tudo isto porque, continua a consulente, "o Prospecto anunciava dados sem corres-pondência com a realidade". Assim:

- O défice do Fundo de Pensões anunciado no Prospecto era de 5.000.000 de contos, ao passo que o défice real ascendia a 11.700.000 de contos mais 6.600.000 de contos de provisão para pré-reformas;
- O volume de investimentos anunciado no Prospecto para 1991 e 1992 era de 32.000.000 e 51.000.000 de contos, sendo as cifras correctas de 44.000.000 e 70.000.000 de contos, respectivamente;

- A previsão no Prospecto de investimentos para 1993--1995 dá uma diferença da situação real de cerca de 74.000.000 de contos;
- A situação económico-financeira da empresa anunciada no Prospecto era de equilíbrio, contrariamente à situação real que obriga a novo e vultoso endividamento, estimando a consulente, como efeito acumulado durante esse período, que em 1995 esse aumento do endividamento atinja os 185 milhões de contos. *"As rendibilidades da empresa — prossegue a consulente — tornam-se, assim, muito baixas e são mesmo negativas, e o ratio da autonomia financeira* (...) vem implicar novas exigências de fundos próprios, num cenário muito desfavorável para os sócios e que estava totalmente ausente do Prospecto". "Estas novas exigências de fundos próprios totalizam 109 milhões de contos no período de 1993 a 1996."

Verdadeiramente, o chamado Prospecto é obrigatório nas Ofertas Públicas de Subscrição. É o que resulta do disposto no artigo 143.º do Código do Mercado de Valores Mobiliários, aprovado pelo Decreto-lei n.º 142-A/91, de 10 de Abril. Prospecto que tem de ser devidamente aprovado pela Comissão do Mercado de Valores Mobiliários como documento integrante do registo da emissão. E segundo o disposto no artigo 144.º do mesmo Código, o Prospecto deve conter:

"1 – Toda a informação (...) razoavelmente necessária para que os investidores possam formular um juízo fundamentado sobre as actividades, o património, a situação financeira, os resultados, as perspectivas e as demais características relevantes da entidade emitente (...) e fiquem habilitados a avaliar adequadamente o investimento que lhes é proposto e o risco por ele envolvido.

2 – A informação constante do prospecto deve ser verdadeira, completa, objectiva, tecnicamente precisa, adequadamente sistematizada, exposta de forma clara e expressa em linguagem acessível aos investidores a que se destinam".

Por sua vez, o artigo 153.º do mesmo Código ordena a publicação de um *Prospecto complementar*

"sempre que (...) depois de elaborado o Prospecto e até à data do encerramento da oferta pública de subscrição ocorra qualquer facto novo, ou se tome conhecimento de qualquer facto anterior não considerado no prospecto, de alterações sensíveis dos factos ou situações em que este se baseou, ou, ainda, de inexactidões significativas na informação que dele consta, e tais factos, alterações ou inexactidões forem susceptíveis de influir de maneira relevante na avaliação da entidade emitente e do investimento pelo público".

No caso da consulta presente não se trata de Oferta Pública de Subscrição – *a reprivatização da PETROGAL é feita por concurso público*. Daí a Resolução 3/92 do Conselho de Ministros, que aprova o caderno de encargos, falar apenas de *"um folheto informativo"* a obter gratuitamente pelos interessados junto da PETROGAL (art. 8.º, n.º 1). E o n.º 2 do mesmo artigo 8.º é que prevê a possibilidade de os concorrentes interessados solicitarem à PETROGAL, contra o depósito de 50.000.000$, um conjunto de documentação de natureza confidencial, constituído, entre outros, pelos relatórios das instituições que procederam à sua auditoria e avaliação". Foi isto o que fez a PETROCONTROL.

Apesar de tudo, apesar de no caso presente não estar em causa um Prospecto *sensu proprio*, mesmo assim os *princípios enformadores* da matéria não podem deixar de ser aplicados *in casu*, uma vez que foram prestadas informações equivalentes.

Neste mesmo sentido veja-se, de resto, o artigo 97.º do mesmo Código, segundo o qual

"a *informação* obrigatória ou *facultativa, fornecida ao público, sob qualquer forma (...) deve conformar-se com princípios rigorosos de licitude, veracidade, objectividade, oportunidade e clareza*" (n.º 1),

não podendo, nomeadamente

"pela insuficiência, inexactidão ou falsidade da informação que divulguem, pela falta de rigor ou de fundamento objectivo dos indicadores, previsões ou juízos de valor que dela façam constar (...), pela sua falta de actualidade ou de oportunidade (...) *induzir o público em erro* sobre a realidade dos factos, situações, actividades, resultados, negócios, perspectivas, valores, taxas de rendimento ou de valorização de capital investido ou quaisquer outras matérias que sejam objecto dessa informação".

Seja, pois, por deveres específicos de informação – aplicação analógica das regras legais do Prospecto –, *seja pela obrigação legal de informação* (art. 485.º, n.º 2, do Código Civil) [20], *seja pelo dever geral de informar decorrente da boa fé in contrahendo* (art. 227.º do Código Civil), *a PETROCONTROL tem direito à indemnização dos danos adequadamente resultantes de informação incompleta, inexacta ou mesmo falsa acerca da empresa que comprou.*

Por outro lado, foi em face dos dados constantes da informação prestada que a PETROCONTROL tirou o retrato da PETROGAL. O mesmo equivale a afirmar que o *conteúdo informativo constante dos elementos fornecidos para que os concorrentes pudessem decidir-se a contratar com exacto e verídico conhecimento de causa integra a noção subjectiva-concreta de defeito* prevista no n.º 1 do artigo 913.º do Código Civil. Assim, *informações sobre o*

---

[20] Cfr. SINDE MONTEIRO, *Responsabilidade por conselhos, recomendações ou informações*, 1989, p. 325 e segs.; ANTUNES VARELA, anotação ao Acórdão do Supremo Tribunal de Justiça de 13-02-85, "Rev. Leg. Jur.", 123, p. 63 e segs.

património, a situação económico-financeira, os resultados, as perspectivas de evolução, conclusões do estudo da viabilidade económica e financeira, volume de negócios, rendibilidade e capacidade lucrativa da empresa, se não forem verídicas, exactas ou completas não podem deixar de subsumir-se na noção concreto-subjectiva de defeito: a empresa como tal, no seu todo, sofre de vício que a desvaloriza e não tem as qualidades asseguradas pelo vendedor no quadro informativo prestado. Porque não podemos esquecer que esse quadro informativo esteve na base da proposta apresentada pela PETROCONTROL, proposta essa que com a sua aceitação pelo Estado, através da Resolução do Conselho de Ministros, "consubstanciam o contrato celebrado" (art. 28.º da Resolução n.º 3/92 do Conselho de Ministros), o *vendedor – in casu*, o Estado, que até fixou o preço-base de 1.700$00 por acção – *responde segundo o regime legal estatuído para as coisas defeituosas, já que aquele quadro informativo respeita ao estado material da empresa.*

No mesmo sentido pode ver-se a literatura alemã. Impressivamente, escrevem REINICKE/TIEDTKE:

> "Qualidades são (...) as relações fácticas, económicas, sociais ou jurídicas da empresa com o "ambiente" (*Umwelt*) que pela sua natureza e duração influam no préstimo ou valor da empresa" [21] [22].

Teoricamente, a PETROCONTROL poderá ter *direito à anulação do contrato* por erro ou dolo, desde que no caso se verifiquem os *requisitos legais da anulabilidade*. Na dogmática jurídica que presidiu ao pensamento legislativo subjacente ao regime da garantia edilícia há erro-vício, dada a representação inexacta ou ignorância de vários elementos da empresa. Para isso teria a PETROCONTROL de provar a *essencialidade* do erro, isto é, que sem esse erro não teria de modo algum

---

[21] REINICKE/TIEDTKE, *Kaufrecht, cit.*, p. 234;

[22] Exactamente no mesmo sentido, cfr. STAUDINGER, *BGB*, anotação 42 ao § 459.

comprado a empresa. Reconheçamos, todavia, que esse direito se confina a casos graves ([23]), nomeadamente quando o vício da empresa resulta de vício do elemento ou elementos principais constitutivos da mesma, a ponto de a impedirem de realizar o fim a que se destina.

Mais verosímil é já a hipótese de *o erro ser só parcialmente essencial*, melhor, *incidental*: sem ele a PETROCONTROL teria adquirido a empresa, mas por preço mais baixo. Se a PETROCONTROL tivesse o exacto conhecimento da empresa, teria firmado o contrato noutros termos; a desvalorização da empresa é tão significativa que, no fundo, afecta um motivo determinante do negócio: a adquirente quando comprou por aquele preço fê-lo na convicção de ser esse o valor real da empresa, em face do retrato supostamente fidedigno que dela davam a avaliação e os elementos informativos fornecidos; e a adquirente não teria comprado por preço tão alto, se estivesse devidamente esclarecida acerca dos *elementos viciados que tornam o todo – a empresa – defeituoso*.

Essencialidade parcial ou incidental essa que o vendedor não devia ignorar. Ou seja: não se exige o conhecimento do erro pelo vendedor; basta que este conhecesse ou não devesse ignorar a essencialidade, para o declarante, do elemento sobre que incide o erro (art. 247.º, *ex vi* do art. 251.º do Código Civil).

Ora é *legítimo supor que o vendedor não ignorava a essencialidade para a PETROCONTROL do valor da empresa resultante da avaliação e da informação facultada*, pelo que, se o preço acabou por revelar-se *sobrevalorizado, o negócio deverá fazer-se valer nos mesmos termos em que teria sido concluído sem o erro*. E isto quer na hipótese de erro consumido nos artigos 913.º-905.º, quer na

---

([23]) Neste sentido, para a resolução (*Wandelung*) da compra de empresa, cfr. HOMMELHOF, *Sachmängellhaftung beim Unternehmenskauf, cit.*, p. 109 e segs.; HÜBER, ZHR, 1972, p. 416 e segs.; SOERGEL, *BGB, cit.*, anotação 137 ao Vor § 459; BEISEL/KLUMPP, *ob. cit.*, p. 248.

hipótese de erro autónomo (arts. 251.º e 247.º), já que *a redução do preço previsto no artigo 911.º não passa de afloramento do regime geral do erro relativamente essencial ou do erro incidental* [24].

O segundo requisito geral de relevância do erro-vício – a *propriedade* – também se verifica, pois incide sobre uma circunstância que não é a verificação de qualquer elemento legal da validade do negócio [25].

Estarão assim preenchidos os requisitos da relevância do erro sobre as qualidades do objecto – com culpa ou sem culpa, não importa –, nas quais se incluem a respectiva constituição material e aquelas condições factuais e jurídicas que, pela sua natureza e duração, influem no valor ou no préstimo desse objecto [26]. É o que poderá acontecer precisamente no caso vertente com os *elementos factuais supra* assinalados [27], não anunciados em termos exactos e transparentes, a influir no valor da empresa vendida se a desvalorizar em termos tão significativos com que a PETROCONTROL não podia legitimamente contar. Logo, nesse caso *o direito à redução do preço será inquestionável, tanto ex vi dos artigos 905.º-911.º-913.º, como pelo regime do erro autónomo.*

Erro-vício sobre as qualidades da empresa e não já o erro na base negocial previsto no n.º 2 do artigo 252.º do Código Civil. Repare-se que *o artigo 252.º regula o erro sobre os motivos que não se refiram à pessoa do declaratário nem ao objecto do negócio.* Trata-se, pois, de uma noção residual, como é sublinhado pela doutrina [28], definido por via negativa. Logo, o n.º 2 do mesmo artigo 252.º estabelece um certo regime especial para determinados casos de erro sobre os motivos determinantes

---

[24] Sobre o erro incidental, cfr. MANUEL DE ANDRADE, *Teoria geral da relação jurídica*, II vol., p. 238; MOTA PINTO, *Teoria geral do direito civil*, Coimbra, 1985, p. 509 e 510.

[25] MANUEL DE ANDRADE, *ob. cit.*, p. 239; MOTA PINTO, *ob. cit.*, p. 510.

[26] MANUEL DE ANDRADE, *ob. cit.*, p. 251.

[27] Cfr. p. 185, 186, 189.

[28] Cfr., por todos, MOTA PINTO, *ob. cit.*, p.514.

da vontade, *os quais, porém, não se referem nem à pessoa do declaratário nem ao objecto do negócio.*

Ora acabámos de ver, com o autorizado MANUEL DE ANDRADE, que quer as condições jurídicas quer as *condições factuais que pela sua natureza, duração e quantitativo influem no valor ou no préstimo do objecto são de designar como qualidades do objecto* ([29]). E mesmo que se aceitasse a hipótese argumentativa de erro na base negocial subjectiva, a remissão para o artigo 437.º limitar-se-ia aos requisitos aí previstos, não já à resolução propriamente dita: a sanção seria a da anulabilidade (total ou parcial, conforme o erro fosse essencial ou incidental), uma vez que o vício seria anterior ou contemporâneo da formação do negócio. Por isso mesmo, a PETROCONTROL continuaria a gozar do prazo de caducidade previsto no artigo 287.º do Código Civil para pedir a anulação do contrato. Inversamente, já é de admitir *a aplicação directa do artigo 437.º do Código Civil por alteração das circunstâncias ou base negocial objectiva, aqui representada pelas alterações legislativas supervenientes* consequentes à aprovação da localização da EXPO 98 em Cabo Ruivo, se se entender que a indemnização por expropriação não consome a indemnização, *devendo para o efeito ter-se o contrato por não integralmente cumprido em virtude de faltar ainda o cumprimento do compromisso de compra e venda dos 26%.*

Com a anulação do contrato ou com a redução do preço é cumulável o *direito à indemnização* pelos danos sofridos.

No caso de anulação do contrato por dolo, o interesse contratual negativo indemnizável abrange quer os danos emergentes quer também os danos cessantes, determinados segundo o disposto nos artigos 564.º e segs. (art. 908.º, *ex vi* do art. 913.º); *já no caso de anulação por erro,* o artigo 915.º exonera da respon-

---

([29]) MANUEL DE ANDRADE, *ob. cit.*, p. 251.

sabilidade, inclusivamente pelos danos emergentes previstos no artigo 909.º, o vendedor que provar desconhecer sem culpa o vício ou a falta de qualidade de que a coisa padece.

No caso de redução do preço, a indemnização cumulável (art. 911.º) é não só o interesse contratual negativo, nos termos previstos nos artigos 908.º, 909.º e 915.º, mas também o dano *in contractu* não consumido ou não compreendido no dano *in contrahendo*, de modo a colocar a PETROCONTROL na situação em que estaria se o contrato tivesse sido exactamente cumprido ([30]).

9. **Direitos da PETROCONTROL na simples compra de acções**

Admitamos agora que o resultado hermenêutico do contrato a apurar era o de uma simples aquisição de acções. *Nesse caso teríamos uma compra de direitos sociais (Rechtskauf) e não a compra de uma coisa (Sachkauf).*

Os vícios apontados *supra* ([31]) pela consulente não preencheriam os previstos pelo artigo 905.º do Código Civil. Ou seja: *não se poderia falar de venda de bens onerados, porquanto o Estado teria proporcionado à PETROCONTROL a titularidade livre e desonerada dos direitos sociais transmitidos e incorporados nas acções — a adquirente teria recebido as acções tal como deveria tê-las recebido, sem vícios jurídicos, vícios do direito ou vícios em direito (Rechtsmängel) a onerá-las ou limitá-las.*

Como é sabido, a função do artigo 905.º do Código Civil é a de obrigar o vendedor a entregar ao comprador o

---

([30]) Cfr. CALVÃO DA SILVA, *Responsabilidade civil do produtor, cit.*, p. 198 e 199.

([31]) Cfr. nota (27).

objecto vendido livre de direitos que contra este possam ser feitos valer por terceiros. E funda-se esse dever de prestação na ideia de que o preço da compra visa não só a propriedade, mas também os correspondentes e naturais poderes de uso, de fruição e de disposição da coisa (*ius utendi, fruendi et abutendi*). Pelo que se assim não acontecer e houver qualquer ónus ou limitação que exceda os limites normais inerentes aos direitos da mesma categoria abstracta, ónus ou limitação desconhecido do comprador e que contra ele possa ser exercido por terceira pessoa impedindo ou limitando o uso e disposição normal do objecto, verificar-se-á o *conceito objectivo de vício do direito ou vício em direito.*

Quanto ao *âmbito de aplicação* do artigo 905.°, nele cabem não só a compra de *coisa* mas toda a espécie de objectos de compra, focando a literatura alemã, a propósito do preceito paralelo (§ 434), expressamente a *compra de acções de sociedade, a empresa e títulos de valor*[32].

Atendendo mais ao significado prático, pode dizer-se que o âmbito clássico de aplicação do artigo 905.° são os direitos privados de terceiros que onerem o objecto vendido e sejam eficazes perante o comprador. O que abrange, naturalmente, os *direitos reais limitados de gozo e as garantias reais.*

Mas não só. *Devem considerar-se igualmente abrangidos os próprios direitos de crédito com eficácia real e que sejam, por conseguinte, eficazes perante o comprador.* Serão os casos não só do *arrendamento,* como ainda de *preferência legal ou preferência convencional com eficácia real,* e do *contrato-promessa com eficácia real, bem como de cláusulas de concorrência e de inalienabilidade com eficácia real.*

O decisivo não é a natureza jurídica do direito de terceiro, mas a sua eficácia perante o comprador.

---

[32] Cfr. STAUDINGER, BGB, *cit* , § 434, anotação 3; Münchener Kommentar, BGB, *cit.,* § 434, anotação 6.

Consequentemente, *todos os direitos que confiram a terceiros pretensões contra o comprador e que este desconheça no momento da compra caem no âmbito de aplicação do artigo 905.º. E isto quer o terceiro seja uma pessoa estranha à relação de compra e venda, quer seja o próprio vendedor ou até mesmo o comprador* [33].

A *ratio legis* é a de entregar ao comprador o direito com as faculdades que lhe são naturais, livres de quaisquer ónus ou limitações que vão além dos *limites legais normais* inerentes ao direito da categoria do transmitido [34]. Se isso não acontece, porque algum direito, ónus ou limitação com eficácia real pertencente ao *próprio vendedor ou mesmo ao comprador, mas só se com desconhecimento deste,* onera ou limita o direito transmitido, o regime do artigo 905.º e segs. deve aplicar-se, tendo em conta a finalidade da própria lei. Repare-se que se ao comprar a coisa o comprador desconhece a existência de um seu direito menor sobre ela, o preço acordado pelas partes foi-o em atenção a um objecto supostamente livre de ónus ou limitações. Por isso, o comprador deve poder agir contra o vendedor como actuaria se esse ónus ou limitação pertencesse a terceiro *tout court,* no campo da responsabilidade por vícios jurídicos da coisa [35].

No caso em apreço, não haveria venda de bens onerados, pois as acções adquiridas não sofreriam de *vícios jurídicos* que pudessem ser feitos valer por um terceiro contra a PETROCONTROL.

Mas isso não significaria que a PETROCONTROL não pudesse responsabilizar o vendedor a outros títulos.

---

[33] Cfr. SORGEL, BGB, *cit.,* § 434, anotações 14 e 15.

[34] Cfr. PIRES DE LIMA e ANTUNES VARELA, *Código Civil anotado,* vol. II, 3.ª ed., 1986, anotação 1 ao art. 905.º; SOERGEL, BGB, *cit.,* § 434, anotações 11 e 17 e segs.. Porém, *essas limitações legais podem relevar nos domínios do erro do comprador ou do dolo do vendedor.*

[35] Cfr. CALVÃO DA SILVA, *Compra e venda de empresas, cit.,* p. 12 e segs. No mesmo sentido, FERRER CORREIA/AMENO DE SÁ, *ob. cit.*

Desde logo pela via do *erro sobre as qualidades do objecto* (art. 251.º do Código Civil), demonstrados os requisitos de anulabilidade respectivos ([36]).

Depois pela *inobservância do dever de informação*, seja de deveres específicos de informação, seja do dever legal de informar (art. 485.º, n.º 2, do Código Civil),seja do dever geral de informação e esclarecimento decorrente do princípio da boa fé na negociação e conclusão dos contratos (art. 227.º do Cód. Civil) ([37]).

CONCLUSÕES

De tudo quanto se explanou resulta:

I – O objectivo confesso do Estado é a reprivatização até 90% da PETROGAL (art. 1.º, n.º 1, do Dec.-lei n.º 353/91)

II – De imediato, o Estado quer reprivatizar já 51% do capital social da PETROGAL, *em bloco e numa operação conjunta* com um só agrupamento; 25% (subscrição de 19.000.000 de acções representativas de um aumento de capital; aquisição de 5.000.000 de acções pertencentes ao Estado) mais 26% (compromisso de compra ao Estado de 24.960.000 de acções, no prazo de três anos)

([36]) Cfr. p. 189 e segs.

([37]) Cfr. p. 187 e 188. A culpa na formação do contrato é, de resto, a via seguida na Alemanha pelo Supremo Tribunal, que em certos casos dá uma noção restritiva de "defeitos" de empresa para os subtrair à aplicação do § 459 e segs. do BGB, dado o prazo excessivamente curto de caducidade previsto no § 477, assim protegendo o comprador. Cfr., por todos, REINICKE/TIEDTKE, *ob. cit.*, p. 235, autores que defendem a não aplicação da "prescrição breve" à venda de coisas incorpóreas.

A empresa como objecto de tráfico jurídico   197

– cfr. arts. 2 e 10 do Dec.-lei n.º 353/91 e arts. 2.º e 31.º da Resolução n.º 3/92.

III – O sentido e fim último do contrato celebrado é a transferência da PETROGAL para um novo dono: a PETROCONTROL compra a empresa através da aquisição de 51% das acções representativas do capital social da sociedade que a explora.

IV – A responsabilidade do Estado por vícios materiais da empresa e correspondentes direitos da PETROCONTROL (art. 913.º e segs. do Código Civil).

V – No caso de o objectivo do contrato ter sido apenas o da compra e venda de acções, a PETROCONTROL poderá responsabilizar o Estado pela via do erro sobre as qualidades do objecto (art.251.º do Cód. Civil), e pela inobservância do dever de informação, seja de deveres específicos de informação, seja do dever legal de informar (art. 485.º, n.º 2, do Cód. Civil), seja do dever geral de informação e esclarecimento decorrente do princípio da boa fé na negociação e conclusão dos contratos,previsto e disciplinado no artigo 227.º do Código Civil.

Tal é o meu parecer

Coimbra, Março de 1994

CALVÃO DA SILVA

VIII
OFERTA PÚBLICA DE AQUISIÇÃO (OPA): OBJECTO

CONSULTA

É-nos formulada a seguinte consulta:

I – O Banco Comercial Português, S.A. fez publicar anúncio preliminar de oferta pública de aquisição sobre acções do Banco Português do Atlântico, S.A. do seguinte teor:

"ANÚNCIO PRELIMINAR DE LANÇAMENTO PELO BANCO COMERCIAL PORTUGUÊS, S.A., DE UMA OFERTA PÚBLICA DE AQUISIÇÃO DE 44.000.000 ACÇÕES REPRESENTATIVAS DE 40% DO CAPITAL SOCIAL DO BANCO PORTUGUÊS DO ATLÂNTICO, S.A.

Nos termos do disposto nos artigos 534.º, 535.º, 546.º e 556.º do Código do Mercado de Valores Mobiliários, torna-se pública a decisão de lançamento pelo Banco Comercial Português, S.A., de uma oferta pública de aquisição de 44.000.000 (quarenta e quatro milhões) de acções representativas de 40% do capital social da sociedade comercial cotada Banco Português do Atlântico, S.A., nas seguintes condições gerais:

> 1.º – O oferente é a sociedade cotada Banco Comercial Português, S.A., sociedade anónima com sede na Rua Júlio Dinis, 705/719, no Porto, pessoa colectiva número 501 525 882, e registada na Conservatória do Registo Comercial do Porto, sob o número 40.043, com o capital social integralmente realizado de 109.686.000.000$00.

2.º – A sociedade visada é a sociedade Banco Português do Atlântico, S.A., sociedade anónima com sede em Praça D. João I, 28, no Porto, pessoa colectiva número 500 697 477, matriculada na Conservatória do Registo Comercial do Porto sob o número 01/790910, com o capital social de 110.000.000.000$00.

3.º – O intermediário financeiro que se encarregará de todas as tarefas relacionadas com a organização e execução da presente oferta é o CISF – Banco de Investimento, S.A., com sede na Avenida José Malhoa, Lote 1686, em Lisboa, com o capital social integralmente realizado de 10.000.000.000$00, matriculado na Conservatória do Registo Comercial de Lisboa sob o número 59 521, pessoa colectiva número 501 451 250.

4.º – São objecto da oferta 44.000.000 (quarenta e quatro milhões) de acções ordinárias, com o valor nominal de 1.000$00 cada, cotadas no mercado oficial da Bolsa de Valores de Lisboa (mercado contínuo nacional), representativas de 40% do capital social da sociedade visada Banco Português do Atlântico, S.A..

5.º – A contrapartida oferecida é em numerário, sendo fixada em Esc. 3.000$00 (três mil escudos) por acção.

6.º – O número de acções referido no ponto 4.º representa a quantidade máxima que o oferente se obrigará a adquirir.

Se, porém, as acções da sociedade visada abrangidas pelas aceitações ultrapassarem o referido máximo fixado pelo oferente, este reserva-se, nos termos e com os limites do n.º 4 do artigo 546.º do Código do Mercado de Valores Mobiliários, o direito de

Oferta Pública da Aquisição (OPA): objecto 201

adquirir a totalidade ou parte dos valores mobiliários em excesso.

7.º – Como limite mínimo da oferta, o oferente propõe-se adquirir 41.800.000 (quarenta e um milhões e oitocentas mil) acções, correspondentes a 38% do capital social da sociedade visada, pelo que a oferta fica condicionada à sua aceitação por pessoas que no seu conjunto alienem as acções necessárias ao preenchimento de tal limite mínimo.

8.º – Conforme constará da nota informativa da oferta, é propósito essencial do oferente, no contexto do mercado financeiro europeu e do necessário redimensionamento do sistema financeiro português que a respectiva abertura e acréscimo de competitividade implicam, dar concretização a uma via de crescimento por consolidação de uma posição em outra instituição, possibilitando uma base financeira mais alargada e potencialmente mais racional e a obtenção de uma dimensão crítica indispensável para fazer face às grandes instituições que operam naquele mercado alargado, preservando simultaneamente a sede nacional de decisão estratégica e o respeito pela marca e cultura de cada instituição.

9.º – Para além das demais hipóteses legais, a oferta poderá, conforme for o caso, deixar de ser lançada por decisão do oferente ou por este retirada, nos termos das disposições conjugadas dos artigos 534.º, n.º 3, alínea *a*), 546.º, n.º 1, alínea *m*), e 576.º, n.ºs 1, alínea *a*), e 2, alínea *a*), todos do Código do Mercado de Valores Mobiliários, ocorrendo deliberação da assembleia geral da sociedade visada (ou estando, no segundo dia útil que preceda o dia do termo do prazo da oferta, convocada ou marcada, para aquele dia ou qualquer data subsequente, assembleia cuja ordem de trabalhos abranja ou na qual se possa vir a abranger tal deliberação) cujo conteúdo envolva emissão de valores mobiliários previstos no artigo 523.º, n.º 1, do Código do Mercado de Valores Mobiliários (acções, obrigações e outros valores mobiliários convertíveis em acções e obrigações e outros valores mobiliários que confiram o direito à subscrição de acções ou à sua aquisição a qualquer título), dissolução, fusão e cisão da sociedade ou acordos para esse efeito, alteração de estatutos, distribuição de reservas ou amortização de acções.

10.º – O lançamento da oferta fica condicionado ao respectivo registo na Comissão do Mercado de Valores Mobiliários nos termos do disposto no artigo 538.º do Código do Mercado de Valores Mobiliários e à obtenção tempestiva dos actos e autorizações administrativas legalmente necessários para a realização da operação, nomeadamente:

– Não oposição do Banco de Portugal, nos termos previstos nos artigos 102.º e 103.º do Regime Geral das Instituições de Crédito e Sociedades Financeiras aprovado pelo Decreto-Lei n.º 298/92, de 31 de Dezembro.

– Autorização do Ministro das Finanças, nos termos do artigo 4.º do Decreto-Lei n.º 380/93, de 15 de Novembro.

Lisboa, 26 de Julho de 1994."

II – Por determinação da CMVM, o anúncio foi rectificado quanto ao ponto 10.º, nos termos seguintes:

Dando cumprimento a determinação da CMVM, esclarece-se, relativamente ao anúncio preliminar em referência, publicado nos jornais «Público» e «Diário de Notícias" de 27.07.94 e no Boletim da Bolsa de Valores de Lisboa, de 26.07.94, o seguinte:

A condição mencionada no n.º 10 do anúncio preliminar, relativa à não oposição do Banco de Portugal, não impede o lançamento da oferta se até ao momento em que este ocorra o oferente não tiver sido notificado de oposição expressa, e tem natureza resolutiva após o lançamento da oferta, considerando-se desde já que a oferta fica retirada se até ao termo do prazo da oferta, cumulativamente:

a) O Banco de Portugal não houver notificado o oferente da sua não oposição,

b) Não se tiver esgotado o prazo legal para o Banco de Portugal notificar o oferente da sua oposição.

III – Em 28 de Março de 1994, a assembleia geral do BPA deliberou um aumento de capital, por entradas em dinheiro e reservada aos accionistas, de 100 para 110 milhões de contos. A subscrição decorreu de 17 de Junho a 1 de Julho de 1994. O prospecto relativo à oferta pública de subscrição referia (em conformidade aliás com o disposto no artigo 171.º, n.º 1, alínea a) do Código do Mercado de Valores Mobiliários) que, *«até ao final do período de entrega de ordens de subscrição, será solicitada a admissão simultânea às Bolsas de Valores de Lisboa e do Porto das acções emitidas, tendo em vista o cumprimento das disposições legais em vigor»*. E, efectivamente, o Boletim da Bolsa de Valores de Lisboa de 4 de Julho de 1994 anunciava que o pedido havido sido feito.

À data em que foi publicado o anúncio preliminar, o aumento de capital não se encontrava registado e, quanto se sabe, continua a não o estar. Ignora-se se foi ou não lavrada escritura pública.

Em face do exposto, solicita-se o douto parecer de V. Ex.ª a respeito dos seguintes pontos:

1.º – Pode considerar-se que a qualidade de «cotados» dos valores mobiliários integra a sua natureza ou categoria a que alude a alínea *d*) do n.º 1 do artigo 546.º do Código do Mercado de Valores Mobiliários?

2.º – No caso de resposta negativa e supondo, para mero efeito de raciocínio, que a menção constante do n.º 4 do Anúncio Preliminar junto, traduzida nas palavras «cotadas no mercado oficial da Bolsa de Valores de Lisboa (mercado contínuo nacional)" fosse entendida como uma condição da oferta, e não como uma mera referência descritiva no sentido de que se trata de sociedade cotada, pode o oferente, em conformidade com o disposto no n.º 3 do artigo 534.º do Cód. MVM, prescindir dessa menção no anúncio definitivo?

3.º – Estando, à data da publicação do anúncio preliminar da oferta, deliberado e totalmente subscrito o aumento de capital para 110.000.000.000$00 da sociedade visada, requerida a admissão à cotação das 10.000.000.000 de novas acções escriturais dele resultantes pode legalmente o oferente referir-se a estas acções como objecto da oferta que virá a lançar?

4.º – Pode o oferente, no anúncio definitivo, e no que toca às acções objecto de oferta, e ao mínimo para o qual esta vale, limitar-se a referir, respectivamente, 44 milhões e 41,8 milhões de acções ordinárias? E pode o anúncio de lançamento da oferta, se à data da sua publicação o aumento de capital de que

Oferta Pública da Aquisição (OPA): objecto 205

resultam as novas 10.000.000 de acções ainda não estiver registado, abrangê-las condicionalmente como objecto da oferta, para a hipótese de durante o período da oferta e até ao termo do prazo para a sua aceitação as novas acções virem a preencher os requisitos de negociabilidade?

5.º – As «condições resolutivas da oferta» podem funcionar, conforme se refere no n.º 9 do anúncio preliminar, como fundamentos do direito de não lançar a oferta ou de a retirar?

6.º – Pode o oferente, no anúncio definitivo, restringir tais condições, nomeadamente no que toca ao tipo de alterações estatutárias relevantes?

7.º – São essas condições, e em particular aquela que se encontra indicada entre parêntesis, fundadas à luz do n.º 6 do artigo 546.º do Cód. MVM, tendo em conta nomeadamente o disposto nos artigos 54.º, 68.º, n.ᵒˢ 2 e 3, 69.º, n.º 1, 65.º, n.º 4, 570.º, n.º 5, 572.º e 574.º do Cód. MVM, nos n.os 3 e 4 do artigo 9.º dos estatutos do BPA e art. 378.º do Código das Sociedades Comerciais?

8.º – É legal a condição resolutiva relativa ao Banco de Portugal após a rectificação do anúncio preliminar determinado pela CMVM?

PARECER

SUMÁRIO: 1 – *Noção de Oferta Pública de Aquisição (OPA). 2 – Significado e importância da OPA. 3 – Liberdade condicionada da OPA. 4 – Classificação da OPA. 5 – Objecto da OPA – O Anúncio Preliminar. 6 – Objecto da OPA – O Anúncio Definitivo. 7 – Condição do limite mínimo de acções. 8 – Cláusula resolutiva ou revogatória. 9 – Legalidade da condição relativa à não oposição do Banco de Portugal.*

1. Noção de Oferta Pública de Aquisição (OPA)

A matéria sobre que somos consultados respeita às chamadas *Ofertas Públicas de Aquisição* (OPA) de valores mobiliários ([1]), reguladas especificamente nos arts. 306.º a 315.º do Código das Sociedades Comerciais, aprovado pelo Decreto-Lei n.º 262/86, de 2 de Setembro, e nos arts. 523.º a 584.º do Código do Mercado de Valores Mobiliários, aprovado pelo Decreto-Lei n.º 142-A/91, de 10 de Abril ([2])([3])([4]).

([1]) As Ofertas Públicas de Aquisição (OPA) e a Oferta Pública de Venda (O.P.V.) – OPV regulada nos arts. 585.º a 606.º do Decreto-Lei n.º 142-A/91 – constituem as modalidades das *Ofertas Públicas de Transacção* disciplinadas no Título IV do Código do Mercado de Valores Mobiliários.

([2]) No quadro normativo das OPA há que ter ainda em conta os *Regulamentos* emitidos pela Comissão do Mercado de Valores Mobiliários (art. 14.º, n.º 1, al. *b)*, do Dec.-Lei n.º 142-A/91), que tem como atribuições a regulamentação, supervisão, fiscalização e promoção dos mercados de valores mobiliários (arts. 9.º e segs. do mesmo diploma legal).

([3]) Para a disciplina anterior, cf. o Decreto-Lei n.º 23/87, de 13 de Janeiro, e a Portaria n.º 422-A/88, de 4 de Julho, ambos revogados expressamente pelo Decreto-Lei n.º 142-A/91.

([4]) São do Código do Mercado de Valores Mobiliários os artigos citados ao longo da exposição sem referência a diploma legal.

Numa definição enxuta, e olhando designadamente aos arts. 523.º, 524.º e 550.º, a *OPA caracteriza-se por ser uma oferta ou proposta contratual feita publicamente, por igual, aos detentores de acções (ou outros valores mobiliários que confiram direito a acções) de uma sociedade para adquirir a totalidade ou uma parte desses títulos mediante contrapartidas em dinheiro e/ou outros valores mobiliários.*

De facto, do art. 523.º, n.º 1, resulta que *a OPA tem por objecto* acções, obrigações e outros valores mobiliários convertíveis em acções, obrigações e outros valores mobiliários que confiram o direito à subscrição de acções ou à sua aquisição a qualquer título, incluindo, portanto, os simples *warrants* [5]. Do art. 524.º, n.º 1, resulta que para ser «pública» a *oferta tem de ser dirigida ao público* (art. 230.º, n.º 3, do Código Civil), número indeterminado de pessoas ou número determinado de pessoas não previamente identificadas, *por qualquer forma de comercialização pública* (art. 116.º, n.ºs 1 e 2, *ex vi* do art. 524.º, n.º 1) e sem discriminação dos destinatários (titulares dos valores mobiliários pretendidos) que se encontrem em situações idênticas (art. 532.º, n.º 1). Do art. 524.º, al. *b)*, conjugado com o art. 550.º, deriva o *carácter oneroso da OPA*, assente numa contrapartida ou em dinheiro – *Oferta Pública de Compra –, ou* em valores mobiliários da própria sociedade oferente ou de sociedade que com esta se encontre em relação de domínio ou de grupo, já emitidos ou ainda a emitir [6] para esse fim – *Oferta Pública de Troca ou de Escambo –,* ou parcialmente em dinheiro e parcialmente em valores mobiliários – *Oferta Pública Mista –,* podendo também o oferente apresentar, em alternativa, uma proposta de contra-

---

[5] Possíveis pela via do destaque dos direitos de subscrição de acções referidos no art. 372-B, n.º 4, do Código das Sociedades Comerciais, os *warrants* conferem tão-somente o direito à aquisição de acções.

[6] Caso em que com rigor melhor se falaria de oferta pública de subscrição com entradas em espécie.

Oferta Pública da Aquisição (OPA): objecto

partida em dinheiro e uma ou mais propostas de contrapartida em valores mobiliários ou mistas.

2. Significado e importância da OPA

Através da OPA o oferente procura adquirir uma posição de influência, as mais das vezes de domínio, na sociedade visada, dirigindo-se directamente aos accionistas [7] e sem necessidade de obter o acordo do «núcleo duro» a que pertence o controlo da mesma.

Neste método específico de aquisição de valores mobiliários, *os accionistas assumem a verdadeira condição de donos da sociedade, eclipsando, temporariamente embora, o «management control» ou controle da administração e o controlo de minoria* que, tendo em conta a dispersão dos restantes sócios, dominam efectivamente a sociedade.

Com efeito, na coeva grande sociedade anónima raramente o grupo de controlo possui participação maioritária no capital social. Neste caso, o interessado em nela adquirir participação de influência ou de controlo procura motivar os accionistas, sobretudo os accionistas dispersos, a transmitirem-lhe as suas acções. E assim, através de uma única operação, expedita e feita às claras com publicidade, por um lado, o oferente pode atingir o objectivo pretendido sem correr o grave risco de um insucesso, já que subordina a oferta a percentagem ou quantidade mínima de aceitações, e, por outro, os accionistas podem não só participar na operação *em pé de igualdade* como beneficiar da subida do preço no mercado dos títulos procurados e das melhores condições de eventual oferta concorrente.

---

[7] Teremos em mente na exposição a OPA de sociedades anónimas.

Diferentemente se passam as coisas, quer na compra de acções na bolsa quer na cessão de controlo, dois outros métodos para adquirir participação influente ou de controlo em sociedade existente.

Pela primeiro, conhecido por «ramassage», o interessado em influenciar ou dominar uma sociedade, contra o grupo de controlo, compra sistemática e sucessivamente na Bolsa acções até atingir o *quantum* necessário ou suficiente para o objectivo delineado. Trata-se de processo moroso e dispendioso que ao comprador não assegura à partida o objectivo pretendido e à massa inorgânica de accionistas não informados acaba por não propiciar as condições favoráveis das compras feitas paulatinamente.

A segunda técnica referida – a cessão (de participação) de controlo – faz-se directamente entre o grupo de domínio e o novo adquirente, sem participação dos restantes accionistas que várias das vezes não são sequer informados. No caso de controlo maioritário, esta é a técnica mais conveniente: uma OPA, para ter sucesso, terá de ser *amigável,* isto é, contar com a anuência do grupo de controlo – grupo de controlo que não precisa de publicar o sobrepreço ou prémio pago –, e se for *hostil* precisará de dividir suficientemente esse núcleo.

Em poucas palavras, *enformada pelas regras de transparência e da igualdade, a OPA permite:* mudar o poder numa sociedade contra a vontade do núcleo de controlo; propiciar mais-valias aos accionistas, a todos os accionistas em situações idênticas, sem discriminação; crescer a sociedade oferente na horizontal ou na vertical, ganhando competitividade num espaço mais alargado e cada vez mais globalizado; reestruturar a sociedade visada e torná-la mais dinâmica.

3. Liberdade condicionada da OPA

Preceitua assim o art. 526.°:

"Sem prejuízo do cumprimento das condições estabelecidas no presente diploma e em legislação especial a que, por virtude da sua natureza ou condições, se encontre sujeita, a realização de ofertas públicas de aquisição é livre, não dependendo de autorização administrativa".

Consagra o artigo transcrito o *princípio da liberdade da OPA*, não de um sistema de liberdade absoluta mas de liberdade condicionada na sua formulação, dada a ressalva do «cumprimento das condições estabelecidas» no Código do Mercado de Valores Mobiliários e «em legislação especial aplicável», fiscalizado pela Comissão do Mercado de Valores Mobiliários.

No sistema de *liberdade absoluta,* em vigor nos EUA e no Canadá, o oferente goza de liberdade plena para formular a OPA em termos conformes ao princípio da igualdade de tratamento dos accionistas seus destinatários, com obrigação de a depositar, juntamente com a nota informativa, na Comissão de Valores. Protegidos os accionistas mediante adequada informação, entende-se que a OPA só a eles e ao oferente respeita. Ora não é este, visivelmente, o modelo português.

Pela lei portuguesa, a passagem da fase privada ou fase interna preparatória da decisão da oferta – em que se destacam a necessidade de intermediário financeiro (art. 533.°), o dever de confidencialidade imposto no art. 312.° do Código das Sociedades Comerciais, em ordem a evitar a fuga de informações privilegiadas *(insider trading),* e a eventual intervenção da Comissão do Mercado de Valores Mobiliários nos termos do art. 537.°, n.° 2 – para a fase externa dá-se, *logo que o oferente tome a **decisão definitiva** (art. 534.°, n.° 2) de lançar uma OPA,* pela entrega da cópia do anúncio preliminar da oferta ao órgão de administração da sociedade visada (art. 534.º, n.º 1, al. *b)*, publicação desse anúncio, nos termos da al. *a)* do n.º 1 do art. 556.º (art. 534.º, n.º 1, al. *a))*, a que se seguem os comentários sobre a oferta do órgão de administração da sociedade visada no prazo máximo de oito dias (art. 536.º). Quanto ao conteúdo do aludido anúncio preliminar dispõe o art. 535.º: a mais dos elementos indicados na al. *a)*, que remete para o art. 546.º, n.º 1, o anúncio preliminar deve conter «*as condições de que dependa o lançamento da oferta, compreendendo, para além do seu* **registo** *na C.M.V.M., a obtenção tempestiva das autorizações administrativas eventualmente necessárias para a realização da operação...*» Deste modo, e *como condições do lançamento da oferta*, ao *registo prévio* a obter nos termos do art. 538.º e segs., *acresce actualmente a necessidade de autorização expressa do Ministro das Finanças*, nos termos do Decreto-Lei n.º 380/93, de 15 de Novembro [8].

Isto posto, conjuga-se assim o art. 526 [9] com o Decreto--Lei n.º 380/93:

Tomada a decisão definitiva de lançar uma OPA, *o oferente anuncia essa intenção preliminarmente (art. 534.º) sem depender de autorização governamental (princípio da liberdade da OPA estatuído no art. 526.º), desde que o anúncio preliminar contenha,* **inter alia,** *a obtenção tempestiva da autorização expressa do Ministro das Finanças como condição do lançamento da oferta.* Se o

---

[8] No caso da consulta a autorização expressa do Ministro das Finanças é necessária porque a reprivatização do BPA ainda não está concluída e a OPA visa adquirir participação qualificada nos termos dos arts. 102.º e 103.º do Decreto-Lei n.º 298/92, de 31 de Dezembro (cf. art. 4.º do Dec.-Lei n.º 380/93, de 15 de Novembro). A não oposição do Banco de Portugal, nos termos previstos nos citados arts. 102.º e 103.º do Dec.-Lei n.º 298/92, é condição da oferta, mas não constitui condição do lançamento da oferta abrangida pela al. *b)* do art. 535.º.

[9] Na legislação especial ressalvada pelo art. 526.º devem ter-se em conta o Regulamento comunitário n.º 4064/89, de 21 de Dezembro (J.O., L. 395, de 30 de Dezembro), em vigor desde 21 de Setembro de 1990.

Ministro das Finanças der a autorização e a *CMVM, a quem cabe o controlo da legalidade e regularidade (mas não já do mérito e da oportunidade) da operação* (art. 541.º, n.º 1, al. *c*), e art. 554.º), fizer o registo prévio (art. 538.º), seguir-se-á a publicação dos documentos da oferta (arts. 545.º e 556.º), devidamente aprovados pela C.M.V.M., nos oito dias seguintes à notificação do registo da operação, prorrogáveis por período não superior a cinco dias (art. 556.º, n.º 6), assim se abrindo a fase propriamente dita da formação do contrato.

4. Classificação da OPA

A OPA em apreço anunciada pelo BCP é, em primeiro lugar, uma *Oferta Pública de Compra,* porquanto a contrapartida está fixada em numerário – 3.000$00 por acção (n.º 5 do Anúncio Preliminar).

Em segundo lugar *a OPA é parcial,* porquanto dirigida a um número máximo de acções de uma determinada categoria: 44.000.000 de acções ordinárias (n.ᵒˢ 4 e 6 do Anúncio Preliminar). Já se o oferente se propusesse adquirir a totalidade das acções e de outros valores mobiliários da sociedade sem estabelecer quantidade máxima ou se limitar a uma ou algumas das categorias dos valores mobiliários, a *Oferta seria geral-Oferta geral* que de resto goza do *favor legislatoris,* prevendo-se a obrigatoriedade do seu lançamento no art. 528.º. Nos termos da al. *i*) do n.º 1 do art. 546.º, o anúncio do lançamento da oferta deve especificar, *quando não se tratar de oferta geral,* a quantidade ou percentagem máxima de valores mobiliários que o oferente se obriga a adquirir. Logo, *sempre que esses limites não sejam fixados a oferta será geral.* Por outro lado, a presente oferta parcial está dentro dos limites mínimo e máximo fixados pelo Regulamento n.º 91/4 da CMVM.

Em terceiro lugar, a *OPA é obrigatória:* interessado em adquirir acções, o oferente teve de recorrer à OPA como forma obrigatória para a compra e venda de acções, porque se verificam os pressupostos do art. 313.º do Código das Sociedades Comerciais. Temos aqui, portanto, *uma forma obrigatória de OPA* (art. 527.º) *mas não um lançamento obrigatório de OPA* (art. 528.º, n.º 2).

Em quinto lugar, a *OPA é condicional,* já que o oferente estabelece condições para adquirir as acções, designadamente o número de aceitações recebidas.

Em sexto lugar, a *OPA é agressiva ou hostil,* feita sem negociações ou acordo prévio da sociedade visada – caso contrário tratar-se-ia de *OPA dita amigável.*

Em sétimo lugar, trata-se de *OPA contestada,* com a Administração da sociedade visada a recomendar aos accionistas a não aceitação da oferta, e *OPA defendida,* com a sociedade visada a procurar defesas possíveis para evitar o êxito da operação.

Por último, quanto ao objectivo, trata-se de *OPA de investimento, OPA estratégica e sinérgica* (n.º 8 do Anúncio Preliminar: «crescimento por consolidação de uma posição em outra instituição, possibilitando como base financeira mais alargada e potencialmente mais racional...").

5. Objecto da OPA – O Anúncio Preliminar

As primeiras quatro questões postas na consulta prendem-se com o objecto da OPA, encarado em dois momentos: no anúncio preliminar e no anúncio definitivo.

Na epígrafe do Anúncio Preliminar pode ler-se em letras garrafais:

"Anúncio Preliminar de lançamento pelo Banco Comercial Português, S.A., de uma *Oferta Pública de*

Aquisição de 44.000.000 de acções representativas de 40% do Capital Social, do Banco Português do Atlântico, S.A.".
Seguidamente, diz o Anúncio Preliminar:
"Nos termos do disposto nos artigos (...), torna-se pública a decisão de lançamento pelo Banco Comercial Português, S.A., de uma *oferta pública de aquisição de 44.000.000 (quarenta e quatro milhões) de acções representativas de 40% do capital social da sociedade comercial cotada Banco Português do Atlântico, S.A.*, nas seguintes condições gerais:

1. ....
2. *A sociedade visada é a sociedade Banco Português do Atlântico, S.A. (...), com o capital social de 110.000.000.000$00.*
3. ....
4. São objecto da Oferta 44.000.000 (quarenta e quatro milhões) *de acções ordinárias,* com o valor nominal de 1.000$00 cada, *cotadas no mercado oficial da Bolsa de Valores de Lisboa* (mercado contínuo nacional), representativas de 40% do capital social da sociedade visada Banco Português do Atlântico».

Em cumprimento do disposto na al. *b)* do n.º 1 do art. 534.º, o oferente entregou, antes da sua publicação, cópia do Anúncio Preliminar à Administração do BPA.

Recebida a cópia do Anúncio Preliminar, a Administração do BPA entregou ao BCP os seus comentários sobre a OPA, de acordo com o estatuído no art. 536.º, cuja parte final reza assim:

"A viabilidade legal da Oferta dependerá, naturalmente, da verificação dos respectivos pressupostos normativos, sendo certo que *o anúncio preliminar começa por conter uma grave contradição quando refere 44.000.000 de acções representativas de 40 por cento do capital social*».

O primeiro aspecto a focar relativo ao objecto da OPA anunciada preliminarmente resulta da alusão no comentário transcrito à «grave contradição» de referência de 44.000.000 de acções como representativas de 40% do capital social.

Nele se inculca, portanto, a ideia de que o capital social não será de 110 milhões de contos, como se refere no Anúncio Preliminar. Mas, curiosamente, a Administração do BPA não diz qual seja então o capital social da sociedade visada, como seria de bom tom até em face da exigência legal (art. 171.º, n.º 2, do Código das Sociedades Comerciais).

Interpretado o anúncio preliminar segundo a *teoria da impressão do destinatário consagrado no art. 236.º do Código Civil,* não há qualquer dúvida de que o oferente anuncia a OPA sobre 44.000.000 de acções representativo de 40% do capital social da sociedade visada. E fê-lo justamente porque pensou ser de 110.000.000.000$00 o capital social do BPA, confiado na normalidade e razoabilidade das coisas.

Na verdade, deliberado o aumento de capital de 100 para 110 milhões de contos em 28 de Março de 1994, subscrito esse aumento na totalidade entre 17 de Junho e 1 de Julho, requerida a admissão à cotação das 10 milhões novas acções correspondentes ao aumento em 4 de Julho, não seria normal que a 26 de Julho, data do Anúncio Preliminar, o aumento de capital estivesse já escriturado e registado?

Certamente que sim, pois tais actos devem ser realizados com a maior brevidade (art. 85.º, n.º 4, art. 326.º, n.º 5, e art. 335.º do Código das Sociedades Comerciais)..

Um segundo aspecto do objecto da OPA preliminarmente anunciada tem a ver com a referência a *«a acções ordinárias cotadas no mercado oficial da Bolsa de Valores de Lisboa"* (n.º 4 do Anúncio Preliminar).

Esta cláusula integra-se num todo – o anúncio preliminar – e é no contexto do todo que tem de ser interpretada, de acordo com *a doutrina da impressão do destinatário* canonizada no art. 236.º do Código Civil.

Oferta Pública da Aquisição (OPA): objecto

Reza assim o art. 236.° do Código Civil:

"1 – A declaração negocial vale com o sentido que um declaratário normal, colocado na posição do real declaratário, possa deduzir do comportamento do declarante, salvo se este não puder razoavelmente contar com ele.

2 – Sempre que o declaratário conheça a vontade real do declarante, é de acordo com ela que vale a declaração emitida.»

Corresponde isto a afirmar que o alcance decisivo da declaração será aquele que em abstracto lhe atribuiria um declaratário razoável, medianamente inteligente, diligente e sagaz, colocado na posição concreta do declaratário real, em face das circunstâncias que este efectivamente conheceu e das outras que podia ter conhecido, *maxime dos termos da declaração, dos interesses em jogo e seu mais razoável tratamento, da finalidade prosseguida pelo declarante, das circunstâncias concomitantes, dos usos da prática e da lei* [10].

Ora da interpretação objectiva do anúncio preliminar feita de acordo com a teoria da impressão do destinatário resulta claramente que o objecto pretendido são 44.000.000 de acções ordinárias representativas de 40% do capital social da sociedade comercial cotada Banco Português do Atlântico, S.A..

Desde logo, os próprios *termos* do anúncio têm passagens nesse sentido: por um lado, a epígrafe ou título – a parte mais impressiva ou sugestiva – limita-se a referir 44.000.000 de acções representativas de 40% do capital social; por outro, o *corpo* inicial fala *expressis verbis* de 44.000.000 de acções representativas de *40% do capital social da sociedade comercial cotada* Banco Português do

---

[10] Cfr. MANUEL DE ANDRADE, *Teoria Geral da Relação Jurídica*, II, 1972, págs. 305 e segs.; MOTA PINTO, *Teoria Geral do Direito Civil*, 1985, págs. 444 e segs.

Atlântico – logo, conjugando estes dois trechos com o n.° 4, o declaratário razoável deduzirá que são *acções ordinárias da sociedade cotada BPA ou que o objecto da OPA se refere à sociedade BPA cujas acções estão cotadas na bolsa.* Mas quando os termos literais da declaração não sejam inequívocos deverá recorrer-se a outros coeficientes que lancem luz nas sombras por aqueles provocadas.

Um desses coeficientes importantíssimos é o da *finalidade prosseguida pelo declarante.*

Nos termos do Anúncio Preliminar, *«é propósito essencial do Oferente,* no contexto do mercado financeiro europeu e do necessário redimensionamento do sistema financeiro português que a respectiva abertura e acréscimo de competitividade implicam, *dar concretização a uma via de crescimento por consolidação de uma posição em outra instituição, possibilitando uma base financeira mais alargada e potencialmente mais racional e a obtenção de uma dimensão crítica indispensável para fazer face às grandes instituições* que operam naquele mercado alargado, preservando simultaneamente a sede nacional de decisão estratégica e o respeito pela marca e cultura de cada instituição".

Para atingir esse objectivo de crescimento por consolidação de uma posição no BPA, *o Oferente quer adquirir uma participação social mínima de 38%* (n.° 7 do Anúncio) e máxima de 40% (n.° 6 do Anúncio), reservando-se, embora, o direito de adquirir a totalidade ou parte dos valores mobiliários em excesso. Não de uma *participação social qualquer, mas só de uma participação social qualificada que lhe confira o exercício imediato dos direitos de voto inerentes. É que só através do voto o BCP obtém a influência estratégica desejada no BPA que lhe permitirá realizar o propósito expresso no n.° 8 do Anúncio Preliminar.*

Daí a compreensível limitação da OPA a uma categoria de acções (arts. 306.°, n.° 1, e 302.°, n.° 2, do Código das Sociedades Comerciais), *justamente às acções ordinárias deten-*

toras de direito de voto. Ficam de fora, portanto, as acções preferenciais sem voto – acções que conferem direito a um *dividendo prioritário* (retirado dos lucros distribuíveis) e ao *reembolso prioritário do* seu valor nominal na liquidação da sociedade, bem como todos os direitos inerentes às acções ordinárias, *excepto o direito de voto* (art. 341.º, n.ºˢ 2 e 3, do Código das Sociedades Comerciais) –, na medida em que através delas normalmente [11] o oferente não consegue a almejada influência na sociedade visada. Esta consegue-se pelas *acções ordinárias, cotadas ou não na bolsa:* – *o direito de voto é inerente às acções ordinárias, independentemente da sua cotação na bolsa,* não constituindo esta elemento essencial da OPA; logo, a dúvida tolerada pelos termos do anúncio preliminar seria dissipada pela finalidade prosseguida pelo BCP.

No mesmo sentido depõem as *circunstâncias concomitantes do* anúncio preliminar. Afinal o aumento de capital havia sido todo subscrito e a admissão à cotação das novas acções havida sido requerida. Por outro lado, em Comunicado posteriormente difundido (5 de Agosto de 1994) por recomendação da CMVM, o BPA esclarece que «a escritura pública de aumento de capital não foi ainda outorgada, como não foi ainda efectuado o consequente registo comercial» (n.º 5). Tudo a confirmar que o essencial é tratar-se de *títulos da sociedade cotada ou de sociedade cujos títulos estão cotados na bolsa.*

Igualmente, *os interesses em jogo e seu mais razoável tratamento* abonam a interpretação feita. De um lado, os interesses

---

[11] Dizemos normalmente, porque se o dividendo prioritário não for integralmente pago durante dois exercícios sociais, as acções preferenciais passam a conferir o direito de voto, nos mesmos termos que as acções ordinárias, e só o perdem no exercício seguinte àquele em que tiverem sido pagos os dividendos prioritários em atraso (art. 342.º, n.º 3, do Código das Sociedades Comerciais). Com ou sem previsão deste eventual direito, nada impede uma OPA dirigida a acções preferenciais sem voto, uma categoria de acções (arts. 306.º e 302.º do Código das Sociedades Comerciais).

do oferente que em consonância com a finalidade almejada – influência estratégica de 38% pelo menos no BPA – quer abranger as novas acções ordinárias já subscritas. Do outro, os interesses dos titulares dos novos valores no círculo dos destinatários da Oferta. Inequivocamente lançada para uma quantidade e percentagem referidas ao capital social de 110 milhões de contos, os subscritores das novas acções correspondentes ao último aumento de capital sentem-se também destinatários da Oferta. É que a *OPA passa por cima da Administração para falar directamente com os accionistas da sociedade visada, de novo temporariamente alcandorados a verdadeiros donos da empresa.* Não é, por consequência, legítimo entravar a OPA, diferindo desmesuradamente no tempo a realização da escritura de aumento de capital e registo correspondente, pois isso vai contra os interesses dos accionistas titulares dos novos valores mobiliários igualmente objecto da oferta. *Interesses esses, os dos accionistas, que são os tidos em conta numa OPA e não os da sociedade visada.*

Por fim, vejamos a própria *lei*. Primeiro, o *art. 523.º,* ao delimitar os valores mobiliários objecto de OPA, *não exige que os mesmos estejam cotados na bolsa.* A intervenção do legislador prende-se com o *direito de voto* que esses valores mobiliários conferem real ou potencialmente, indiferente a que se encontrem admitidos para transacção no mercado.

Segundo, *cotados uns, não cotados outros, os valores mobiliários que atribuam direitos iguais constituem uma categoria* (art. 302.º, n.º 2, do Código das Sociedades Comerciais; art. 53.º, n.º 3).

Em conclusão: a «cotação» não constitui *qualidade que integre a natureza e categoria dos valores mobiliários aludida no art. 546.º, n.-º 1, al.* d), confirmado ainda pelas referências feitas no art. 528.º, n.º 3, no art. 547.º, n.º 1, al. *f),* e no art. 553.º, n.º 2, al. *f).*

6. Objecto da OPA – O Anúncio Definitivo

Vemos como o retardamento indevido da escritura de aumento de capital e do registo comercial correspondente pode, por um lado, causar prejuízos aos investidores na oferta pública de subscrição e na OPA em curso, e, por outro, lançar dúvidas no mercado e perturbar o seu normal funcionamento.

Quando assim suceda, posta em causa a *transparência do mercado e das transacções sobre as novas acções* escriturais relativas ao aumento de capital do BPA e também objecto da presente OPA, *tem a CMVM poderes-deveres* (arts. 12.°, 13.°, 17.°, 315.° e 317.°, etc.) *para assegurar a transparência do mercado e a defesa dos investidores* contra actuações que possam afectar os seus legítimos interesses (arts. 4.° e 5.°) – neste caso contra o retardamento excessivo da escritura de aumento de capital e respectivo registo comercial, actuação que pode *alterar artificialmente a oferta e a procura desejadas na presente OPA* se aqueles dois requisitos de negociabilidade das novas acções não estiverem preenchidos até ao último dia do prazo da Oferta.

Por outro lado, em consequência do anúncio preliminar, o oferente tem duas obrigações a cumprir – *a obrigação de lançar a oferta* em condições não menos favoráveis do que as constantes do anúncio preliminar e *a obrigação de requerer à CMVM o registo da oferta* (art. 534.°, n.° 3).

O lançamento da oferta é feito pela publicação, nos termos do n.° 1 do art. 556.°, do anúncio de lançamento e demais documentos de oferta, referidos no mesmo artigo (art. 525.°, n.° 1, al. *e). Ou* seja: publicação do anúncio de lançamento da oferta, da nota informativa da oferta, do relatório do órgão de administração da sociedade visada, devidamente aprovados pela CMVM (arts. 545.° e 554.°).

O registo da Oferta vem regulado nos arts. 538.° e segs.. Devidamente compulsados os preceitos legais, facilmente se conclui que o *lançamento de uma OPA deve ser precedido da rea-*

lização do respectivo registo na CMVM (arts. 538.º *e* 556.º, n.º 1) – registo que só será feito se a CMVM aprovar os assinalados documentos da Oferta (art. 545.º), publicados estes nos oito dias subsequentes à notificação daquele, prorrogáveis por período não superior a cinco dias em casos em que a CMVM o considere justificado (art. 556.º, n.ºs 1 e 6).

Através do registo prévio a CMVM controla a legalidade (art. 542.º) *e a regularidade da OPA – já não o mérito e a oportunidade da operação* (art. 543.º, n.º 2, art. 137.º, n.º 3, *ex vi* dos arts. 542.º, n.º 2, e 554.º, n.º 2 – em ordem a (sobretudo) *proteger os destinatários da oferta, quer quanto ao direito à informação necessária exigida por lei* (arts. 532.º, n.º 2, 542.º, n.º 1, al. *e), 554.º* e 154.º, n.º 1) para decidirem com pleno conhecimento de causa aceitar ou recusar a Oferta, *quer quanto ao tratamento justo e igualitário* (art. 532.º, n.º 1). Daí os múltiplos *poderes-deveres* conferidos por lei (principalmente pelo art. 541.º) à CMVM, que pode *exigir, entre outras coisas, informações* e esclarecimentos adicionais (art. 541.º, n.º 1, al. *a), bem como modificações ou aditamentos nos documentos da oferta* (art. 541.º, n.º 1, al. *c)), e mandar sanar faltas ou vícios impeditivos do registo* (art. 137.º, n.º 2, *ex vi* do art. 542.º, n.º 2).

Isto posto, não são de solução difícil as questões relativas ao objecto da oferta já analisadas no n.º 5 e suscitadas nos n.ºs 1, 2, 3 e 4 da consulta.

Vimos que, devidamente interpretado segundo os cânones da doutrina da impressão do destinatário consagrada na lei, o anúncio preliminar delimita o objecto da OPA assim: *44.000.000 de acções ordinárias representativas de 40% do capital social da sociedade cotada Banco Português do Atlântico.*

No entanto, por iniciativa própria ou a pedido da CMVM, deve o oferente *reformular a versão do anúncio definitivo do lançamento por forma a evitar as leves dúvidas toleradas pelos termos literais do anúncio preliminar.*

Oferta Pública da Aquisição (OPA): objecto 223

Assim, na versão reformulada *deve o oferente omitir a referência a acções «cotadas»* — qualidade de todo irrelevante que não constitui ou integra qualquer categoria de acções e nem sequer como condição da Oferta teria sentido útil.

Na verdade, a finalidade prosseguida pelo oferente é a de adquirir *participação qualitativa influente* de pelo menos 38% no BPA e essa *consegue-se através* do *direito de voto inerente às acções ordinárias, cotadas ou não.*

Por outro lado, a omissão da referência a «cotadas» deixa tudo na mesma, não sendo, por conseguinte, menos favorável a oferta lançada do que a anunciada (art. 534.°, n.° 3). Ao invés, se no termo da Oferta as novas acções ainda não estivessem cotadas — o que dentro da normalidade e razoabilidade não acontecerá seguramente — e por isso os seus titulares não pudessem, querendo, vendê-las, haveria *violação do princípio de igualdade de tratamento dos destinatários da Oferta,* pois, dada a irrelevância da «cotação», se encontrariam em situações idênticas (art. 532.°, n.° 1). Logo, a CMVM encontraria em «cotadas» motivo para recusar a aprovação do anúncio de lançamento da Oferta e da respectiva nota informativa, por constituir *tratamento injustificadamente discriminatório dos accionistas* (art. 154.°, n.° 1, al. *d), ex vi* do art. 554.°, n.° 1). Além de que a CMVM não autorizaria erguer a «cotação» a condição da Oferta por aquela não corresponder a um interesse sério do oferente e prejudicar interesses legítimos dos destinatários desta (art. 546.°, n.° 6).

No tocante ao capital social do BPA importa ter presente *não ser necessária qualquer referência:* o art. 546.°, n.° 1, al. *b), só* exige que o anúncio de lançamento da oferta contenha o tipo, a firma e a sede social da sociedade visada. Coerentemente, também não tem que se referir a *percentagem do capital social* a que correspondem as acções pretendidas, *bastando a especificação da quantidade máxima que o oferente se obriga a adquirir* (art. 546.°, n.° 1, al. *i).* Sendo assim, é *suficiente* a indicação no *anúncio defi-*

nitivo da quantidade máxima (44 milhões) e da quantidade mínima (41,8 milhões) de acções a que fica condicionada a oferta (art. 546.°, n.° 1, al. l).

Deste modo a transparência e a certeza são totais, não se suscitando quaisquer dúvidas no mercado e nos investidores. Apenas se podam referências supérfluas – as referências ao capital social e à percentagem a que correspondem o máximo e o mínimo de acções pretendidas, constantes do Anúncio Preliminar –, totalmente irrelevantes em face da lei, mantendo-se a oferta em condições não menos favoráveis para os destinatários (art. 534.°, n.° 3, *b). Destarte o objecto da Oferta serão as acções ordinárias, todas as acções ordinárias (antigas ou novas) negociáveis durante o prazo da Oferta.*

Período iniciado com o lançamento da oferta e durante o qual esta pode ser aceite pelos seus destinatários (art. 525.°, n.° 1, al. *f), o prazo da OPA* pode variar entre 30 e 40 dias, sujeito a aprovação da CMVM (art. 552.°, n.° 1). E sempre que, considerando a natureza e características da operação, *os interesses dos respectivos destinatários o justifiquem, a CMVM pode autorizar ou determinar que o prazo da Oferta se fixe em mais de 40 dias, não excedendo, todavia, em qualquer caso, 60 dias. É isto o que o BCP deverá pedir por se justificar* no caso da OPA vertente, a persistir o *atraso na outorga da escritura de aumento de capital e da sua inscrição no registo comercial, requisitos da negociabilidade das acções* (arts. 274.° e 304.°, n.° 6, do Código das Sociedades Comerciais).

Legalmente abrangidas no objecto da Oferta, o oferente não tem de condicionar as novas acções à escritura de aumento de capital e respectivo registo: requisitos legais de negociabilidade das acções novas e das acções antigas, no fim do prazo da Oferta se verá quem tem legitimidade para aceitar a proposta contratual feita pelo oferente.

7. Condição do limite mínimo de acções

A OPA em apreço não é pura. Encontra-se sujeita a algumas «condições» contidas nos n.ᵒˢ 7, 9 e 10 do anúncio preliminar.

Para bem respondermos às questões, convém expor algumas ideias acerca da condição ([12]).

A condição, como se sabe, constitui uma cláusula acessória por força da qual a *eficácia de um negócio é colocada na dependência de um acontecimento futuro e incerto,* de modo que só verificado tal acontecimento é que o negócio produzirá efeito *(condição suspensiva), ou só* nessa eventualidade o negócio deixará de os produzir (condição resolutiva). Ela exprime, por conseguinte, uma vontade actual e efectiva, conquanto subordinada a certo evento que se prevê como possível, mas não como certo: *quero, se... Ou* seja: a *condição é incindível do negócio a que vai aposta,* com ele fazendo corpo.

Razão de ser da estipulação condicional é o estado de incerteza do declarante acerca dos seus verdadeiros interesses, por estarem estes dependentes de circunstâncias futuras e incertas. E pela condição o declarante pode tomar em conta o futuro que se lhe apresenta como problemático e realizar o negócio em termos de estar sempre de acordo com o que julga serem os seus interesses, seja qual for o desenrolar das coisas, no tocante ao ponto ou pontos sobre os quais não se acha habilitado a fazer previsões seguras.

Na OPA presente a primeira condição que surge no anúncio preliminar é a do *limite mínimo* da oferta (n.º 7): 41.800.000 acções, «pelo que a oferta fica condicionada à sua aceitação por pessoas que no seu conjunto alienem as acções necessárias ao preenchimento de tal limite mínimo".

([12]) Cfr. MANUEL DE ANDRADE, cit., págs. 355 e segs.; MOTA PINTO, *ob. cit.,* págs. 555 e seg.

Nenhuma dúvida quanto à sua admissibilidade. De resto está prevista no art. 546.°, n.° 1, al. *l)*, ao dispor que o anúncio de lançamento da oferta deva conter «eventual condicionamento da oferta à sua aceitação por pessoas que, no seu conjunto, sejam titulares de um número ou percentagens mínimas de valores mobiliários».

Já quanto à sua qualificação jurídica pode questionar-se se será verdadeira condição da proposta contratual ou do negócio jurídico de aquisição em si mesmo.

Como é sabido, não existirá contrato sem a aceitação da oferta ou proposta. Segundo o art. 570.°, a *aceitação da oferta* pelos seus destinatários é feita mediante *ordens de venda (n.° 1) dadas por escrito (n.° 3)*. Acto formal, portanto. E *acto revogável,* pois o aceitante pode retirar a sua aceitação, através da revogação da respectiva ordem de venda, em qualquer momento *até cinco dias antes do termo do prazo da oferta* (art. 570.°, n.° 4). As aceitações irrevogáveis são transmitidas pelos correctores aos serviços competentes da bolsa em que se executará a operação (art. 570.°, n.° 5). Algumas dessas transmissões poderão ter lugar no dia seguinte ao termo do prazo da oferta, precisamente as das aceitações que os corretores hajam recebido no último dia (art. 570.°, n.° 5).

Pelo que, embora da al. *a)* do n.° 2 do art. 576.° pareça resultar que também a condição suspensiva prevista na al. *l)* do art. 546.° é verdadeira condição da proposta, o facto de o prazo legal para a sua verificação ou não verificação (art. 572.°) ultrapassar o momento da conclusão da operação deporá a favor da sua qualificação como *condição suspensiva do contrato concluído.*

Ainda aqui se ergue um obstáculo – a possível *confusão entre o objecto do contrato* (número mínimo de acções) *e a condição suspensiva* (acontecimento futuro e incerto que se interpõe entre o contrato e a sua eficácia). Sempre se dirá, todavia, que *relativamente a cada aceitação o montante mínimo funciona como condição suspensiva: o contrato fica sujeito à verificação do evento futuro e incerto da obtenção do número mínimo de títulos pretendidos pelo oferente.* Sem esquecer, naturalmente, o carácter complexivo unitário e global da OPA, negócio bilateral entre oferente e aceitantes.

Apurado o resultado da OPA em sessão especial da bolsa (art. 572.°), se a oferta tiver resultado positivo, isto é, verificada a condição do limite mínimo, proceder-se-á à liquidação das transacções efectuadas (art. 574.°).

No que toca ao limite máximo (art. 546.°, n.° 1, al. *i*)), a lei diz que se as aceitações o ultrapassarem, o oferente só poderá adquirir os valores mobiliários em excesso desde que se tenha reservado expressamente esse direito no próprio anúncio (art. 546.°, n.° 4).

Já no tocante ao limite mínimo, a lei nada diz para a hipótese de o número atingido ficar aquém. Isso não significa que, no silêncio da lei, o oferente não possa reservar-se o direito de adquirir os títulos "vendidos" ainda que não correspondam àquele mínimo. Por duas razões:

Primeiro, o n.° 4 do art. 546.° encontra a sua razão de ser na necessidade do depósito do valor da contrapartida ([13]) (art. 550.°, n.° 3; art. 310.°, n.° 2, do Código das Sociedades Comerciais) – se o oferente reserva a faculdade de adquirir os títulos em excesso, há que salvaguardar o depósito da contrapartida. Ora na hipótese de limite mínimo a mesma exigência não se põe, porque está sempre salvaguardada: o depósito feito é para montante superior àquele sobre que poderá incidir a faculdade reservada.

Em segundo lugar, os interesses dos destinatários da oferta

([13]) Porém, diferentemente do momento fixado no n.° 3 do art.° 550.°, parece razoável que o depósito do valor da contrapartida para os títulos em excesso seja feito até à sessão especial de bolsa prevista no n.° 1 do art.° 572.°. Só por essa ocasião o oferente terá tomado a decisão de exercer a faculdade de adquirir todos ou parte dos títulos em excesso, ficando-se assim a saber o valor da contrapartida a depositar.

e os do oferente não são lesados por essa faculdade: os destinatários têm tudo a ganhar se o oferente ficar com as acções, pois vendem por bom preço; o oferente pode ficar com um quantitativo próximo do mínimo fixado, facilitando-lhe a actuação seguinte para adquirir os outros montantes necessários.

Naturalmente, a existência de cláusula de reserva da faculdade de adquirir os títulos ainda que não se alcance o mínimo ou quando se exceda o máximo fixados põe *problemas de construção dogmática.*

No fundo, temos uma dupla declaração do oferente: oferta ou proposta contratual de aquisição do mínimo até ao máximo de títulos pretendidos; invitatio ad offerendum ou proposta de pacto de opção para os títulos que fiquem aquém do mínimo ou vão além do máximo fixados.

A primeira declaração constitui uma **proposta contratual** *como toda e qualquer OPA pura,* por exemplo uma OPA geral. É o que resulta do regime legal todo ele orientado para disciplinar um *iter negocial* complexo, desde a fase interna, passando pela fase externa preliminar, registo e publicidade da oferta, vigência ou prazo da oferta, aceitação da oferta e liquidação das transacções. Muitos são, de resto, os artigos que expressamente qualificam a declaração do oferente como *proposta (v.g.* arts. 553.º, n.º 1, 558.º, n.º 1, 565.º, n.º 1) e a dos destinatários como *aceitação* da proposta (v.g. arts. 525.º, n.º 1, al. *f),* 546.º, n.º 1, als. *j)* e *l)* 570.º e segs.).

A segunda declaração é que suscita dúvidas na sua qualificação como convite a oferecer ou proposta de pacto de opção. Numa como noutra das qualificações os efeitos práticos são os mesmos: se vista como *invitatio ad offerendum, os* destinatários nesta parte fariam propostas irrevogáveis de venda que o oferente aceitaria ou não, livremente; se vista como *proposta de pacto de opção,* nesta parte as declarações dos destinatários seriam de aceitação da proposta do pacto de opção, cujos efeitos são os mesmos de

Oferta Pública da Aquisição (OPA): objecto

uma proposta irrevogável, e surgiria para o oferente (beneficiário da opção) um direito potestativo à aceitação da proposta e conclusão do contrato de compra e venda sem necessidade de nova declaração do obrigado (o destinatário da OPA) ([14]). *Temos como mais realista, contudo, a qualificação como proposta de pacto de opção*: assim como aceita a proposta de aquisição do mínimo até ao máximo, assim o destinatário aceita a proposta do pacto de opção pela qual o oferente se reserva o direito de adquirir os títulos aquém do mínimo ou além do máximo fixados.

8. Cláusula resolutiva ou revogatória

Vejamos agora a «condição» prevista no n.º 9 do Anúncio Preliminar. Diz assim:

> 9.º – Para além das demais hipóteses legais, a oferta poderá, conforme for o caso, deixar de ser lançada por decisão do oferente ou por este retirada, nos termos das disposições conjugadas dos artigos 534.º, n.º 3, alínea *a*), 546.º, n.º 1, alínea *m)*, e 576.º, n.ᵒˢ 1, alínea *a*), e 2, alínea *a*), todos do Código do Mercado de Valores Mobiliários, ocorrendo deliberação da assembleia geral da sociedade visada (ou estando, no segundo dia útil que preceda o dia do termo do prazo da oferta, convocada ou marcada, para aquele dia ou qualquer data subsequente, assembleia cuja ordem de trabalhos abranja ou na qual se possa vir a abranger tal deliberação) cujo conteúdo envolva emissão de valores mobiliários previstos no artigo 523.º, n.º 1, do Código do Mercado de Valores Mobiliários (acções, obri-

---

([14]) Sobre o pacto de opção, cfr. ANTUNES VARELA, *Das Obrigações em Geral,* Coimbra, 1991, pág. 314. Ribeiro de Faria, *Direito das Obrigações,* I, 1990, p. 251.

gações e outros valores mobiliários convertíveis em acções e obrigações e outros valores mobiliários que confiram o direito à subscrição de acções ou à sua aquisição a qualquer título), dissolução, fusão e cisão da sociedade ou acordos para esse efeito, alteração de estatutos, distribuição de reservas ou amortização de acções.

Não temos qualquer dúvida quanto à legalidade da reserva da faculdade de desistência do lançamento ou de retirada da oferta feita pelo oferente para a hipótese contemplada no n.º 9 transcrito do Anúncio Preliminar. Porém, pensamos *não se tratar de condição (resolutiva) em sentido técnico, mas de cláusula resolutiva ou revogatória da oferta.*

Nos termos da al. *m)* do n.º 1 do art. 546.º, o anúncio do lançamento da oferta deve conter *«quaisquer outras condições a que a oferta fique sujeita».* E no art. 576.º ao regular as hipóteses em que o oferente **pode** desistir do lançamento da oferta ou reterirar a oferta lançada volta a falar de condição resolutiva. *O que prova não se tratar ou não ter de tratar-se de condição resolutiva em sentido técnico, cujo funcionamento é automático, a produzir, portanto, a automática resolução do negócio, in casu da oferta.*

Não significa isto que a lei qualifique indevidamente a situação jurídica ([15]). Significa, isso sim, que *o sentido do termo condição usado pelo legislador vai além do sentido técnico, abrangendo outros, de resto correntes, como qualquer cláusula negocial* ou qualquer cláusula acessória da oferta ([16]) – mas sem prescindir da publicidade da desistência do lançamento ou da retirada da oferta, prevista nos n.ᵒˢ 4 e 5 do artigo 576.º.

([15]) José Miguel Júdice/Luísa Antas/A. Ferreira/B. Pereira, *OPA – Ofertas Públicas de Aquisição* (Legislação comentada), 1992, pág. 225 (anotação 4) e pág. 226 (anotação 7).

([16]) Veja-se, por todos, Manuel de Andrade, *ob. cit.,* pág. 356.

Oferta Pública da Aquisição (OPA): objecto 231

E a diferença entre condição resolutiva e cláusula resolutiva é bem conhecida: pela primeira o contrato torna-se *automaticamente* ineficaz com a verificação do evento futuro e incerto nela previsto; pela segunda *a parte reserva-se o direito de*, uma vez verificado o evento futuro e incerto nela previsto, *resolver a relação contratual mediante declaração unilateral receptícia*([16]).

Uma e outra são de utilização possível pelo oferente. Mas se o oferente no n.º 9 do Anúncio Preliminar estipulasse uma condição resolutiva, a verificação do evento condicionante operaria automaticamente a retirada (revogação) da oferta, sem prejuízo da correspondente publicidade nos termos dos n.ºs 4 e 5 do art. 576.º. Ao *ter estipulado uma cláusula resolutiva expressa, a verificação do evento condicionante nela contemplado será apenas pressuposto da constituição do direito potestativo de, mediante declaração unilateral, retirar ou revogar a oferta.* Esta é, verdadeiramente, a situação da OPA presente, no ponto 9 do Anúncio: *cláusula resolutiva expressa pela qual o oferente se reserva o direito potestativo de retirar a oferta,* verificado que seja o fundamento estipulado.

Ora fosse condição resolutiva ou seja – como efectivamente é – cláusula resolutiva ou revogatória da oferta, o *evento condicionante previsto no n.º 9 do Anúncio é plenamente justificado à luz do principio da boa fé contratual e do estatuído no n.º 6 do art. 546.º:* corresponde, de facto, a um *interesse sério do oferente, não prejudica interesses legítimos dos destinatários da oferta nem afecta o normal funcionamento do mercado.*

O oferente pretende apenas *salvaguardar a realização de uma Assembleia Geral da Sociedade visada que possa frustrar a finalidade da OPA* – aquisição de participação qualificada influente ou estratégica no BPA –, designadamente pela deliberação de

---

([17]) Cfr. BAPTISTA MACHADO, *Pressupostos da resolução por incumprimento,* in «Estudos *em* Homenagem ao Prof. Doutor Teixeira Ribeiro, II, Coimbra, 1979, págs. 402 a 405; JOÃO CALVÃO DA SILVA, *Cumprimento e sanção pecuniária compulsória,* Coimbra, 1987, págs. 321 a 325.

emissão de valores mobiliários previstos no art. 523, n.° 1. Pode dar-se o caso até de virem a estar bloqueados os títulos objecto de ordens de venda e o oferente-comprador ainda não poder participar na Assembleia Geral, porquanto a qualidade de accionista se comprova pela inscrição de acções escriturais na conta respectiva e essa inscrição tem de ser feita com a *antecedência mínima de quinze dias* relativamente à data da Assembleia Geral (art. 9.°, n.ºs 3 e 4, do Estatuto do BPA).

Não se trata, portanto, de puro arbítrio ou capricho do oferente, mas de acto de terceiro (a sociedade visada), de certa gravidade ou transcendência que põe em jogo interesses sérios daquele.

Teoricamente podia pensar-se na seguinte hipótese: o número mínimo de acções fixado na oferta ser alcançado, mas os títulos emitidos nessa Assembleia Geral serem de quantidade tal que frustraria a influência pretendida com aquele *mínimo* e, portanto, frustraria a própria OPA. *Num caso destes seria justo e equitativo não obrigar o oferente a executar o contrato com os aceitantes, se a cláusula resolutiva não tivesse sido estipulada.* Depararíamos aí – se não houvesse, como há, cláusula resolutiva, repete-se – com um caso em que a CMVM autorizaria, com certeza, mediante resolução devidamente fundamentada, a retirada da oferta (ou resolução do contrato), dada *a iniquidade da obrigação de o oferente manter (ou cumprir) a proposta (art. 576.°, n.° 3, al. b).*

Por sua vez a *cláusula resolutiva em apreciação não prejudica os legítimos interesses dos destinatários da Oferta* que, conhecedores da mesma, sabem as regras do jogo a jogar e encontram nela um estímulo para ponderarem ou sopesarem o sentido da sua participação na Assembleia Geral, não permitindo, eventualmente, que a condição de verdadeiros donos da empresa a que temporariamente são alcandorados pela OPA seja posta em causa. Tenhamos presente, de novo, que a OPA visa os interesses dos accionistas, sobretudo dos pequenos e dos dispersos exteriores ao núcleo duro ou grupo de controlo instalado na sociedade visada,

Oferta Pública da Aquisição (OPA): objecto 233

assim se compreendendo ainda as inibições de poderes da Administração (art. 575.°). Com a relação directa estabelecida entre o oferente e os destinatários da OPA, o interesse relevante e decisivo é o da possibilidade de os accionistas se pronunciarem sobre a oferta de que podem beneficiar.

Por último, nada impede o oferente de no anúncio definitivo *restringir os* casos ou fundamentos do funcionamento da cláusula resolutiva, nomeadamente no concernente ao tipo de alterações estatutárias relevantes. Restringir só beneficia os destinatários da oferta, pelo que se respeita o disposto no art. 534.°, n.° 3, al. *b)* – *o* lançamento da oferta em condições iguais ou melhores do que as constantes do anúncio preliminar.

9. Legalidade da condição relativa à não oposição do Banco de Portugal

Nos termos do art. 102.° do decreto-Lei n.° 298/92, de 31 de Dezembro, a pessoa singular ou colectiva que, directa ou indirectamente, pretenda deter participação qualificada (aí definida) numa instituição de crédito, *deve comunicar previamente ao Banco de Portugal o seu projecto e o montante da participação. No prazo máximo de três meses* a contar dessa comunicação recebida, o *Banco de Portugal deduzirá ou não oposição ao projecto* (art. 103.° do Dec.-Lei n.° 298/92).

A *oposição do Banco de Portugal determina a automática inibição do exercício do direito de voto* na parte que exceda o limite mais baixo que tiver sido ultrapassado (art. 105.° do Dec.-Lei n.° 298/92).

Sendo estas a lei e as consequências legais, compreende-se e aceita-se a explicitação da condição resolutiva prevista no ponto 10 do Anúncio Preliminar tal qual resulta da sua rectificação. É que se o Banco de Portugal viesse a deduzir oposição após o termo do prazo da Oferta, o *oferente veria frustrada a finalidade da OPA pela inibição do exercício do direito de voto.* Risco que naturalmente e justificadamente não quer correr, e por isso o pretende evitar pela condição resolutiva estipulada, conquanto a automática retirada da oferta não dispense a publicidade prevista nos n.ᵒˢ 3 e 4 do art. 576.º. Afinal, aquela condição *não passa de circunstância posterior ao negócio que a lei exige como requisito da eficácia plena da OPA – condição legal,* portanto – e, naturalmente, dentro das exigências do n.º 6 do art. 546.º – interesse sério do oferente sem prejuízo para os interesses legítimos dos destinatários da oferta e para o normal funcionamento da oferta.

Tal o meu parecer

Coimbra, Agosto de 1994.

CALVÃO DA SILVA

IX
PACTO PARASSOCIAL, DEFESAS ANTI-OPA E OPA CONCORRENTE

CONSULTA

É-nos formulada a seguinte consulta:

1 – Em 9 de Janeiro de 1995, o Banco Comercial Português, SA e a Companhia de Seguros Império, SA, anunciaram preliminarmente o lançamento de uma Oferta Pública de Aquisição geral de acções do Banco Português do Atlântico.

2 – Posteriormente, surgiram na imprensa declarações de um accionista no sentido de que

"para assumir a liderança do BPA, e se tivermos sócios para o fazer, não precisamos de OPA".

3 – No aviso do Banco Português do Atlântico, de 2 de Fevereiro de 1995, pode ler-se:

"Vem por este meio (...) informar ter sido notificado (...) pelo accionista Imocapital, que esta sociedade, por contrato escrito, datado de 16 de Janeiro de 1995, passou a dispor da possibilidade de adquirir, por sua exclusiva iniciativa, 19.742.975 acções representativas do capital social do Banco Português do Atlântico, SA".

4 – Em comunicado de 12 de Fevereiro de 1995, pode ler-se:

"(...) O combate a uma OPA não pressupõe (...) o lançamento de uma Oferta concorrente.

"Nada impede que accionistas se concertem uns com os outros e que, para o efeito, procedam mesmo à aquisição de acções acima de 20 ou até dos 50%".

Pretende saber-se da legalidade ou ilegalidade das posições citadas.

PARECER

SUMÁRIO: I – *Validade do pacto parassocial*. II – Defesas anti-OPA.
III – *Realização do pacto parassocial mediante OPA concorrente*.

I
VALIDADE DO PACTO PARASSOCIAL

1 – O ponto de partida é o da negociabilidade das
acções: cada accionista é livre de ceder as suas acções (art.
326.º do Código das Sociedades Comerciais).

O próprio contrato de sociedade não pode excluir a
transmissibilidade das acções nem limitá-la além do que a lei
permitir (art. 328.º do Código das Sociedades Comerciais).

2 – Mas são correntes as convenções extra-estatutárias
ou acordos parassociais acerca das limitações à livre transmissibilidade das acções, designadamente na veste de pacto de
inalienabilidade ou de pacto de preferência.

Trata-se de Convenções admitidas pelo artigo 17.º, n.º 1,
do Código das Sociedades Comerciais, que reza assim:

"Os acordos parassociais celebrados entre todos ou entre
alguns sócios pelos quais estes, nessa qualidade, se obri-
guem a uma *conduta não proibida por lei* têm efeitos entre
os intervenientes, mas com base neles não podem ser
impugnados actos da sociedade ou dos sócios para com a
sociedade".

3 – Embora de efeitos confinados aos accionistas que os
subscrevam – e não produzindo, portanto, efeitos em face da

sociedade, terceiro para quem esses pactos parassociais são *res inter alios acta* –, condição de validade e de eficácia desses acordos é a de que *a conduta a que obrigam não seja proibida por lei.*

4 – No caso da consulta, e de acordo com o constante do ponto 3, o accionista passou a dispor da *possibilidade de adquirir por sua exclusiva iniciativa* acções representativas do capital social do Banco Português do Atlântico.

Não vislumbramos obstáculos a esse pacto de opção de compra, quer no plano do direito comum dos contratos, quer no do direito societário.

Porém, a lei não se cinge ao direito dos contratos e ao direito das sociedades comerciais.

No caso vertente, esse pacto parassocial entre accionistas do Banco Português do Atlântico foi celebrado depois do anúncio preliminar de uma OPA geral lançada pelo Banco Comercial Português/Companhia de Seguros Império.

Importa, por isso, examinar a questão no plano do direito do Mercado dos Valores Mobiliários.

II
DEFESAS ANTI-OPA

5 – A Oferta Pública de Aquisição (OPA) constitui um meio de realização de operações de concentração e de reestruturação de empresas. Fundada em critérios de racionalidade económico-financeira, a OPA visa assegurar a *transparência do mercado e a igualdade de tratamento dos accionistas destinatários.*

É sabido, também, que não raras vezes a OPA tem intuitos de pura especulação financeira, com o "príncipe encantado" ("raider") a despertar a "branca de neve" adormecida (a sociedade – *sleeping beauty*) só para obter lucros (*greenmail*).

6 – Compreendem-se as medidas de defesa que as sociedades visadas procuram utilizar para resistir e sobreviver à OPA. Trata-se de um direito que o Código do Mercado de Valores Mobiliários reconhece (art. 575.º, n.º 3).

As medidas mais eficazes são as *preventivas*.

Também aqui vale mais prevenir do que remediar, dadas as limitações impostas por lei aos poderes da Administração da sociedade visada depois do lançamento de uma OPA (art. 575.º do Código do Mercado de Valores Mobiliários).

Pense- em *"sinais de alarme"* ou *"dispositivos de alerta"*. Por exemplo: obrigatoriedade de notificação de ultrapassagem de X montante de capital ou de direitos de voto (art. 448.º, 1, do Código das Sociedades Comerciais; art. 345.º, n.º 1, e art. 347.º do Código do Mercado de Valores Mobiliários). Logo, os próprios estatutos poderão impor esse dever de comunicação em caso de montantes mais baixos.

Pense-se na identificação de accionistas, pelas acções nominativas (art. 300.º, n.º 1, e art. 326.º do Código das Sociedades Comerciais).

7 – Pense-se em formas várias de *concentração do poder*, tais como:
- a emissão de acções preferenciais sem voto (art. 341.º do Código das Sociedades Comerciais);
- a aquisição de *acções próprias*, nos termos limitados dos artigos 316.º, 317.º e 324.º do Código das Sociedades Comerciais;
- as *limitações ao direito de voto*, nos termos do n.º 2, al. *b)* e do n.º 3 do artigo 384.º do Código das Sociedades Comerciais – já o n.º 5 do mesmo artigo proíbe o voto plural, isto é, a atribuição a certas acções pertencentes a accionistas fiéis de um direito de voto plural, ao con-

trário do direito francês e do direito alemão que permitem o voto duplo ([1]);

— a *estabilização do órgão de administração* pelo reforço da maioria necessária para eleger (art. 391.º do Código das Sociedades Comerciais) ou destituir (art. 401.º, n.º 1, do Código das Sociedades Comerciais) os administradores (art. 386.º, n.º 1, do Código das Sociedades Comerciais);

— o *reforço do quorum*, admitido quanto ao funcionamento da assembleia geral em primeira convocação (art. 383.º, n.º 3, do Código das Sociedades Comerciais, *a contrario sensu*).

8 — Entre as *medidas preventivas de defesa anti-OPA* pode pensar-se *ainda*:

— nas *participações recíprocas ou participações cruzadas* (art. 485.º do Código das Sociedades Comerciais) entre aliados fiéis;

— na *criação de uma sociedade Holding*, uma *Sociedade Gestora de Participações Sociais* (cfr. Dec.-Lei n.º 495/88, de 30 de Dezembro) para a qual os accionistas de uma sociedade transferem as suas acções recebendo em contrapartida acções daquela — caso em que os accionistas da *holding* não poderão dispor das acções da sociedade "opeável" enquanto não liquidam a sociedade *holding*;

— em *cláusulas estatutárias limitativas* da transmissão das acções (art. 328.º, n.º 2, do Código das Sociedades Comerciais), conjugadas com o entrave à sua admissão à cotação na bolsa (art. 291.º, n.º 2, do Código das Sociedades Comerciais);

— no *aumento de capital* a realizar no decurso da OPA;

([1]) Cfr. Vasco Xavier, *Sociedades anónimas*, in "Polis", pág. 925.

Pacto Parassocial, Defesas anti-OPA e OPA concorrente 241

- na *emissão de valores convertíveis em acções ou que atribuam o direito à subscrição de acções;*
- na *transformação de sociedade anónima numa sociedade em comandita por acções*, medida eficaz em face de uma OPA pelo seu regime:
  1) – como só as acções são cotadas, o atacante apenas se pode tornar sócio comanditário (art. 465.º, n.º 3, do Código das Sociedades Comerciais);
  2) – salvo cláusula expressa do contrato, apenas podem ser gerentes os sócios comanditados (art. 470.º, n.º 1, do Código das Sociedades Comerciais);
  3) – os gerentes só podem ser destituídos sem justa causa por deliberação de dois terços dos votos dos sócios comanditados e de dois terços dos votos dos sócios comanditários (art. 471.º, n.º 1, do Código das Sociedades Comerciais).
- na *alienação de jóias da coroa* (*crown jewels options*) que tornem desatractivo o lançamento de uma OPA.

9 – No caso presente o acordo parassocial em causa foi celebrado já depois do anúncio preliminar da OPA lançada pelo Banco Comercial Português/Companhia de seguros Império.

Isso não significa que as defesas anti-OPA estejam de todo proibidas. Só que os poderes da Administração ficam reduzidos à *gestão normal* da sociedade visada (art. 575.º, n.º 1, do Código do Mercado de Valores Mobiliários).

Os actos que vão além da gestão normal estarão sujeitos à autorização da assembleia geral dos accionistas – forma de garantir que o destino da OPA pertence aos seus destinatários (art. 575.º, n.º 1, do Código do Mercado de Valores Mobiliários).

Mesmo assim, o n.º 3 do artigo 575.º do mesmo Código permite ao órgão de administração da sociedade solicitar autorização à Comissão do Mercado de Valores Mobiliários para as providências adequadas à *defesa da sociedade*, se o recurso à autorização de Assembleia Geral não for viável pela morosidade da sua convocação. Deste modo, mediante autorização da Comissão de Mercado de Valores Mobiliários, a Administração poderá praticar no período da oferta os actos para que teria competência fora do período da OPA.

Na defesa anti-OPA, a Administração poderá motivar uma terceira pessoa (white knight) para o lançamento de uma oferta concorrente (arts. 561.º e segs. do Código de Mercado de Valores Mobiliários).

Porque se traduz em condições mais favoráveis para os seus destinatários e não se trata de acto da Administração, a Oferta concorrente de terceiro é válida (art. 562.º do Código de Mercado de Valores Mobiliários). Só há que prevenir o perigo de o *white knight* se vir a transformar num *black knight*, passando de amigo a inimigo agressor.

Igualmente, *nada obsta a que accionistas lancem uma Oferta concorrente, se tiverem ou obtiverem os meios financeiros indispensáveis e obedecerem às regras dos artigos 561.º e segs. do Código de Mercado de Valores Mobiliários.*

Por fim, a sociedade visada poderia ainda lançar uma *contra-OPA*, ou seja, uma OPA sobre os títulos da sociedade oferente. Neste caso, o atacante pode vir a ser capturado pelo seu opositor: o oferente, para se defender da contra-OPA, tem que desviar verbas previstas para a Oferta, reduzindo-se, assim, o seu campo de manobra.

Do mesmo passo podem conjugar-se uma oferta concorrente e uma contra-OPA da sociedade visada ou de terceiro aliado (*white knight*) ([2]).

([2]) Sobre as medidas de defesa anti-OPA, cfr. *Defensive measures against hostile takeovers in the Common Market*, 1990; R. VATINET, *Les defenses anti--OPA*, in "Revue des Societes", 1987, pág. 539 e segs.; Lee et CARREAU,

III
REALIZAÇÃO DO PACTO PARASSOCIAL MEDIANTE OPA CONCORRENTE

10 – Dissemos acima (cfr. n.º 9) nada obstar a que accionistas lancem uma OPA concorrente.

Importa agora verificar se no caso vertente *a OPA concorrente é obrigatória como forma de aquisição das acções sobre que incide o acordo parassocial celebrado entre accionistas do Banco Português do Atlântico.*

A Oferta Pública como forma obrigatória de aquisição está prevista no artigo 313.º do Código das Sociedades Comerciais.

Dispõe assim:

"1 – A compra ou troca de acções de uma sociedade deve revestir a forma de Oferta Pública quando se verifiquem cumulativamente as seguintes circunstâncias:

a) Tratar-se de sociedade com subscrição Pública;

b) O contrato de sociedade não estipular direito de preferência dos accionistas nas compras ou trocas de acções;

c) O oferente já possuir acções da sociedade visada que lhe assegurem o domínio desta ou as acções por ele possuídas, juntamente com as acções a adquirir, lhe atribuírem o domínio da referida sociedade *ou ainda quando as acções a adquirir, só por si ou somadas às por ele adquiridas desde o dia 1 de Janeiro do ano civil anterior, excepto por oferta de aumento de capital, lhe atribuirem 20% dos votos correspondentes ao capital social.*

Les moyens de défense à l'encontre des offres publiques d'achat inamicales en France, in "Dalloz", 1988, Crón. III.

Por sua vez, para efeitos de cálculo dos 20% referidos na alínea c) do n.º 1 do citado artigo 313.º do Código das Sociedades Comerciais, o artigo 530.º, n.º 1, alínea d), do Código de Mercado de Valores Mobiliários ordena que sejam contadas como pertencentes ao Oferente as acções que este

> "possa adquirir, de sua exclusiva iniciativa, em virtude de acordo escrito celebrado com os respectivos titulares".

Foi a maneira que o legislador encontrou de evitar o conluio entre oponente à OPA e accionistas para frustrar a oferta: os accionistas vincular-se-iam a vender ao oponente em condições iguais ou mais vantajosas do que as oferecidas pela OPA; o Oponente, todavia, não as adquiriria de imediato, a fim de não alcançar os 20%.

Por isso, *se pelo acordo parassocial firmado entre accionistas do Banco Português do Atlântico a Imocapital passa a ter a possibilidade de adquirir, por sua exclusiva iniciativa, as acções do Banco Português do Atlântico que, somadas às por si adquiridas desde 1 de Janeiro do ano civil anterior, lhe atribuam 20% dos votos, a Oferta Pública constitui forma obrigatória de aquisição.*

Nas condições descritas e para os efeitos da obrigatoriedade de OPA concorrente, o pacto de opção de compra é equiparado por lei à própria compra.

11 – O que acaba de dizer-se não significa que o pacto parassocial em causa esteja ferido de invalidade.

Na verdade, o n.º 3 do artigo 313.º do Código das Sociedades Comerciais e o artigo 531.º do Código de Mercado de Valores Mobiliários não ferem de nulidade as aquisições feitas em violação do estabelecido no artigo 313.º, n.º 1, do Codigo das Sociedades Comerciais e nos artigos 527.º e 528.º do Código de Mercado de Valores Mobiliários.

As sanções previstas nas normas citadas são a *privação dos direitos inerentes às acções adquiridas – à cabeça, o direito de voto –*

durante cinco anos e a *responsabilidade civil pelos danos causados* (art. 531.º do Código de Mercado de Valores Mobiliários e art. 313.º, n.º 3, do Código das Sociedades Comerciais).

Acresce que o incumprimento do dever de lançar uma OPA (concorrente) pelos accionistas adquirentes constituirá *contra-ordenação muito grave* a que cabe a coima de 500.000$00 a 300.000.000$00 (art. 670.º, n.º 15, do Código de Mercado de Valores Mobiliários).

12 – "Nada impede que os accionistas se concertem uns com os outros e que, para o efeito, procedam mesmo à aquisição de acções acima de 20% ou até dos 50%" (ponto 4 da consulta).

É verdade.

Só que essa aquisição revestirá a forma obrigatória de OPA concorrente parcial ou total conforme o caso (artigos 527.º e 528.º do Código de Mercado de Valores Mobiliários), *a fim de ser assegurada a transparência do mercado e a igualdade de tratamento dos accionistas.*

No caso presente, estando lançada uma OPA geral ou total pelo Banco Comercial Português/Companhia de Seguros Império, a forma de concretizar o referido acordo parassocial entre accionistas do Banco Português do Atlântico será uma OPA concorrente também geral.

É o que resulta do n.º 2 do artigo 561.º, que reza assim:
"A oferta concorrente só é admissível quando vise, exclusivamente ou não, a aquisição dos mesmos valores mobiliários que são objecto da oferta inicial, em quantidade não inferior à que nesta eventualmente se estabeleça como máximo que o oferente se obriga a aceitar".

Por outro lado, a oferta concorrente deve conter condições mais favoráveis para os seus destinatários do que as que, no momento do seu lançamento, resultem da oferta inicial (art. 562.º, n.º 1, do Código de Mercado de Valores Mobiliários).

Se a concorrência entre a nova oferta e a anterior respeitar apenas à contrapartida, o valor desta terá de ser superior em, pelo menos, 5% ao da contrapartida proposta na oferta precedente (art. 562.º, n.º 2, do Código de Mercado dos Valores Mobiliários).

Quem quer realizar compras vultosas de acções que lhe permitam obter o controlo de uma sociedade tem a obrigação de lançar uma OPA.

Assim o impõe a transparência do mercado e a igualdade de tratamento dos accionistas.

Tal o meu parecer

Coimbra, 14 de Fevereiro de 1995

CALVÃO DA SILVA

X
PRIVATIZAÇÕES E ENTIDADES ESTRANGEIRAS

CONSULTA

Poderá considerar-se que uma sociedade

a) com sede estatuária, efectiva e única em território português e com principal actividade em Portugal,

b) constituída em Portugal ao abrigo da lei portuguesa,

c) não dominada, nos termos do artigo 486.º do Código das Sociedades Comerciais, por nenhuma qualquer pessoa ou "entidade", singular ou colectiva,

se encontra sujeita aos limites fixados pelo artigo 9.º, n.º 1, do Decreto-Lei n.º 169/93, de 11 de Maio, pelo facto de eventualmente, e num momento, a maioria do seu capital pertencer a pessoas ou "entidades" que, nos termos do artigo 10.º do citado Decreto-Lei n.º 169/93, seriam qualificáveis como estrangeiras?

Solicita-se que a questão seja apreciada abstraindo do problema da conformidade com o Direito Comunitário do disposto no artigo 13.º, n.º 3, da Lei n.º 11/90, de 5 de abril, completado pelo Decreto-Lei n.º 65/94, de 28 de Fevereiro, e no artigo 9.º, n.º 1, alínea a), conjugado com o artigo 10.º, do Decreto-Lei n.º 169/ 93, de 11 de Maio.

PARECER

SUMÁRIO: 1 – *Irreversibilidade das nacionalizações.* 2 – *Reprivatização parcial pela Lei n.º 84/88, de 20 de Julho.* 3 – *Primeiras (re)privatizçações.* 4 – *Eliminação da irreversibilidade das nacionalizações.* 5 – *Lei-Quadro das Privatizações (Lei n.º 11/90, de 5 de Abril).* 6 – *Privatizações posteriores.* 7 – *Privatização do Banco Português do Atlântico.* 8 – *Decreto-Lei n.º 65/94, de 28 de Fevereiro.* 9 – *Conclusão: Inexistência de limites para entidades cujo capital seja detido maioritariamente por entidades estrangeiras.*

1. Irreversibilidade das nacionalizações

A Constituição da República Portuguesa de 2 de Abril de 1976 foi um produto da revolução de 25 de Abril de 1974.

Na parte económica, o espelho da fase mais revolucionária do processo, iniciada em 11 de Março de 1975 – a nacionalização dos sectores básicos da economia pelo Conselho da Revolução –, foi a consagração na lei fundamental do princípio da irreversibilidade das nacionalizações efectuadas depois de 25 de Abril de 1974.

Essa espinha dorsal da Constituição Económica resistiu à primeira revisão, concluída em 30 de Setembro de 1982 com a promulgação e Publicação da lei constitucional n.º 1/82, caracterizada pela eliminação do Conselho da Revolução e atenuação da componente ideológico-programática de inspiração marxista que abundava na versão originária.

2. Reprivatização parcial pela Lei n.º 84/88, de 20 de Julho

Das eleições de Julho de 1987 resultou uma maioria parlamentar monopartidária, suporte de um Governo cujo programa de política económica e social rompia com aspectos do texto constitucional .

Nesse contexto avultam a lei de delimitações dos sectores económicos, a lei da reforma agrária e a lei de transformação das empresas públicas em sociedades anónimas.

Pela lei n.º 84/88, de 20 de Julho, as empresas públicas, ainda que nacionalizadas, passaram a poder ser, mediante Decreto-Lei, transformadas em sociedades anónimas de capitais públicos ou de maioria de capitais públicos (art. 1.º), salvaguardando-se, nos termos do n.º 1 do artigo 2.º que

"*a*) A transformação não implique a reprivatização do capital nacionalizado, salvo nos casos previstos no art. 83.º, n.º 2, da Constituição, devendo os títulos representativos do capital assumido pelo Estado à data da respectiva nacionalização ser sempre detidos pela parte pública.

b) A maioria absoluta do capital social seja sempre detida pela parte pública;

c) A representação da parte pública nos órgãos sociais seja sempre maioritária".

Sem prejuízo do disposto no artigo 2.º transcrito, "o Estado ou qualquer outra entidade pública podem alienar acções da sociedade anónima de que sejam titulares", refere o art. 4.º.

Mas nas alienações referidas, o art. 5.º manda respeitar algumas regras, entre as quais a da al. *d*) do n.º 1, que reza assim:

"O montante de acções a adquirir pelo conjunto de entidades, singulares ou colectivas, estrangeiras ou cujo capital seja detido maioritariamente por entidades estrangeiras não pode exceder 10% das acções a alienar, sob pena de nulidade".

Admitiu-se, assim, a possibilidade de privatização parcial das empresas nacionalizadas (cfr. também o Acórdão do Tribunal Constitucional n.º 108/88)

3. Primeiras (re)privatizações

Tendo em atenção o disposto na lei n.º 84/88, de 20 de Julho, surgiram alguns casos de reprivatização parcial de empresas públicas nacionalizadas depois de 25 de Abril de 1974.

Em todos esses casos, o Decreto-Lei correspondente retoma a fórmula da al. *d*) do n.º 1 do art. 5.º da Lei n.º 84/88.

Assim, o Decreto-Lei n.º 352/88, de 1 de Outubro, que transformou o Banco Totta & Açores, E.P., em sociedade anónima de capitais maioritariamente públicos denominada Banco Totta & Açores, S.A., estatui no art. 6.º, n.º 1, al. *d*):

"O montante das acções a adquirir pelo conjunto de *entidades*, singulares ou colectivas, *estrangeiras ou cujo capital seja detido maioritariamente por entidades estrangeiras* não pode exceder 10% das acções a alienar, sob pena de nulidade."

Também o Decreto-Lei n.º 353/88, de 6 de Outubro, que transformou a Unicer-União Cervejeira, E.P., em sociedade anónima de capitais maioritariamente públicos denominada Unicer – União Cervejeira, S.A., estatui no art. 6.º, n.º 1 al. *d*):

"O montante das acções a adquirir pelo conjunto de *entidades*, singulares ou colectivas, *estrangeiras ou cujo capital seja detido maioritariamente por entidades estrangeiras* não pode exceder 10% das acções a alienar, sob pena de nulidade."

Igualmente o Decreto-Lei n.º 108/89, de 13 de Abril, que transformou a Tranquilidade Seguros, E.P., em sociedade anónima de capitais maioritariamente públicos denominada Companhia de Seguros Tranquilidade, S.A., estatui no art.º 6.º, n.º 1, al *d*):

> "O montante das acções a adquirir pelo conjunto de *entidades*, singulares ou colectivas, *estrangeiras ou cujo capital seja detido maioritariamente por entidades estrangeiras* não pode exceder 10% das acções a alienar, sob pena de nulidade."

Ainda o Decreto-Lei n.º 109/89, de 13 de Abril, que transformou a Aliança Seguradora, E.P., em sociedade anónima de capitais maioritariamente públicos denominada Aliança Seguradora, S.A., estatui no art. 6.º, n.º 1, al. *d*):

> "O montante das acções a adquirir pelo conjunto de *entidades*, singulares ou colectivas, *estrangeiras ou cujo capital seja detido maioritariamente por entidades estrangeiras* não pode exceder 10% das acções a alienar, sob pena de nulidade."

4. **Eliminação da irreversibilidade das nacionalizações**

Decorridos os necessários cinco anos sobre a primeira revisão constitucional, a Assembleia da República eleita em 1987 procedeu a nova revisão ordinária, ultimada em 8 de Julho de 1989 com a Publicação da Lei Constitucional n.º 1/89.

Traço profundo da segunda revisão constitucional foi o da *eliminação do princípio da irreversibilidade das nacionalizações* efectuadas depois de 25 de Abril de 1974 e *sua substituição pela admissibilidade da reprivatização da titularidade ou do direito de exploração dos meios de produção e outros bens então nacionalizados.*

Passou a ser a seguinte a nova redacção do art. 85.º da Constituição:

"1. A *reprivatização da titularidade* ou do direito de exploração de meios de produção e outros bens nacionalizados depois de 25 de Abril de 1974 só poderá efectuar-se nos termos da lei-quadro aprovada por maioria absoluta dos Deputados em efectividade de funções.

2. As pequenas e médias empresas indirectamente nacionalizadas situadas fora dos sectores básicos da economia poderão ser reprivatizados nos termos da lei".

Com a segunda revisão constitucional *desapareceu, portanto, o impedimento à reprivatização da totalidade do capital*

5. Lei-Quadro das Privatizações (Lei n.º 11/90, de 5 de Abril)

A lei-quadro das privatizações – lei n.º 11/90 – foi aprovada em 5 de Abril de 1990, com a observância dos princípios fundamentais estabelecidos pelo art. 296 da Constituição.

Naquilo que directamente nos interessa para o caso da consulta, importa sublinhar o n.º 1 do art. 4.º e o n.º 3 do art. 13.

Reza assim o n.º 1 do art. 4.º:

"As empresas públicas a reprivatizar serão transformadas, mediante Decreto-Lei, em *sociedades anónimas*, nos termos da presente lei".

Por sua vez, estabelece o n.º 3 do art. 13:

"O diploma que operar a transformação poderá ainda limitar o montante das acções a adquirir ou a subscrever pelo conjunto de *entidades estrangeiras ou cujo capital seja detido maioritariamente por entidades estrangeiras...*".

254 João Calvão da Silva

Numa palavra: no art. 4.º a lei-quadro já não fala da transformação de empresas públicas em sociedades anónimas de capitais maioritariamente públicos e no n.º 3 do art. 13 retoma a dicotomia *entidades estrangeiras ou cujo capital seja detido maioritariamente por entidades estrangeiras*, vinda da lei n.º 84/ 88, de 20 de Julho, no art. 5.º, n.º 1, al. *d*).

6. Privatizações posteriores

Nos diplomas de privatizações imediatamente a seguir à aprovação da lei-quadro ainda se retoma a dicotomia *entidades estrangeiras ou cujo capital seja detido maioritariamente por entidades estrangeiras.*

Assim, o Decreto-Lei n.º 260/90, de 17 de Agosto, relativo à Tranquilidade, preceitua no art. 8.º, n.º 1:

> "Enquanto não for ilimitada, por força de disposição legal, a aquisição e posse de acções da sociedade por parte de *entidades estrangeiras ou de entidade cujo capital social ou correspondente direito de voto seja maioritariamente detido por entidades estrangeiras, observar-se-à o seguinte.*"

Também o Decreto-Lei n.º 348/90, de 5 de Novembro, relativo à Aliança Seguradora, estatui no art. 8.º, n.º 1:

> "Enquanto não for ilimitada, por força de disposição legal, a aquisição e posse de acções da sociedade por parte de *entidades estrangeiras ou de entidade cujo capital social ou correspondente direito de voto seja maioritariamente detido por entidades estrangeiras, observar-se-à o seguinte:*"

Em *fases subsequentes, todavia, o legislador deixa cair a dualidade "entidade estrangeira-entidade cujo capital seja maioritariamente detido por entidade estrangeira" e passa a referir-se apenas a entidades estrangeiras, concretizando este conceito em termos restritos ou amplos.*

Desde logo, o Decreto-Lei n.º 321-A/90, de 15 de Outubro, relativo ao BPA, cujos arts. 12 e 13 rezam como se segue:

"Art. 12.º – 1. Enquanto não for ilimitada, por força de disposição legal, a aquisição e a posse, por entidades estrangeiras, de acções da sociedade reprivatizada..."

"Art. 13.º – 1. Para efeitos deste diploma, consideram--se, nomeadamente, entidades estrangeiras:

a) As sociedades ou entidades equiparáveis, constituí-das ao abrigo de lei estrangeira;

b) As sociedades com sede em Portugal que, nos termos do artigo 486 do Código das Sociedades Comerciais, sejam dominadas, directa ou indirectamente, por enti-dades referidas na alínea anterior".

Depois, o Decreto-Lei n.º 140/91, de 10 de Abril, relativo à Bonança, cujos arts. 8.º e 9.º estatuem:

"Art. 8.º – 1. Enquanto for limitada, por força de dispo-sição legal, a aquisição e a posse, por *entidades estran-geiras*, de acções da sociedade reprivatizada..."

"Art. 9.º – 1. Para efeitos deste diploma, consideram-se, nomeadamente, entidades estrangeiras:

a) As sociedades ou entidades equiparáveis constituídas ao abrigo da lei estrangeira;

b) As sociedades com sede em Portugal que, nos termos do art. 486.º do Código das Sociedades Comerciais, sejam dominadas, directa ou indirectamente, por enti-dades referidas na alínea anterior".

De seguida, o Decreto-Lei n.º 353/91, de 20 de Setembro, referente à Petrogal, cujos arts. 12 e 14 estabelecem:

"Art. 12.º – 1. No conjunto das fases do processo de reprivatização não podem ser adquiridas *por entidades estrangeiras*, nem averbadas ou isentas a seu favor..."

"Art. 14.º – 1. Para efeitos deste diploma, consideram--se, nomeadamente, entidades estrangeiras:

a) As sociedades ou entidades equiparáveis constituídas ao abrigo da lei estrangeira;

b) As sociedades com sede em Portugal que, nos termos do art. 486.º do Código das Sociedades Comerciais, sejam dominadas, directa ou indirectamente, por entidades referidas na alínea anterior".

Também o Decreto-Lei n.º 300/90, de 24 de Setembro, relativo à Centralcer, cujos arts. 12 e 13 estabelecem:

"Art. 12.º – 1. Enquanto não for ilimitada, por força de disposição legal, a aquisição e a posse, *por entidades estrangeiras...*"

"Art. 13.º – 1. Para efeitos deste diploma, consideram--se, nomeadamente, entidades estrangeiras:

a) As sociedades ou entidades equiparáveis constituídas ao abrigo da lei estrangeira;

b) As sociedades com sede em Portugal que, nos termos do art. 486.º do Código das Sociedades Comerciais, sejam dominadas, directa ou indirectamente, por entidades referidas na alínea anterior".

Concretizando "entidades estrangeiras" em termos mais amplos, podem ver-se:

– Decreto-Lei n.º 138-A/91, e 9 de Abril, relativo à Sociedade Financeira Portuguesa, que, depois de no art. 8 se referir apenas a *entidades estrangeiras*, estatui no artigo 9.º:

"1 Para efeitos deste diploma, consideram-se, nomeadamente, entidades estrangeiras:

a) As pessoas singulares de nacionalidade estrangeira;

b) As pessoas colectivas com sede ou domicílio principal fora do território e que não tenham a nacionalidade portuguesa;

c) As sociedades ou entidades equiparáveis constituídas ao abrigo da lei estrangeira;

d) As sociedades com sede em Portugal que, nos termos do artigo 486.º do Código das Sociedades Comerciais, sejam dominadas, directa ou indirectamente, por entidades referidas nas alíneas anteriores.".

– Decreto-Lei n.º 246-A/92, de 5 de Novembro, relativo à União de Bancos Portugueses, que, depois de no art. 8.º se referir apenas a entidades estrangeiras, estatui no art. 9.º:

"1 – Para efeitos deste diploma, consideram-se (¹) entidades estrangeiras:

a) As pessoas singulares de nacionalidade estrangeira;

b) As pessoas colectivas com sede ou domicílio principal fora do território e que não tenham a nacionalidade portuguesa;

c) As sociedades ou entidades equiparáveis constituídas ao abrigo da lei estrangeira;

d) As sociedades com sede em Portugal que, nos termos do artigo 486.º do Código das Sociedades Comerciais, sejam dominadas, directa ou indirectamente, por entidades referidas nas alíneas anteriores.".

– Decreto-Lei n.º 2/92, de 14 de Janeiro, relativo à Mundial Confiança, que, depois de no art. 9.º se referir apenas a *entidades estrangeiras*, estatui no art. 10.º:

"1 – Para efeitos deste diploma, consideram-se, nomeadamente, entidades estrangeiras:

a) As pessoas singulares de nacionalidade estrangeira;

(¹) Este o único caso em que não aparece o advérbio "nomeadamente".

b) As pessoas colectivas com sede ou domicílio principal fora do território e que não tenham a nacionalidade portuguesa;

c) As sociedades ou entidades equiparáveis constituídas ao abrigo da lei estrangeira;

d) As sociedades com sede em Portugal que, nos termos do artigo 486.º do Código das Sociedades Comerciais, sejam dominadas, directa ou indirectamente, por entidades referidas nas alíneas anteriores.".

— Decreto-Lei n.º 165/91, de 7 de Maio, relativo ao BESCL, que depois de no art. 7.º se referir apenas a entidades estrangeiras, estatui no art. 8.º (²):

"1 – Para efeitos deste diploma, consideram-se, nomeadamente, entidades estrangeiras:

a) As pessoas singulares de nacionalidade estrangeira;

b) As pessoas colectivas com sede ou domicílio principal fora do território e que não tenham a nacionalidade portuguesa;

c) As sociedades ou entidades equiparáveis constituídas ao abrigo da lei estrangeira;

d) As sociedades com sede em Portugal que, nos termos do artigo 486.º do Código das Sociedades Comerciais, sejam dominadas, directa ou indirectamente, por entidades referidas nas alíneas anteriores."

— Decreto-Lei n.º 182/91, de 14 de Maio, relativo ao Banco Fonsecas e Burnay, que, depois de no art. 14.º se referir apenas a *entidades estrangeiras*, estatui no art. 15.º:

(²) O mesmo se diga, ainda relativamente ao BESCL, do Dec-Lei n.º 450/91, de 4 de Dezembro (art. 8.º).

"1 – Para efeitos deste diploma, consideram-se, nomeadamente, entidades estrangeiras:

a) As pessoas singulares de nacionalidade estrangeira;

b) As pessoas colectivas com sede ou domicílio principal fora do território e que não tenham a nacionalidade portuguesa;

c) As sociedades ou entidades equiparáveis constituídas ao abrigo da lei estrangeira;

d) As sociedades com sede em Portugal que, nos termos do artigo 486.º do Código das Sociedades Comerciais, sejam dominadas, directa ou indirectamente, por entidades referidas nas alíneas anteriores."

– Decreto-Lei n.º 199/92, de 23 de Setembro, relativo ao Crédito Predial Português, que, depois de no art. 10.º se referir apenas a *entidades estrangeiras*, estatui no art. 12.º:

"1 – Para efeitos deste diploma, consideram-se, nomeadamente, entidades estrangeiras:

a) As pessoas singulares de nacionalidade estrangeira;

b) As pessoas colectivas com sede ou domicílio principal fora do território e que não tenham a nacionalidade portuguesa;

c) As sociedades ou entidades equiparáveis constituídas ao abrigo da lei estrangeira;

d) As sociedades com sede em Portugal que, nos termos do artigo 486.º do Código das Sociedades Comerciais, sejam dominadas, directa ou indirectamente, por entidades referidas nas alíneas anteriores.".

– Decreto-Lei n.º 173-A/92, de 12 de Agosto, relativo
à Império, que, depois de no art. 10.º se referir apenas a *entidades estrangeiras*, estatui no art. 11.º:
"1 – Para efeitos deste diploma, consideram-se, nomeadamente, entidades estrangeiras:

  a) As pessoas singulares de nacionalidade estrangeira;
  b) As pessoas colectivas com sede ou domicílio
  principal fora do território e que não tenham
  a nacionalidade portuguesa;
  c) As sociedades ou entidades equiparáveis constituídas ao abrigo da lei estrangeira;
  d) As sociedades com sede em Portugal que, nos
  termos do artigo 486.º do Código das Sociedades Comerciais, sejam dominadas, directa ou
  indirectamente, por entidades referidas nas
  alíneas anteriores.".

– Decreto-Lei n.º 68/92, de 27 de Abril, relativo à
Cosec, que, depois de no art. 9.º se referir apenas a
entidades estrangeiras, estatui no art. 10.º:
"1 – Para efeitos deste diploma, consideram-se,
nomeadamente, entidades estrangeiras:

  a) As pessoas singulares de nacionalidade estrangeira;
  b) As pessoas colectivas com sede ou domicílio
  principal fora do território e que não tenham
  a nacionalidade portuguesa;
  c) As sociedades ou entidades equiparáveis constituídas ao abrigo da lei estrangeira;
  d) As sociedades com sede em Portugal que, nos
  termos do artigo 486.º do Código das Sociedades Comerciais, sejam dominadas, directa ou
  indirectamente, por entidades referidas nas
  alíneas anteriores".

- Decreto-Lei n.º 260/92, de 24 de Novembro, relativo à Rádio Comercial, que, depois de no art. 8.º se referir apenas a *entidades estrangeiras*, estatui no art. 9.º:

"1 – Para efeitos deste diploma, consideram-se, nomeadamente, entidades estrangeiras:
- *a*) As pessoas singulares de nacionalidade estrangeira;
- *b*) As pessoas colectivas com sede ou domicílio principal fora do território e que não tenham a nacionalidade portuguesa;
- *c*) As sociedades ou entidades equiparáveis constituídas ao abrigo da lei estrangeira;
- *d*) As sociedades com sede em Portugal que, nos termos do artigo 486.º do Código das Sociedades Comerciais, sejam dominadas, directa ou indirectamente, por entidades referidas nas alíneas anteriores.".

7. Privatização do Banco Português do Atlântico

É exactamente igual o Decreto-Lei n.º 169/93, de 11 de Maio, relativo ao BPA.

Diz o art. 7.º, n.º 1:

"Na actual fase de reprivatização não podem ser adquiridas pelo conjunto das *entidades estrangeiras* acções que excedam 15% do capital da sociedade.»

E o art. 9.º, n.º 1, preceitua:

"Na aquisição e na posse, por *entidades estrangeiras*, de acções da sociedade reprivatizada observar-se-á o seguinte:
- *a*) Não podem ser inscritas ou averbadas a *entidades estrangeiras* acções com direito de voto representativas de mais de 25% do capital social com direito a voto».

Para logo de seguida o art. 10.º estabelecer:

"1 – Para efeitos deste diploma consideram-se, nomeadamente, entidades estrangeiras:

a) As pessoas singulares de nacionalidade estrangeira;

b) As pessoas colectivas com sede em domicílio principal fora do território e que não tenham a nacionalidade portuguesa;

c) As sociedades ou entidades equiparáveis constituídas ao abrigo da lei estrangeira;

d) As sociedades com sede em Portugal que, nos termos do artigo 486.º do Código das Sociedades Comerciais, sejam dominadas, directa ou indirectamente, por entidades referidas nas alíneas anteriores.».

Quer isto dizer que o *legislador, na reprivatização do BPA, quer pelo Decreto-Lei n.º 169/93, quer pelo Decreto-Lei n.º 1/92, quer pelo Deoreto-Lei n.º 321-A/90, não usou a faculdade dicotómica* contemplada no n.º 3 do art. 13.º da Lei-Quadro das Privatizações: «o diploma poderá ainda limitar o montante das acções a adquirir ou a subscrever pelo conjunto de *entidades estrangeiras ou cujo capital seja detido maioritariamente por entidades estrangeiras*».

Os diplomas de reprivatização do BPA estabeleceram limites apenas para o montante das acções a adquirir pelo conjunto das entidades estrangeiras, definidas nos termos amplos supra citados.

E pela longa e exaustiva listagem de Decretos-Leis que acabámos de fazer, *foi essa a deliberada política legislativa das privatizações efectuadas em fases subsequentes à lei-quadro.*

8. Decreto-Lei n.º 65/94, de 28 de Fevereiro

A política legislativa referida acaba de ser confirmada pelo Decreto-Lei n.º 65/94, de 18 de Fevereiro.

Vale a pena transcrever algumas passagens do seu preâmbulo justificativo, que constituem, no fundo, a *interpretação autêntica dos diplomas* anteriores.

"Daí o ter-se justificado, no seu arranque, a preocupação de estabelecer alguns limites à participação de entidades estrangeiras no capital das empresas que foram sendo transferidas para o sector privado, limites que variaram conforme a natureza particular de cada caso (...).

Assegurada essa exigência nacional (...) pode concluir-se que a *situação é hoje significativamente diferente daquela que existia quando o programa de reprivatização se iniciou.*

Por um lado, (...) reduziram a vulnerabilidade das respectivas empresas à intervenção de interesses estrangeiros e, por outro, é, por vezes, o próprio interesse destas empresas que aconselha a abertura do seu capital a investidores de outros países.

Num outro plano, os *compromissos do Estado Português no aprofundamento da integração europeia e na unificação do direito comunitário levam também a que, sem prejuízo do interesse nacional, os limites à participação de estrangeiros atrás referidos vão sendo gradualmente eliminados.*

Conscientes de tudo isto, o governo não só tem vindo a alargar a percentagem daqueles limites nas diversas fases de cada processo de reprivatização, como nalguns casos de reprivatização mais recentes optou por não instituir limite algum".

Como se vê não há qualquer dúvida séria de que na privatização do B.P.A., como noutras, *os limites ainda existentes são tão somente para entidades estrangeiras, e não para entidades portuguesas de capital maioritariamente estrangeiro.*

9. Conclusão: Inexistência de limites para entidades cujo capital seja detido maioritariamente por entidades estrangeiras.

De tudo quanto deliberadamente se explanou resulta clara e inequivocamente que na reprivatização do B.P.A. *não há limites para a aquisição de acções por entidades cujo capital seja detido maioritariamente por entidades estrangeiras.*

Logo, uma sociedade com sede estatutária efectiva e única em território português e com principal actividade em Portugal, constituída em Portugal ao abrigo da lei portuguesa, não dominada, nos termos do art. 486.º do Código das Sociedades Comerciais, por qualquer pessoa ou entidade, singular ou colectiva, referida nas als. *a*), *b*) e *c*) do n.º 1 do art. 10 do Decreto-Lei n.º 169/93, de 11 de Maio, não se encontra sujeita aos limites fixados pelo art. 9.º, n.º 1, do mesmo Decreto-Lei, apesar de a maioria do seu capital ser detida por entidade(s) estrangeira(s).

Se o legislador tivesse querido abranger nesses limites as acções detidas por entidades cujo capital fosse detido maioritariamente por entidades estrangeiras, tê-lo-ia feito expressamente, no uso da faculdade conferida pelo n.º 3 do art. 13.º da lei-quadro de privatizações, como o havia feito noutros casos.

Pelo que, apesar de ser exemplificativa a enumeração do n.º 1 do art. 10.º do Decreto-Lei n.º 169/93, uma sociedade nas condições descritas em caso algum pode ser considerada entidade estrangeira para efeitos desse diploma, especialmente do art. 9.º.

Tal o meu parecer

Coimbra, 14 de Fevereiro de 1995

João Calvão da Silva

XI
A CONVOCAÇÃO DE ASSEMBLEIA GERAL
(Art. 375.°, n.° 2, do C.S.C.)

CONSULTA

É-nos formulada a seguinte consulta:

I – Um accionista que possui acções correspondentes a, pelo menos, 5% do capital social requereu ao Presidente da Assembleia Geral das Fábricas Triunfo, S. A., a publicação de convocatória de uma Assembleia Geral, para deliberar sobre a *"Substituição de um Administrador da Sociedade"*.

II – No mesmo requerimento, esse accionista informava o Presidente da Mesa da proposta que apresentaria na Assembleia Geral, em que indicava o nome do administrador a substituir e da pessoa a eleger.

III – O Presidente da Mesa indeferiu o requerimento, decidindo não convocar a Assembleia "uma vez que a ordem de trabalhos não vem indicada com suficiente precisão, tal como para o efeito impõe o n.° 3 do já citado art. 375.° do Código das Sociedades Comerciais".

Pretende saber-se a quem assiste razão.

PARECER

SUMÁRIO: 1 – *Questão axial: precisão da ordem do dia de uma Assembleia geral.* 2 – *"Substituição de um Administrador": precisão suficiente da ordem do dia.* 3 – *A não necessidade da indicação do nome do Administrador a substituir.* 4 – *Direito à informação.* 5 – *Salvaguarda do interesse da sociedade.* 6 – *Salvaguarda da imagem do Administrador a substituir.* 7 – *Salvaguarda do interesse do accionista requerente.* **Conclusão.**

1. Questão axial: precisão da ordem do dia de uma Assembleia geral.

Nos termos do n.º 2 do artigo 375.º do Código das Sociedades Comerciais, "a assembleia geral deve ser convocada quando o requererem um ou mais accionistas que possuam acções correspondentes a, pelo menos, 5% do capital social".

Tal requerimento "deve ser feito por escrito e dirigido ao presidente da mesa da assembleia geral, indicando com precisão os assuntos a incluir na ordem do dia e justificando a necessidade da reunião da assembleia" (art. 375.º, n.º 3, do Código das Sociedades Comerciais).

No caso vertente, o Presidente da Mesa da Assembleia Geral indeferiu o requerimento, não convocando, portanto, a assembleia, a pretexto de que a ordem de trabalhos proposta não vinha indicada com suficiente precisão.

Vale isto tudo por dizer que o objecto do litígio *sub iudice* se cinge ao requisito da *precisão* do assunto a incluir na ordem do dia, nele não estando coenvolvido, portanto, o requisito (autónomo) da justificação da necessidade da reunião da assembleia. Aspecto que, de resto, é claro e inequívoco nos articulados apresentados pelo accionista requerente e pela própria sociedade, em execução do processo especial previsto no artigo 1486.º do Código de Processo Civil, peças que delimitam o *thema decidendum*.

Por outro lado, o comportamento do accionista requerente da convocação da assembleia geral é o mais consentâneo com os interesses da sociedade, do administrador substituendo e do seu próprio interesse pessoal. E a ordem de trabalhos que propõe apresenta a *precisão necessária e suficiente*, não indo mais além justamente em nome dessa tríade de interesses.

Explanemos, em termos sucintos, as razões da afirmação feita.

2. "Substituição de um Administrador da Sociedade": precisão suficiente da ordem do dia.

Ao requerer ao Presidente da Mesa a publicação da convocatória de uma Assembleia Geral para deliberar sobre a *"substituição de um administrador da sociedade"*, o accionista *precisa* clara e inequivocamente o assunto a incluir na ordem do dia.

Efectivamente, entre os muitos assuntos que cabem na competência da assembleia geral, designadamente os referidos no artigo 376.º e no artigo 246.º do Código das Sociedades Comerciais – norma esta, a do artigo 246.º, referente à sociedade por quotas mas a que tem de recorrer-se para suprir a lacuna de preceito semelhante relativo às sociedades anónimas ([1]) –, o accionista *escolhe, especifica* e *individualiza apenas um*, dizendo bem claramente qual é – a substituição de um administrador.

Destarte, o assunto da assembleia requerida vem indicado com muita precisão, porque e na medida em que o seu objecto é *individualizado e concretamente fixado*.

([1]) Neste sentido, cfr. PINTO FURTADO, *Código das sociedades comerciais*, 2.ª ed., Coimbra, 1988, p. 235, anotação ao artigo 373.º.

A Convocação da Assembleia Geral 269

Não pode, pois, dizer-se que a ordem de trabalhos proposta e requerida seja genérica, abstracta ou indefinida, pois através dela os accionistas ficam a saber o *thema deliberandum*.

À semelhança do que se passa no direito civil, na distinção entre obrigações genéricas e obrigações específicas, o objecto da assembleia vem especificado, sendo *restrito e muito preciso*. E tal como quando a individualização ou determinação do objecto da prestação se faz no momento constitutivo da obrigação, servindo as operações de contagem, pesagem ou medição apenas para a sua *precisão* descritiva ou para o cálculo exacto da contraprestação, a obrigação é *específica* e não genérica, também no caso *sub iudice* o assunto – substituição de um administrador – vem logo individualizado, determinado, especificado e precisado, não sendo a indicação do nome concreto do administrador que converte o assunto de genérico em assunto específico e preciso.

Em síntese: dentro dos *n* assuntos que cabem *genericamente* na competência da assembleia geral, o requerimento apresentado pelo accionista *concretiza, individualiza e determina* o objecto decidendo, indicando com a *necessária e suficiente precisão* o assunto a deliberar, pois o menciona claramente (art. 377.º, n.º 8, do Código das Sociedades Comerciais).

3. A não necessidade da indicação do nome do Administrador a substituir.

Para reforço do ponto de vista de que a indicação do nome do administrador a substituir não é condição necessária à precisão ou menção clara do assunto a incluir na ordem do dia e sobre o qual a deliberação será tomada, veja-se o disposto na alínea *d)* do n.º 1 do artigo 289.º e na alínea *c)* do n.º 1 do artigo 376.º do Código das Sociedades Comerciais.

Preceitua o n.º 1 do artigo 289.º, alínea *d)*:

"1 – Desde a data da convocação da assembleia geral

devem ser facultados à consulta dos accionistas, na sede da sociedade:

d) Quando estiver incluída na ordem do dia a eleição *de* membros dos órgãos sociais, *os nomes das pessoas a propor* para o órgão da administração, as suas qualificações profissionais, a indicação das actividades profissionais exercidas nos últimos cinco anos, designadamente no que respeita a funções exercidas noutras empresas ou na própria sociedade, e do número de acções da sociedade de que são titulares".

Mas englobar e mencionar na amplitude do direito à informação, reconhecido genericamente na alínea *c)* do n.º 1 do artigo 21.º do Código das Sociedades Comerciais, a faculdade de os accionistas consultarem *os nomes das pessoas a propor para o órgão de administração*, equivale a dizer não ser necessário e imprescindível que os mesmos constem da ordem do dia. É suficiente, portanto, que nesta esteja incluída a *eleição de membros* dos órgãos sociais. Não se diga, sequer, que isso só valerá para a nomeação *in totum* do órgão ou dos órgãos sociais. O argumento improcede, pois a letra da lei é bem clara — "quando estiver incluída na ordem do dia a *eleição de membros*"... e não a eleição dos membros dos órgãos sociais.

Por sua vez, prevê o artigo 376.º, n.º 1, alínea *c)*:

"1 – A assembleia geral dos accionistas deve reunir nos três primeiros meses de cada ano para:

c) Proceder à apreciação *geral* da administração e fiscalização da sociedade e, *se disso for caso e embora esses assuntos não constem da ordem do dia, proceder à destituição, dentro da sua competência, ou manifestar a sua desconfiança quanto a administradores ou directores*".

Também por aqui se vê, portanto, que apesar de não constar da ordem do dia o nome do administrador ou administradores a substituir, isso não impede a assembleia de eventualmente proceder à sua destituição.

4. **Direito à informação.**

No fundo a questão apresenta-se simples.

Essencial para a lei é que a convocação de assembleias gerais de accionistas não seja deixada ao mero capricho dos accionistas, com as perturbações e prejuízos que isso acarretaria. Por isso, o direito a requerê-las é aferido pela detenção de uma certa percentagem (5%) do capital social, de acordo com o n.º 2 do artigo 375.º do Código das Sociedades Comerciais, na redacção dada pelo Decreto-Lei n.º 280/87, de 8 de Julho, percentagem em que se faz assentar a seriedade do requerimento.

No que concerne ao direito à informação, o legislador depois de reconhecer tratar-se de "um elemento fundamental da actividade societária", apressa-se a dizer que "não deve ser entorpecido por limitações que lhe retirem a sua operância, em termos de razoabilidade. Mas, ao invés, não poderá ser convolado para uma virtual e dificilmente controlável devassa à vida interna da sociedade, para a qual, numa perspectiva prudencial, os sócios poderão lançar mão de outros meios" ([2]). Daí a nova redacção que o legislador deu à alínea d) do n.º 1 do artigo 289.º pelo citado Decreto-Lei n.º 280/87, de 8 de Julho.

Sendo as coisas assim em termos legais, não pode duvidar-se da *seriedade* do requerimento – assegurada pela percentagem mínima (5%) do capital social detido pelo accionista requerente –, nem da *precisão* do assunto a incluir na ordem do dia – substituição de um administrador. A *matéria está suficientemente especificada*, sendo claramente indicado o

---

([2]) Cfr. o n.º 3 do preâmbulo do Decreto-Lei n.º 280/87, de 8 de Julho.

escopo da reunião. Pela ordem de trabalhos proposta os accionistas ficam elucidados sobre a finalidade concreta da assembleia, excluindo do seu espírito qualquer dúvida ou reticência sobre a *matéria* a deliberar. Ademais disso, *quem quiser saber dos nomes da pessoa a substituir e da pessoa a eleger, goza do direito a essa informação (art. 289, n.º 1, al. d), do C.S.C.).*

5. **Salvaguarda do interesse da sociedade.**

Deste modo, o *interesse da sociedade é salvaguardado*, pois não extravasa para o exterior o nome ou nomes das pessoas a substituir, nem a razão de ser dessa substituição.

Na verdade, não se levanta fora da sociedade a anormalidade da substituição, podendo passar mais despercebido o assunto. *"Substituir um administrador"*, sem mais referência, cai aos olhos do público na normalidade das coisas, podendo ocorrer por morte de algum, por doença ou outra impossibilidade, por demissão, etc. Com esta discrição só têm a ganhar a sociedade e os seus accionistas, naturalmente interessados em não dar para fora do seu seio o ar de qualquer desavença ou desentendimento na sua administração.

O assunto é interno e deve ser resolvido internamente, evitando-se custos que de outro modo podem ocorrer... afectando a clientela. Precisado o assunto internamente, reconhecido o direito à informação complementar, *a obrigatoriedade de o requerente indicar na ordem de trabalhos o nome do administrador a substituir seria já uma abundância que só prejudicaria a sociedade.* Pelo contrário, a sua omissão para o exterior salvaguarda a sociedade, sem beliscar minimamente sequer qualquer dos administradores.

6. Salvaguarda da imagem do Administrador a substituir.

O comportamento do accionista requerente salvaguarda, por outro lado, a imagem do administrador a substituir. Para este é de todo o interesse que a sua eventual substituição seja discutida internamente, sem que fora da sociedade se saiba. Até porque pode acontecer que a assembleia não vote a sua substituição. E nessa hipótese, se o seu nome tivesse saído na convocatória, o risco da não reconstituição do *statu quo ante* seria uma realidade.

Sabemos, com efeito, que em situações dessa índole é difícil, se não praticamente impossível, reparar especificamente, *in natura*(³), o dano causado à *boa imagem*, ao *bom nome*, ao *bom crédito* da pessoa em causa aos olhos da opinião pública. Consequentemente, nada como prevenir o risco de ficar abalado o *prestígio* ou o *bom conceito* em que seja tido o administrador, no meio social e profissional em que vive e exerce a sua actividade.

7. Salvaguarda do interesse do accionista requerente.

Por fim, o comportamento do accionista requerente no caso *sub iudice* é o que evita a si mesmo eventuais problemas e incomodidades.

Na medida em que salvaguarda os interesses da sociedade, zela pelos seus interesses. Na medida em que procura não transpor para fora da sociedade a substituição de um administrador, não gerando desconfiança na *capacidade*, no *bom nome, bom conceito* e *prestígio* de que o administrador em causa goza na sua actividade e meio social-profissional,

---

(³) Sobre o ressarcimento do dano em forma específica, cfr. João Calvão da Silva, *Cumprimento e sanção pecuniária compulsória*, Coimbra, 1987, n.º 34, p. 153 e ss.

evita a eventual acusação de violar o princípio *alterum non laedere*. Ou seja, noutros termos, não dá azo a que a sua conduta possa ser vista como *antijurídica*, porque potencialmente lesiva do *bom nome* do administrador que quer substituir (art. 484.º do Código Civil).

CONCLUSÃO

Das considerações precedentemente explanadas resulta que

"a substituição de um administrador da sociedade" apresenta a *precisão necessária e suficiente* exigida pelo n.º 3 do artigo 375.º do Código das Sociedades Comerciais, porque e na medida em que o seu objecto é *individualizado e concretamente fixado*, com os accionistas a saberem o *thema deliberandum* e a poderem informar-se sobre o nome do administrador a substituir,

e que

a omissão na convocatória do nome do administrador a substituir é a atitude mais consentânea com os interesses da sociedade, com o prestígio e o bom nome da pessoa a substituir, com o interesse pessoal do próprio accionista requerente.

Tal o meu parecer

Coimbra, Julho de 1990

João Calvão da Silva

XII
LOCAÇÃO DE TELHADOS OU PAREDES PARA AFIXAÇÃO DE PUBLICIDADE. NATUREZA INTERPRETATIVA DA AL. e) DO N.º 2 DO ART. 5.º DO R.A.U.

CONSULTA

A CASA DA SORTE – Organização Nogueira da Silva, SA é, desde 1983, proprietária e legítima possuidora do prédio sito na Praça D. João da Câmara, com entrada pelo n. 4 da mesma Praça, na cidade de Lisboa, inscrito na respectiva matriz urbana da freguesia dos Restauradores sob o artigo 227.

Em 30/12/1958, os anteproprietários do referido prédio celebraram com a ELECTRO-RECLAMO, LDA., de Lisboa, por escritura pública, o contrato de cujo instrumento notarial vai junta fotocópia (Doc. 1).

Por esse contrato, os ditos anteproprietários cederam à ELECTRO-RECLAMO, LDA. o direito de ocupar, para fins de publicidade luminosa, parte determinada do telhado do aludido prédio, nas demais condições contratuais exaradas naquele instrumento.

Presentemente, ocupa o mesmo telhado o reclamo luminoso da "SAGRES", inaugurado, segundo comunicação da ELECTRO-RECLAMO, LDA., em 1/7/1975 (Doc. 2, junto), e que sucedeu a idêntico reclamo da "SHELL", cuja implantação no local cessou, conforme declaração da ELECTRO-RECLAMO, LDA., em 30/9/1974 (Doc. 3, junto).

Através de carta registada com aviso de recepção, datada de 9/5/1989 (Doc. 4, junto), a CASA DA SORTE notificou a ELECTRO-RECLAMO, LDA. de que não lhe convinha a continuação do indicado contrato para além do termo final, em 30/9/1989 (cit. Doc. 3), do correspondente período de renovação em curso (v. Doc. 1, "Artigo Segundo").

A ELECTRO-RECLAMO, LDA. respondeu à CASA DA SORTE por carta registada de 11/7/1989, subscrita pelo seu Advogado, afirmando que "... não aceita a denúncia do arrendamento efectuada por V. Exas., porquanto, ao contrário do afirmado, se trata de um verdadeiro e próprio arrendamento, e não de ocupação temporária...", – ou de contrato "para comércio e indústria" "que se renova automaticamente em 30 de Setembro próximo nos termos do art. 1035 do Código Civil" (Doc. 5, junto).

Face ao exposto e às normas do direito positivo português, *pergunta-se*:

1. Qual a natureza do indicado contrato?
2. São porventura aplicáveis a esse negócio jurídico as normas restritivas do arrendamento, designadamente a regra do art. 1095 do Código Civil?
3. Quando se iniciou o prazo de renovação contratual respeitante ao reclamo luminoso "SAGRES"?
4. A notificação feita pela CASA DA SORTE à ELECTRO-RECLAMO, LDA., nos termos do citado Doc. 4, foi tempestiva?
5. Idêntica notificação, uma vez tempestiva, faz caducar *ipso jure* ou *ope legis* o dito contrato, não obstante a não aceitação da ELECTRO-RECLAMO, idêntica à do mencionado Doc. 5?
6. A referida não aceitação, pela ELECTRO-RECLAMO, LDA., com manutenção de reclamo luminoso *sem* oposição da CASA DA SORTE por um ano após

Locação de telhados ou paredes para afixação de publicidade

a aludida notificação, faz simplesmente prorrogar o questionado contrato, ou antes envolve a sua renovação, e por que prazo?

7. Qual a sorte desse contrato se a ELECTRO-RECLAMO, LDA. desmontar definitivamente reclamo luminoso no decurso ou no fim dum prazo, contratual ou legal, de implantação respectiva?

8. Efectivada a caducidade do contrato, mas recusando a ELECTRO-RECLAMO, LDA. desmontar o reclamo luminoso, de que meio processual há-de socorrer-se a CASA DA SORTE para a correspondente desocupação do seu telhado, e dentro de que prazo pode, ou acaso deve, propor a respectiva acção?

PARECER

SUMÁRIO: I. **Qualificação jurídica do contrato**. 1 – *As cláusulas contratuais relevantes*. 2 – *Rejeição da qualificação jurídica da situação como comodato*. 3 – *Rejeição da qualificação jurídica da situação como usufruto ou uso e habitação*. 4 – *Rejeição da qualificação jurídica da situação como servidão*. 5 – *Qualificação jurídica do contrato como locação*.6 – (Cont.): A) *O gozo parcial da coisa proporcionado à Electro-Reclamo, Lda.*. 7 – (Cont.): B) *O prazo*. 8 – (Cont.): C) *A retribuição*. II. **Regime jurídico**. 9 – *Inaplicabilidade do regime vinculístico ao contrato de locação de telhado e similares*. 10 – (Cont.): *Doutrina e Jurisprudência*. 11 – Dies a quo *da renovação contratual respeitante ao reclamo luminoso "SAGRES"*. 12 – *Tempestividade da denúncia*. 13 – *Caducidade do contrato*. 14 – *Renovação do contrato caducado*. 15 – *Despejo fundado na caducidade do arrendamento*. **Conclusões. Parecer (Adenda)**. 16 – *As cláusulas 1ª e 16ª*. 17 – *Sua interpretação* 18 – *(Cont.): A) Inexistência de opção de compra do prédio*. 19 – *(Cont.): B) Pacto de preferência (ou "opção") em eventual novo arrendamento*. **Conclusões. Parecer (Adenda)**. I. **A sentença**. 20 – *O texto do aresto*. II. **Apreciação da sentença**. 21 – *O raciocínio linear da sentença*. 22 – *Contrato de locação*. 23 – *Arrendamento para comércio ou indústria*. 24 – *"Ratio essendi" do artigo 1095.º do Código Civil*. 25 – *O arrendamento de telhado para afixação de publicidade luminosa não se subsume à teleologia do artigo 1095.º do Código Civil*. 26 – *Natureza interpretativa da al. e) do n.º 2 do artigo 5.º do R.A.U. na parte de arrendamento de paredes ou telhados para afixação de painéis publicitários*. 27 – *A impossibilidade legal superveniente do contrato*. **Conclusões**.

I
QUALIFICAÇÃO JURÍDICA DO CONTRATO

1. As cláusulas contratuais relevantes

A primeira e fundamental questão a dissecar é a da qualificação jurídica da situação de facto em apreciação, partindo do contrato celebrado em 30 de Dezembro de 1958. Do respectivo conteúdo negocial importa destacar e ter bem presente o disposto nos artigos primeiro, segundo e terceiro.

ARTIGO PRIMEIRO:
"As primeiras outorgantes cedem a E.R.L. e esta aceita o exclusivo de ocupação, durante o prazo de cinco anos e para os fins de publicidade luminosa, da parte do telhado que corresponde à fachada voltada ao largo Dom João da Câmara do prédio com entrada..."

ARTIGO SEGUNDO:
"O prazo de cinco anos a que se refere o artigo primeiro será contado a partir do dia primeiro do mês em que a instalação a exibir fôr inaugurada, presumindo-se sucessivamente renovado por iguais períodos e nas mesmas condições se nenhuma das partes contratantes notificar a outra, por meio de carta registada com aviso de recepção, com a antecedência mínima de cento e vinte dias antes do termo do período em curso, de que não lhe convém a sua continuação".

ARTIGO TERCEIRO:
"A E.R.L. pagará mensalmente por esta cessão a quantia de quatro mil escudos em dinheiro...".

2. Rejeição da qualificação jurídica da situação como comodato

Negativamente, e em face das cláusulas contratuais transcritas, pode dizer-se, em primeiro lugar, não se tratar de um contrato de comodato. Na definição do art. 1129 do Código Civil, "comodato é o contrato *gratuito* pelo qual uma das partes entrega à outra certa coisa, móvel ou imóvel, para que se sirva dela, com a obrigação de a restituir". Ora no caso em apreço é óbvia a *onerosidade* do contrato, visto que a Electro-Reclamo, Lda. se vincula a pagar uma determinada prestação pecuniária mensal em troca do uso da parte do telhado cedido pela contraparte. Prestação pecuniária que na economia negocial se apresenta clara e inequivocamente como *correspectivo* da ocupação da parte do telhado, a não poder ser configurada como encargo ou modo imposto ao comodatário pelo comodante. Na verdade, na interpretação do contrato é inequívoco que as partes quiseram a ocupação do telhado e a soma pecuniária mensal como prestação e contraprestação, ligadas por uma relação de sinalagma.

3. Rejeição da qualificação jurídica da situação como usufruto ou uso e habitação

Não pode, em segundo lugar, falar-se de usufruto. Uma das características deste direito real, a *plenitude* do gozo da coisa (arts. 1439 e 1444 do Código Civil), falta no caso vertente, porquanto a "ocupação do telhado" é *limitada* aos "fins de publicidade luminosa" (Artigo Primeiro do contrato).

E este gozo limitado aos fins de publicidade claramente mostra, por sua vez, que não estamos na presença de um direito (real) de uso em que o gozo da coisa alheia é medido pelas "necessidades, quer do titular, quer da sua família" (art. 1484 do Código Civil). Por outro lado, não só por esta mesma razão mas ainda porque o objecto não é uma *casa de morada* que proporcione à Electro-Reclame, Lda., a habitação, não se verifica o tipo especial de uso, que é o direito de habitação, referido no n. 2 do art. 1484 do Código Civil.

4. Rejeição da qualificação jurídica da situação como servidão

Tão-pouco podemos falar de servidão. Esta é "um encargo imposto num prédio em proveito exclusivo de outro prédio pertencente a dono diferente" (art. 1543 do Código Civil), o que não acontece no caso em análise.

No caso presente há um encargo imposto num prédio *em proveito de uma pessoa colectiva*, sem qualquer afectação a coisas de que ela seja dona, verificando-se, portanto, uma espécie das tradicionalmente chamadas servidões pessoais. Só que as *servitutes personarum* não foram acolhidas pela lei, que apenas admite e regula as servidões prediais (art. 1453 do Código Civil). Dito de outro modo e para sermos rigorosos: de acordo com o princípio da tipicidade ou do *numerus clausus* dos direitos reais (art. 1306 do Código Civil), as antigas servidões pessoais, ou se traduzem num direito real de gozo típico e assim são admitidas, por exemplo, como usufruto, uso e habitação, ou não se traduzem num desses direitos e, nesse caso, assumem natureza meramente obrigacional. É o que acontece no caso presente.

5. Qualificação jurídica do contrato como locação

Assente que o contrato em apreciação não constitui um direito real que traduza uma das tradicionalmente chamadas

Locação de telhados ou paredes para afixação de publicidade   283

servidões pessoais, mas reconhecido que através dele se atinge um resultado correspondente, no campo dos direitos reais, às servidões, qual a natureza jurídica a atribuir a essa convenção?

Pensamos não ser difícil demonstrar no caso em exame a existência dos elementos necessários para configurar um contrato de locação, "pelo qual uma das partes se obriga a proporcionar à outra o gozo temporário de uma coisa, mediante retribuição" (art. 1022 do Código Civil).

6. (Cont.): A) O gozo parcial da coisa proporcionado à Electro-Reclamo, Lda.

Em primeiro lugar, resulta do contrato que o proprietário do prédio urbano assume a obrigação de proporcionar o gozo de uma coisa à outra parte, a Electro-Reclamo, Lda. É certo que o proprietário não se vincula a proporcionar o gozo do prédio nem tão pouco o gozo *total* do telhado. Nada impede, porém, que a obrigação de proporcionar o gozo de uma coisa se confine a *uma ou algumas utilidades da coisa,* desde que esta se preste a ser desfrutada de vários modos e uma sua utilização não exclua ou comprometa outra ou outras. É justamente o que sucede no caso vertente, em que a locação do telhado para afixação de publicidade luminosa traduz um fraccionamento das suas possíveis utilidades não impeditivo de uma pluralidade de utilizações do mesmo.

A isto não se opõe o disposto nos arts. 1022, 1031 e 1038, al. *c)*. A primeira norma estatui a obrigação de o locador proporcionar ao locatário o gozo *(total ou parcial,* leia-se) temporário de uma coisa, mediante retribuição. A segunda estabelece as obrigações de o locador *entregar* ao locatário a coisa locada e de assegurar-lhe o gozo desta para os fins a que se destina, o que evidencia a instrumentalidade da entrega relativamente ao gozo. Vale dizer, por outras palavras, que o decisivo reside na possibilidade dada ao locatário de desfrutar *realmente* a utilidade derivada da coisa – que o locador se compromete a proporcionar-lhe – de acordo com o fim determinado no contrato (art. 1038, al. *c*)). Desde que ocorra essa possibilidade oferecida ao locatário de gozar efectivamente a utilidade convencionada, à existência de um contrato de locação verdadeira e própria não se opõe a circunstância de o proprietário da coisa continuar a utilizá-la também, parcial ou mesmo quase totalmente, pois a apreensão material e exclusiva da coisa que se loca não constitui elemento essencial do contrato de locação [1]. Deste modo, sobre o telhado concorrem dois poderes que se limitam mutuamente: o do proprietário, locador, que conserva a detenção do edifício e do telhado enquanto parte integrante necessária ao gozo daquele para habitação; o da locatária, a Electro-Reclamo, Lda., enquanto o utiliza para fins de publicidade luminosa.

No sentido que defendemos vai, pode dizer-se, a generalidade da doutrina, que vê nos negócios obrigacionais o instrumento idóneo para atribuir a um sujeito um particular gozo da coisa de outrem, em virtude de neles vigorar o princípio da autonomia privada. Entre nós podem consultar-se:

PEREIRA COELHO: "Em qualquer caso, o gozo proporcionado ao locatário tanto pode ser *total* como *parcial*" [2];

PIRES DE LIMA e ANTUNES VARELA: "O gozo temporário da coisa, a que a lei se refere, não precisa de esgotar todas as possibilidades de utilização dela, nem de coincidir com o seu uso normal. Pode locar-se um muro de um edifício apenas para

---

[1] Cfr. GIORGIANNI, *Contributo alla teoria dei diritti di godimento su cosa altrui*, Milano, 1940, p. 53 e ss.; ABELLO, *Trattato della locazione*, vol. I, 1915, p. 258 e ss..

[2] PEREIRA COELHO, *Arrendamento. Direito substantivo e processual* (Lições ao Curso do 5.º Ano de Ciências Jurídicas no ano lectivo de 1988-1989), Coimbra, 1989, p. 9.

Locação de telhados ou paredes para afixação de publicidade 285

nele afixar cartazes ou locar-se uma furgoneta ou uma roulotte para nelas fazer uma exposição de artigos" ([3]);

PINTO FURTADO: "O gozo proporcionado ao *locatário* pode compreender a generalidade das utilidades da coisa ou restringir-se a alguma delas, como, por exemplo, quando num prédio urbano se concede unicamente a superfície da sua fachada ou de um muro para afixação de *cartazes publicitários* ou se proporcionam apoios no telhado para implantação de estruturas de reclamos luminosos" ([4])([5]).

Defendendo a mesma orientação, vejam-se, ainda, entre outros:

TABET: "Qualquer utilidade da coisa pode ser concedida ao locatário, não sendo necessário transmitir *todas as* utilidades que dela derivam" ([6]). Assim, "harerá locação no caso de concessão do gozo de um muro para a afixação de publicidade em que ao concessionário seja assegurada continuidade e autonomia de gozo" ([7]), do mesmo modo que "a locação de um animal poderá compreender todas as utilidades que ele pode dar, ou uma utilidade contratualmente determinada (por exemplo, exposição como amostra), e a locação de uma nave pode ser restrita a uma só utilidade..." ([8]);

([3]) PIRES DE LIMA e ANTUNES VARELA, *Código Civil anotado,* vol. II, 3.ª ed., Coimbra, 1986, p. 365, anotação 6 ao art. 1022.

([4]) PINTO FURTADO, *Curso de direito dos arrendamentos vinculísticos,* 2.ª ed., Coimbra, 1988, p. 39.

([5]) No mesmo sentido, cfr. PINTO LOUREIRO, *Tratado da locação,* vol. I, Coimbra, 1946, p. 221; ANTUNES VARELA, anotação ao ac. do STJ, de 2 de Dezembro de 1981, na "Revista de Legislação e Jurisprudência", ano 118, p. 83; ac. da Relação de Lisboa, de 15 de Dezembro de 1937, in "Revista de Justiça", ano XXIII (1938), p. 137.

([6]) TABET, *Locazione (in generale) (Diritto civile),* in "Novissimo digesto italiano", vol. IX, p. 1007.

([7]) TABET, *La Locazione – conduzione,* in "Trattato di diritto civile e commerciale de Cicu e Messineo", vol. XXV, Milano, 1972, p. 235.

([8]) TABET, *La Locazione – conduzione,* cit., p. 234.

CLAUSI-SCHETTINI: "Para que haja um contrato de locação não é necessário transmitir todas as utilidades que a coisa pode originar" [9].

CASSAÇÃO ITALIANA: "Se é verdade que no direito pessoal de gozo, assegurado com a locação, há uma cessão do exercício do direito do locador ao locatário, e que normalmente a natureza absorvente de tal poder não deixa margens para o gozo do proprietário, isto não exclui que em virtude da convenção possa resultar limitado o gozo do locatário a um uso expressamente determinado no contrato, sem que tal limitação desnature a figura da relação de locação. Em tal caso o direito do locatário e a correspondente obrigação do locador circunscrevem-se à utilidade convencionada" [10].

Se assim se não entendesse – considerando que o gozo da coisa (locada) apresenta as mesmas características de generalidade e de abstracção que se verificam na propriedade e no usufruto, pelo que a locação conferiria ao locatário um poder *geral* de gozo e não singulares ou determinadas faculdades –, a consequência seria a de qualificar como *atípico ou inominado* o contrato através do qual o proprietário atribui a outrem o gozo de uma só utilidade derivada da coisa [11]. Nesta tese seria linear a não subsunção do contrato inominado ao regime vinculístico da locação, regime que por ter

---

[9] CLAUSI-SCHETTINI, *Le c.d. servitú irregolari ed il diritto di appoggiare insegne pubblicitarie sulle pareti esterne di un immobile, in* "Il foro italiano", 1952, I, p. 23.

[10] Sentença de 30 de Julho de 1951, n. 2233, in "Il foro italiano", 1952, I, p. 18 e ss., especial. p. 26. No mesmo sentido, cfr. Appelo de Napoli, 30 de Setembro de 1968, in "Dir. giur.", 1969, p. 430, com anotação de UCELLA, *Brevi note in tema di interpretazione dei contratti; Rassegna de giurisprudenza sul Codice Civile* (diretta da Nicolo e Stella Richter), *Appendice di aggiornamento*, T. II, livro IV (art. 1173-2059), Milano, 1975, p. 1654, n. 5; GIORGIANNI, *Contributo,* cit., p. 55.

[11] É a conhecida tese de BIONDI, *Astrattezza del diritto di godimento del locatario,* in "Giurisprudenza italiana", 1952, I, 1, p. 742.

natureza excepcional não comporta aplicação analógica, nos termos do art. 11 do Código Civil ([12]).

7. (Cont.): B) O prazo

O segundo elemento essencial da locação é o *prazo*, devendo o gozo da coisa que o locador se compromete a proporcionar ao locatário ser temporário (art. 1022 do Código Civil). Ora, no caso em análise, as partes estipularam que o contrato valeria pelo prazo de cinco anos, presumindo-se sucessivamente renovado por iguais períodos e nas mesmas condições se nenhuma das partes contratantes o tiver denunciado, nos termos constantes do Artigo Segundo.

8. (Cont.): C) A retribuição

O terceiro e último elemento essencial da locação é a *retribuição* do gozo da coisa. O que acontece no caso vertente, uma vez que as partes determinam o pagamento pela Electro-Reclamo, Lda. de uma determinada soma pecuniária por mês como *correspectivo* do gozo do telhado proporcionado pelo proprietário.

Numa palavra: pelo exposto podemos concluir ser uma locação de conteúdo limitado o contrato objecto da consulta, contrato bilateral ou sinalagmático, oneroso-comutativo e de execução continuada (para o proprietário).

([12]) Neste sentido, cfr. TABET, *La locazione – conduzione*, cit., p. 234; TABET, *Locazione urbane*, 2.ª ed., p. 28.

II
REGIME JURÍDICO

9. Inaplicabilidade do regime vinculístico ao contrato de locação de telhado e similares

Qualificada a situação de facto na origem do conflito entre a Casa da Sorte e a Electro-Reclamo, Lda., passemos ao respectivo regime jurídico ou disciplina normativa.

A primeira questão colocada na consulta é a de saber se são aplicáveis ao presente contrato as normas restritivas do arrendamento, designadamente a regra do art. 1095 do Código Civil. A resposta é seguramente negativa, em virtude de o negócio jurídico cair fora da razão de ser do regime vinculístico da locação.

A *ratio essendi* da regulamentação formulada na Secção VIII do Capítulo IV do Código Civil que trata da locação, designadamente da proibição da denúncia do contrato estatuída no art. 1095, repousa na crise edilícia, na falta de uma oferta de imóveis que dê a resposta adequada e necessária à procura. Se é certo que a grande acuidade deste fenómeno se deveu às duas Grandes Guerras e seus efeitos nefastos no parque habitacional, certo é também que a moderna explosão demográfica, a inflação monetária, o direito social à habitação e a estabilidade desta explicam a continuação do regime vinculístico e em especial a renovação obrigatória do contrato de arrendamento (art. 1095 do Código Civil). E isto tanto nos arrendamentos urbanos para habitação como no arrendamentos para comércio, indústria ou exercício de profissão liberal: naqueles, o regime vinculístico visa satisfazer uma exigência primária da vida − a casa −, protegendo o interesse do inquilino na estabilidade do arrendamento; nestes, o mesmo regime procura assegurar a continuidade da *vida produtiva* do arrendatário, a estabilidade do local onde exerce o comércio, a indústria ou a profissão liberal, por forma a defender a integridade do valor económico do seu estabelecimento comercial ou da sua profissão liberal, valor susceptível de ser consideravelmente afectado se a sua actividade tivesse de passar a exercer-se em local diferente ([13]).

Mas se a razão de ser do regime vinculístico da locação, assente no défice carencial de imóveis para habitação, comércio, indústria ou profissão liberal, repousa na garantia da continuidade dos contratos de arrendamento de imóveis em que o arrendatário habita e tem a sede da sua exploração comercial ou industrial ou da profissão liberal, não pode haver qualquer dúvida séria quanto à sua inaplicabilidade a contrato de locação de telhado para fins de publicidade luminosa e outros similares. Efectivamente, o telhado, como a superfície exterior das paredes de um edifício, não é por natureza habitável nem sede de exploração comercial ou industrial ou de profissão liberal, nem, tão-pouco, se pode dizer que haja penúria de telhados e paredes para afixação de publicidade. Porque assim é, porque o contrato de locação de um telhado não entra ou não se subsume no espírito e *ratio legis* da disciplina vinculística do arrendamento, as normas cogentes respectivas, designadamente a do art. 1095, não são aplicáveis no caso vertente. Corresponde isto a dizer, noutros termos, que não se aplicam as disposições dos arts. 1083 a 1120, valendo tão-somente as regras gerais do contrato de locação (art. 1022 e ss.), pois *cessante ratione legis cessat eius dispositio.*

([13]) Cfr. PEREIRA COELHO, *Arrendamento*, cit., p. 65 e ss., 71 e ss.; TABET, *Locazione vincolistiche*, in "Novissimo digesto italiano", vol. IX, p. 1046.

10. (Cont.): Doutrina e Jurisprudência

Também neste ponto a generalidade da doutrina se pronuncia no sentido da interpretação restritiva precedentemente exposta.

Entre nós podem consultar-se:

PIRES DE LIMA e ANTUNES VARELA: "Note-se, porém, que ao arrendamento de um muro não são aplicáveis as disposições do artigo 1083 e seguintes, visto o contrato não ter por objecto o prédio urbano ou rústico na sua função normal (aquela que imprime natureza especial ao contrato e determina um regime próprio). São, portanto, apenas aplicáveis as regras gerais da locação" ([14]).

ANTUNES VARELA: "Há, efectivamente, contratos de locação e até mesmo de arrendamento, a que não se afigura aplicável a regra que proíbe a denúncia do contrato por parte do senhorio. Se o senhorio arrendar o muro principal ou lateral do seu prédio para afixação de cartazes durante certo período de tempo ou se, nas mesmas condições de duração do acordo, arrendar o telhado do seu edifício para colocação de um reclame luminoso ou de um aparelho de radar, não será aplicável ao contrato a disposição imperativa contida no artigo 1095 do Código Civil.

As disposições especiais formuladas na Secção VIII do Capítulo IV que trata da locação destinam-se apenas aos contratos de arrendamento em que o prédio urbano ou rústico, objecto do contrato, exerce uma das suas funções normais.

Tratando-se de *finalidades puramente atípicas*, como as referidas, ou mesmo de fins especiais transitórios, como as

---

([14]) PIRES DE LIMA e ANTUNES VARELA, *Código Civil anotaclo*, vol. II, cit., p. 365, *in fine*, 366, anotação 6 ao art. 1022.

previstas na al. *b)* do n. 2 do art. 1083, já nenhuma *razão de ser* tem o princípio da *renovação obrigatória* concedido a favor do arrendatário" [15].

PINTO FURTADO: "Restará salientar, em termos gerais, que não deve confundir-se o conceito de *arrendamento vinculístico atípico* com a mera locação de *utilidades diferentes do uso normal e próprio da casa (...).*

Casos desses escapam naturalmente ao vinculismo, embora tenham por objecto uma parte de prédio urbano ou rústico não afectado a fim agrícola, pecuário ou florestal, governando-se pelas disposições da *locação* alheias à secção VIII e, eventualmente, ainda às desta última que não tenham natureza doméstica.

Compreende-se porquê.

Sendo aproveitada em semelhante *locação* uma utilidade diferente da que cabe propriamente à coisa na sua função normal, faltará fundamento para o Estado se sobrepor à autonomia privada intervindo com um vinculismo que é editado a pensar unicamente nas utilidades próprias e normais do bem arrendado, não nas que a imaginação lhes acrescentou de forma insólita" [16].

E mais adiante escreve PINTO FURTADO: "Para integração na disciplina da secção VIII não se esqueça que a nossa lei atende unicamente aos *fins* que fazem aplicação do prédio à sua *função natural,* estando certamente excluídas desse normativo as concessões de superfície de paredes ou de apoios em telhados para implantação de reclamos, que já vimos

---

[15] ANTUNES VARELA, anotação ao acórdão do Supremo Tribunal de Justiça, de 2 de Dezembro de 1981, in "Revista de Legislação e Jurisprudência", ano 118, p. 83.

[16] PINTO FURTADO, *Curso de direito dos arrendamentos vinculísticos*, cit., p. 124.

constituírem locações atidas unicamente às regras da locação em geral" [17][18].

Na doutrina e jurisprudência estrangeiras citem-se, apenas a título de exemplo:

TABET, que vê como contratos sujeitos à legislação vinculística as "locações de imóveis urbanos em que se desenvolve a vida doméstica ou laboral do indivíduo e para os quais subsiste a necessidade da especial protecção", "ficando de fora", entre outros, "locações de paredes para uso de afixação" e os imóveis que "não são susceptíveis, pela sua natureza, de ocupação por parte do homem" [19].

Noutro lugar, TABET, ao apreciar a locação da parede de um edifício para fins publicitários, escreve:

"Neste caso não teremos um local, isto é um *quid* capaz de conter homens ou coisas, de ser destinado a habitação ou a uso diverso da habitação, mas uma parede insusceptível de ambos os usos; deste modo sai totalmente da *ratio legis*, pois há penúria de locais, não de paredes" [20].

CLAUSI-SCHETTINI: "O regime vinculístico dos imóveis urbanos respeita só às casas de habitação e todos os outros locais enquanto sede do exercício de uma actividade económica. Ora, não há dúvida, no nosso caso – refere-se à locação

---

[17] PINTO FURTADO, *Curso*, cit., p. 233, nota 75.

[18] No mesmo sentido, PINTO LOUREIRO, *Tratado da locação,* I, cit. p. 221; acórdão da Relação de Lisboa, de 15 de Dezembro de 1937, in "Revista da Justiça", ano XXIII (1938), p. 137 e ss.: "O reclamo feito por pinturas ou por qualquer outra forma na parede de um prédio não é um acto de exercício de comércio e o contrato de arrendamento que o permite pode ser rescindido pela forma estatuída no respectivo contrato.

A senhoria pode, pois, denunciar o contrato com a antecedência convencionada".

[19] TABET, *Locazione vincolistiche*, in, "Novissimo digesto italiano", vol. IX, n. 3, p. 1049.

[20] TABET, *Le locazioni urbane nella legislazione vincolistica*, Roma, 1950, p. 28.

Locação de telhados ou paredes para afixação de publicidade   293

da parede de um edifício para afixação de publicidade – esta hipótese não se verifica" ([21]).

CASSAÇÃO ITALIANA: "Como este Tribunal teve já ocasião de decidir, nem todas as relações de locação estão sujeitas ao regime especial, ficando excluídos todos os direitos a um gozo ou a uma utilidade que exorbita da finalidade querida pelo legislador. A *ratio* das normas vinculísticas é a de assegurar às pessoas interessadas a habitação ou o gozo de "locais" destinados a usos diversos dos da habitação enquanto sede do exercício de uma actividade económica. A parte exterior de um edifício não pode entrar na tutela legislativa, pois a crise de imóveis urbanos, cujas consequências a lei visa atenuar, cobre só a parte dos edifícios destinada a conter pessoas ou coisas, e não toda e qualquer parte da construção que possa ser objecto de diferente utilização" ([22])([23]).

Em conclusão: o *contrato de locação do telhado para fins de publicidade*, que opõe a Casa da Sorte à Electro-Reclamo, Lda., *não está sujeito à legislação vinculística ou imperativa, designadamente à regra da renovação obrigatória para o senhorio contida no art. 1095 do Código Civil.*

11. *Dies a quo* da renovação contratual respeitante ao reclamo luminoso "SAGRES"

Na segunda questão de disciplina normativa posta na consulta pergunta-se "quando se iniciou o prazo de renovação contratual respeitante ao reclame luminoso "SAGRES".

([21]) CLAUSI-SCHETTINI, *Le c.d. servitu irregolari ed il diritto di appoggiare insegne pubblicitarie sulle pareti esterne di un immobile*, cit., p. 26.

([22]) Sentença de 30 de Julho de 1951, n. 2233, in "Il foro italiano". 1952, I, p. 27.

([23]) No mesmo sentido, cfr., ainda, VISCO, *Trattato delle case in locazione*, 9.ª ed., 1959, p. 317, que adere à sentença referida na nota anterior; DRUNI, *Rassegna critica di giurisprudenza sulle locazione*, Milano, 1954.

Nos termos do n. 1 do art. 1050 do Código Civil, "findo o prazo do arrendamento, o contrato renova-se por períodos sucessivos, se nenhuma das partes o tiver denunciado no tempo e pela forma covencionadas ou designadas na lei". Tendo por exacto o dia 30 de Setembro de 1974 como o termo do anúncio "SHELL" (Doc. 3), a renovação do contrato terá ocorrido nessa data visto que não foi denunciado.

Um elemento perturbador pode resultar, porém, do contrato, mais precisamente dos artigos Segundo, Sexto e Décimo Terceiro. De acordo com o Artigo Segundo o prazo de cinco anos por que o contrato é celebrado conta-se "a partir do dia primeiro do mês em que a instalação a exibir for inaugurada, presumindo-se sucessivamente renovado por iguais períodos e nas mesmas condições se nenhuma das partes contratantes" o denunciar adequada e tempestivamente. Mas no seu Parágrafo Único determina-se que "se a data da inauguração da instalação não coincidir com o primeiro dia do mês, embora o mês correspondente conte para o efeito de pagamento da prestação mensal a que se refere o artigo seguinte, o *prazo do contrato só começará a vencer-se no primeiro dia do mês seguinte*". Por seu lado, o Artigo Sexto prevê a suspensão do prazo do contrato "sempre que por qualquer motivo de força maior, determinada pelas entidades oficiais, nomeadamente restrições de consumo de energia eléctrica, a instalação publicitária não puder iluminar...". Finalmente, no Artigo Décimo Terceiro estipula-se que "o pagamento da prestação mensal a que se refere o artigo terceiro será devido pela Electro-Reclamo, Lda, mesmo que não utilize a instalação· qualquer que seja o motivo, salvo o disposto nos artigos sexto e oitavo".

Parece assim, inculcada a ideia de que as partes quiseram diferenciar a data da renovação contratual para efeitos de pagamento da renda mensal – o fim do prazo da convenção

Locação de telhados ou paredes para afixação de publicidade 295

ou da renovação, *in casu,* 30 de Setembro de 1974 – e de *dies a quo* do novo contrato (renovado por igual período de cinco anos) – a inauguração do reclamo, se coincidir com o primeiro dia do mês, ou, se assim não suceder, o dia primeiro do mês seguinte, *in casu,* 1 de Julho de 1975 (Doc. 2).

Na resolução da dúvida suscitada é fundamental atender aos *modos de conduta por que as partes têm observado o contrato celebrado* [24], isto é, aos critérios a que obedeceram todas as demais renovações verificadas desde a conclusão do contrato.

Por último, diga-se que o prazo da renovação é de cinco anos, em conformidade com o disposto no Artigo Segundo do contrato que assim afasta a regra dispositiva do n.º 2 do art. 1054 do Código Civil.

12. **Tempestividade da denúncia**

A denúncia do contrato feita pela Casa da Sorte à Electro-Reclamo, Lda., nos termos do documento n. 4, é tempestiva, pois observa o prescrito no Artigo Segundo do contrato: notificação da locatária "por meio de carta registada com aviso de recepção, com a *antecedência mínima* de cento e vinte dias antes do termo do período em curso, de que não lhe convém a sua continuação".

Seja o fim do prazo da renovação o dia 30 de Setembro de 1989 – se, nos termos do número anterior (n. 11), a renovação tiver ocorrido em 30 de Setembro de 1974/79/84 – ou o dia 1 de Julho de 1990 – se, nos termos do número anterior (n. 11), a renovação tiver tido lugar em 1 de Julho de 1975/80/85 –, sempre a antecedência mínima acordada foi respeitada.

---

[24] Cfr. RUI DE ALARCÃO, *Interpretação e integração dos negócios jurídicos.* Anteprojecto para o novo Código Civil, in "BMJ", n. 84; MOTA PINTO, *Teoria geral do direito civil,* 1985, p. 451.

Pelo que, se, apesar de a notificação realizada pela Casa da Sorte dar por assente e incontroverso o fim do prazo da renovação em 30 de Setembro de 1989, este fosse afinal em 1 de Julho de 1990, a caducidade do arrendamento dar-se--ia(á) do mesmo modo nesta data em consequência da denúncia efectuada. Determinante é que a denúncia seja comunicada ao outro contraente com a *antecedência mínima estipulada relativamente ao fim do prazo da renovação,* caia ele num dia ou no outro, por forma que o locatário saiba da intenção do locador e possa zelar pelos seus interesses.

13. **Caducidade do contrato**

A denúncia é uma declaração de vontade unilateral receptícia ou recipienda. Quer isto dizer que para ser eficaz precisa de ser dirigida e levada ao conhecimento do destinatário, não bastando, por conseguinte, a sua simples emissão. Mas uma vez comunicada a denúncia, a sua eficácia não carece da concordância ou anuência do destinatário.

Vale isto por dizer que a denúncia efectuada pela Casa da Sorte faz caducar o contrato no fim do prazo da renovação – 30 de Setemlaro de 1989 ou de 1 de Julho de 1990 –, não obstante a sua não aceitação pela Electro-Reclamo, Lda. É sabido que dos casos de caducidade referidos no artigo 1051 do Código Civil só o termo do prazo estipulado ou estabelecido por lei precisa de denúncia. Neste caso do decurso do prazo, a caducidade do arrendamento dá-se em consequência da denúncia, ao passo que nos demais a caducidade se verifica *ipso iure,* sem necessidade de denúncia. Portanto, no fim do prazo da renovação, o contrato tempestivamente denunciado caduca, isto é, cai por si, não continuando para o futuro – efeito extintivo automático ou de pleno direito, sem carácter retroactivo.

Locação de telhados ou paredes para afixação de publicidade 297

14. Renovação do contrato caducado

Que dizer relativamente à questão formulada no n. 6: "a referida não aceitação, pela Electro-Reclamo, Lda., com manutenção de reclamo luminoso sem oposição da Casa da Sorte por um ano após a aludida notificação, faz simplesmente prorrogar o questionado contrato, ou antes envolve a sua renovação, e por que prazo?"

Há renovação do contrato se a Electro-Reclamo, Lda., sem oposição da Casa da Sorte, se mantiver no gozo do telhado pelo lapso de um ano, a *contar da caducidade daquele e não da respectiva denúncia.* É o que resulta do art. 1056 do Código Civil, que considera renovado o contrato *caducado,* nas condições do art. 1054, se o locatário se mantiver no gozo da coisa pelo lapso de um ano sem oposição do locador.

Neste sentido se pronunciam PIRES DE LIMA e ANTUNES VARELA:

"Em qualquer caso, o prazo de um ano exigido neste artigo 1056 para a renovação é contado a partir do momento em que o contrato caducou; o momento da denúncia não interessa para este efeito" [25].

Igualmente, o acórdão da Relação do Porto, de 15 de Outubro de 1982:

"O decurso do prazo de um ano exigido pelo art. 1056 do Código Civil, para a renovação do contrato de arrendamento, conta-se a partir do momento da verificação do facto determinante da caducidade do mesmo contrato..." [26].

Significa isto que a situação é de verdadeira e autêntica *renovação* e não de prorrogação do contrato [27]. Não se trata

---

[25] PIRES DE LIMA e ANTUNES VARELA, *Código Civil anotado*, vol. II, cit., p. 423, anotação 1 ao art. 1056.

[26] "Colectânea de Jurisprudência", ano VII, t. 4, p. 242.

[27] No sentido da renovação, cfr. PEREIRA COELHO, *Arrendamento,* cit.,

de prorrogação porque o art. 1056 do Código Civil pressupõe um arrendamento caducado – logo, um arrendamento extinto, constituindo, por isso, um *non-sens* dizer que o mesmo contrato protela a sua duração... Repare-se que a letra do preceito diz "se, não obstante a caducidade do arrendamento...".

Qual *a ratio* da renovação do contrato?

É a de uma nova manifestação de vontade das partes contratantes, se bem que de forma tácita, deduzida do seu comportamento: da *continuação do gozo* da coisa pelo locatário após a caducidade do contrato e da *inércia* do locador que não se *oponha* a esse gozo pelo arrendatário. Tanto basta para que a lei repute essa *vontade tácita* dos contraentes suficiente para dar vida a nova relação locativa "nas condições do art. 1054", é dizer, modelada no conteúdo da locação precedente que, deste modo, revivesce e encarna *per relationem* na nova relação.

Na mesma linha escrevem PIRES DE LIMA e ANTUNES VARELA:

"A exigência da falta de oposição do locador, para que se verifique a renovação do contrato, mostra que este artigo se funda numa presunção – a de que as partes acordaram tacitamente na renovação" [28].

Igualmente, e em termos impressivos, julgou a CASSAÇÃO ITALIANA:

"A tácita renovação não é uma simples prorrogação automática do precedente contrato mas constitui uma *nova convenção,* assente no unívoco comportamento das partes" [29].

Postas as coisas neste pé deve a Casa da Sorte evitar que a Electro-Reclamo, Lda. continue a gozar o telhado pelo

---

p. 322 e 323; PIRES DE LIMA e ANTUNES VARELA, *Código Civil anotado,* vol. II, cit., p. 424, anotação 3 ao art. 1056; em sentido diferente; cfr. PINTO FURTADO, *Curso,* cit., p. 442 e ss..

[28] *Código Civil anotado,* II, p. 423, anotação 3 ao art. 1056.

[29] Sentença de 19 de Abril de 1949, n. 931, citado por VISCO, *Trattado,* p. 249.

Locação de telhados ou paredes para afixação de publicidade 299

lapso de um ano a contar da caducidade – 30 de Setembro de 1989? 1 de Julho de 1990? – sem a sua oposição à renovação tácita do contrato manifestada por qualquer meio, nos termos gerais do art. 217 do Código Civil [30].

15. **Despejo fundado na caducidede do arrendamento**

O meio a que a Casa da Sorte pode lançar mão para a desocupação do seu telhado é o da acção de despejo com fundamento na caducidade do arrendamento, prevista no art. 970 do Código de Processo Civil [31].

Acção que terá de ser proposta no prazo do art. 1056 do Código Civil – ou mais tarde, se a Casa da Sorte se tiver oposto ao gozo da Electro-Reclamo, Lda., em tempo oportuno [32] –, parecendo dever entender-se que no referente ao regime de recursos valem as regras gerais (art. 678 do Código de Processo Civil) e não o disposto no art. 980 do mesmo Código.

Naturalmente, se a Electro-Reclamo, Lda. desmontar definitivamente reclamo luminoso no fim de um prazo de renovação, após denúncia adequada e tempestiva, nos termos do Artigo Segundo do contrato, o contrato caduca extinguindo-se para o futuro. Já a desmontagem definitiva do reclamo no decurso do prazo da renovação, deixando a Electro-Reclamo, Lda. de pagar renda, constitui causa de resolução do contrato.

---

[30] Neste sentido, cfr. PEREIRA COELHO, *Arrendamento,* cit., p. 323, nota 1: "A oposição do senhorio pode ser manifestada por qualquer meio, nos termos gerais do art. 217".

[31] No sentido de a acção de despejo *imediato* constituir o meio a utilizar quando o arrendatário não aceite o despedimento, cfr. PEREIRA COELHO, *Arrendamento,* cit., p. 328; ALBERTO DOS REIS, in "Revista de Legislação e Jurisprudência", ano 80, p. 33 e ss.

[32] Cfr. PEREIRA COELHO, *Arrendamento,* cit., p. 323, nota 1.

CONCLUSÕES

De tudo quanto se expôs e analisou resultam as seguintes conclusões:

1. O contrato em apreço é uma locação de conteúdo limitado.
2. A inaplicabilidade do regime vinculístico, designadamente da regra da renovação obrigatória para o locador (artigo 1095 do Código Civil).
3. O *dies a quo* da renovação contratual respeitante ao reclame luminoso "SAGRES" é 30 de Setembro de 1974 ou 1 de Julho de 1975, conforme os modos de conduta por que as partes tenham observado o contrato nas demais renovações já ocorridas.
4. A tempestividade da denúncia do contrato efectuada pela Casa da Sorte.
5. A caducidade do contrato no fim do prazo da renovação – 30 de Setembro de 1989 (1 de Julho de 1990?) –, não obstante a não aceitação da denúncia pela Electro-Reclamo, Lda.
6. A renovação do contrato caducado apenas ocorre se a Electro-Reclamo, Lda., sem oposição da Casa da Sorte, se mantiver no gozo do telhado pelo lapso de um ano, a contar do momento da caducidade e não do da denúncia.
7. A caducidade do contrato, se a Electro-Reclamo Lda. desmontar definitivamente anúncio luminoso no fim de um prazo de renovação, após denúncia adequada e tempestiva; o direito à sua resolução, se essa desmontagem se dá no decurso do prazo da renovação, acompanhada da falta de pagamento da renda.

Locação de telhados ou paredes para afixação de publicidade 301

8. A acção de despejo com fundamento na caducidade do arrendamento, prevista no artigo 970 do Código de Processo Civil, como meio processual de que a Casa da Sorte pode lançar mão para obter a restituição do telhado a que tem direito.

Tal o meu parecer

Coimbra, Maio de 1990

João Calvão da Silva

PARECER
(ADENDA)

16. As cláusulas 1ª e 16ª

Em complemento do parecer emitido em Maio de 1990, solicita-me a Casa da Sorte – Organização Nogueira da Silva, Lda., apreciação sobre o "mérito da reconvenção" deduzida pela Electro-Reclamo, Lda. nos termos da qual a reconvinte vem exercer o "direito de opção sobre a compra do prédio por 2.000 contos como foi acordado" (art. 64), ao declarar que "aceita a proposta de opção da aquisição do imóvel referido no prédio identificado no artigo primeiro do contrato de arrendamento outorgado em 30.12.58 e nas condições neste referidas" (art. 74).

As cláusulas do contrato em questão são a 1.ª e a 16.ª, que importa transcrever:

Artigo Primeiro

"*As primeiras outorgantes cedem a E.R.L. e esta aceita o exclusivo de ocupação*, durante o prazo de cinco anos e para os fins de publicidade luminosa, *da parte do telhado que corresponde à fachada voltada ao Largo Dom João da Câmara do prédio* com entrada pelo número quatro do mesmo Largo, nesta cidade, inscrito na respectiva matriz urbana da freguesia dos Restauradores sob o artigo duzentos e vinte e sete, prédio de que as constituintes do primeiro outorgante são legítimas proprietárias e a que atribuem o valor de dois mil contos".

Artigo Décimo Sexto

"*No termo deste contrato a E.R.L. terá opção sobre o local cedido* bem como, e a partir da realização deste acordo, prioridade de obter idêntica cessão quanto à parte do mesmo telhado que corresponde à fachada da Praça Dom Pedro Quarto".

17. Sua interpretação

O ponto axial constitui uma questão de direito, a questão da *interpretação* do contrato, com especial relevo para as cláusulas transcritas.

Actividade dirigida a determinar o conteúdo declaracional relevante, o sentido decisivo com que o contrato há--de valer, se valer puder, a interpretação do negócio jurídico vem disciplinada no art. 236 e ss. do Código Civil.

Dispõe o art. 236:

"1. A declaração negocial vale com o sentido que um declaratário normal, colocado na posição do real declaratário, possa deduzir do comportamento do declarante, salvo se este não puder razoavelmente contar com ele.

2. Sempre que o declaratário conheça a vontade real do dclarante, é de acordo com ela que vale a declaração emitida".

O n.º 1 do preceito transcrito estabelece o *grande princípio* da interpretação negocial, consagrando a conhecida *doutrina da impressão do destinatário*: o sentido decisivo é aquele que se obtenha do ponto de vista de um declaratário normal, colocado na posição do declaratário real, em face do comportamento do declarante.

Quer dizer: toma-se o declaratário efectivo, nas condições reais em que se encontrava, e presume-se depois ser ele uma pessoa normal e razoável, medianamente instruída e diligente. E o sentido prevalecente será aquele que *objectivamente* resulte da interpretação feita por esse destinatário razoável, que ajuíza não só das circunstâncias *efectivamente* conhecidas pelo declaratário real mas também daquelas outras que um declaratário normal, posto na situação daquele, teria conhecido.

Por fim, diga-se ainda, no plano teórico, que à regra básica da interpretação, protectora da legítima confiança, abre a lei duas excepções: a de o sentido objectivo apurado não poder ser imputado razoavelmente ao declarante (art. 236, n.º 1, *in fine*) – caso em que o negócio jurídico deve ser nulo – ou a de o declaratário conhecer a vontade real do declarante (art. 236, n.º 2), valendo de acordo com ela a declaração emitida, em aplicação do brocardo *"falsa demonstratio non nocet"* e respeito à autonomia privada.

Determinemos, de seguida, em aplicação da doutrina da impressão do destinatário razoável consagrada na lei, o conteúdo voluntário, melhor, o conteúdo declaracional das cláusulas supra transcritas, tendo sobretudo em conta, de entre as várias circunstâncias atendíveis para a interpretação, os *termos*, o *sentido* e o *fim* do contrato.

Pelo Artigo Primeiro do contrato, as primeiras outorgantes *cederam* à Electro-Reclamo, Lda. *o exclusivo da ocupação da parte do telhado* que corresponde à fachada voltada ao Largo

Dom João da Camara, durante o prazo de cinco anos e *para os fins de publicidade luminosa.*

Pelo Artigo Segundo, o *prazo de cinco anos* a que se refere o artigo primeiro *presume-se sucessivamente renovado por iguais períodos e nas mesmas condições se nenhuma das partes contratantes notificar a outra,* por meio de carta com aviso de recepção, com a antecedência mínima de cento e vinte dias antes do termo do período em curso, *de que não lhe convém a sua continuação.*

Pelo Artigo Décimo Sexto, *no termo deste contrato a E.R.L. terá opção sobre o local cedido* bem como, e a partir da realização deste acordo, *prioridade de obter idêntica cessão* quanto à parte do mesmo telhado que corresponde à fachada da Praça Dom Pedro Quarto.

Em suma: *visto globalmente nos seus termos, sentido e fim, o contrato é de arrendamento da parte do telhado para fins de publicidade luminosa, automaticamente renovado se nenhuma das partes o denunciar, com previsão para o seu termo final e a favor da Electro- -Reclamo de um direito de opção ou preferência no eventual arrendamento do mesmo local.*

É o que importa ver mais detalhadamente.

18. (Cont.): A) Inexistência de opções de compra do prédio

De acordo com o art. 16.º "no termo deste contrato a E.R.L. terá opção sobre o local cedido...".

A primeira parte, "no termo deste contrato", quer dizer logo que o mesmo não seja renovado nos termos previstos no art. 2.º.

A segunda parte "a E.R.L. terá opção sobre o local cedido exige conjugação com o art. 1.º.

Ora, pelo artigo 1.º fica a saber-se, em primeiro lugar, que o *local cedido não foi o prédio mas apenas a parte do telhado correspondente à fachada voltada ao Largo Dom João da Câmara*, e, em segundo lugar, que a cessão foi do *exclusivo de ocupação dessa parte do telhado para os fins de publicidade luminosa*.

Logo, "no termo deste contrato a E. R.L. terá opção sobre o local cedido" outro alcance não tem, para um destinatário razoável, senão o de *preferência (ou opção) na cessão pelo proprietário da ocupação da mesma parte do telhado*.

No sentido de a opção recair sobre o eventual arrendamento da parte do telhado correspondente à fachada voltada ao largo Dom João da Câmara – local cedido – depõe também a segunda parte do mesmo art. 16.º, ao reconhecer à Electro-Reclamo "prioridade de obter *idêntica cessão* quanto à parte do mesmo telhado que corresponde à fachada da Praça Dom Pedro Quarto". *Idêntica cessão equivale, pois, a significar arrendamento da fachada D. Pedro IV do telhado para fins de publicidade luminosa.*

Não tem, pois, o mínimo de apoio na letra ou no sentido e fim do contrato a tese, deduzida pela Electro-Reclamo na reconvenção, *da opção sobre a compra do prédio por 2.000 contos*.

Desde logo, a opção consagrada no art. 16.º é sobre o *local cedido – e o local cedido foi a parte do telhado* que corresponde à voltada ao Largo Dom João da Camara e *não o prédio*.

Em seguida, *a opção não é sobre a compra* – legalmente impossível – *mas sobre o arrendamento do local cedido*, a parte do telhado voltada ao Largo Dom João da Camara, a par da prioridade de obter *idêntica cessão* quanto à parte do telhado voltada à Praça D. Pedro IV.

Por outro lado, o facto de no art. 16.º se falar de opção não significa que as partes tenham querido celebrar um pacto de opção propriamente dito, pelo qual o proprietário do prédio se obrigaria de maneira a ficar vinculado à sua declaração e a Electro-Reclamo ficaria com a faculdade de aceitar ou não a declaração daquele.

Não se pode dizer, no caso em apreço, que o proprietário manifeste logo o consentimento preciso para outro contrato – a venda do prédio –, tornando-se este perfeito com a aceitação da Electro-Reclamo, Lda..

Na verdade, nada inculca que em 1958, no momento da celebração do contrato de arrendamento de parte do telhado, os proprietários estivessem decididos a vender o prédio, ficando vinculados pela sua declaração, e tendo a Electro-Reclamo a faculdade de aceitar ou não.

Neste sentido não depõe, seguramente, a atribuição do valor de dois mil contos ao prédio no art. 1.º, visto que a mesma não passa de satisfação de uma exigência legal. Era assim ao tempo, por força do art. 13 do Código do Notariado (Dec.-Lei n.º 26118, de 24 de Novembro de 1935), e é-o mesmo assim hoje *ex vi* do art. 77 do actual Código do Notariado, nos termos do qual *nos actos sujeitos a registo predial se deve indicar o valor de cada prédio, para efeitos da respectiva tabela de emolumentos.*

Porque esta é a realidade jurídica, *não tem qualquer sentido querer vincular por tempo indeterminado o proprietário à venda do prédio por 2.000 contos!!!*

A isso se opõe a teoria da interpretação do destinatário razoável (art. 236 do Código Civil), a própria regra do art. 237 do Código Civil – nos termos da qual em caso de dúvida sobre o sentido da declaração prevalece nos negócios onerosos o que conduzir ao maior equilíbrio das prestações – e *decididamente* o art. 238 do Código Civil, por força do qual nos negócios formais não pode a declaração valer com um sentido que não tenha um *mínimo* de correspondência no texto do respectivo documento, ainda que imperfeitamente expresso. É precisamente o que sucede *in casu*, já que *o pacto de opção de compra e venda do prédio não tem um mínimo de correspondência no texto do contrato!!!*

19. (Cont.): B) Pacto de preferência (ou "opção") em eventual novo arrendamento

Ao convencionarem a "opção sobre o local cedido" as partes quiseram dar à Electro-Reclamo a *preferência* no arrendamento do local cedido. O que não é de estranhar, pois não é só na linguagem corrente que tal expressão tem esse significado; também em termos jurídicos a mesma se pode aplicar ao pacto pelo qual uma das partes se obriga a dar preferência à outra, se quiser contratar.

Neste sentido veja-se, por todos, VAZ SERRA, que escreve:

"Esta expressão" – refere-se ao pacto de opção – "pode aplicar-se também ao pacto pelo qual uma das partes (A) se obriga a dar preferência à outra (B), se quiser alienar" [33].

Pelo que os proprietários do prédio em questão não declaram logo que arrendam a parte do telhado à Electro--Reclamo, Lda., no termo do contrato de 1958, apenas se comprometendo a, se quiserem novamente arrendar, dar preferência à Electro-Reclamo, Lda..

Por último, mesmo na hipótese teórica de contrato de opção de compra e venda do prédio, a Electro-Reclamo, Lda. não poderia vir agora substituir-se ao adquirente, a Casa da Sorte, visto que aquele negócio jurídico tem efeitos *inter partes*, não obrigando terceiros.

---

[33] VAZ SERRA, *Contrato Promessa*, (separata), Lisboa, 1958, p. 15, nota 23.

Nesse caso, porque a parte vinculada teria faltado à sua obrigação e alienara o prédio a terceiro (a Casa da Sorte, que o registou), à Electro-Reclamo, Lda. não restaria senão o caminho da eventual indemnização a pedir aos contraentes faltosos.

Não tem, por isso, qualquer sentido o pedido formulado pela reconvinte de ser condenada a reconvinda a celebrar com aquela contrato de venda do mencionado prédio no prazo de 60 dias contados do trânsito em julgado da correspondente sentença (art. 76 da Reconvenção) – além de que seria não ter presente que, *por definição*, o pacto de opção conferia à Electro-Reclamo Lda. o direito de, com a aceitação da declaração dos primitivos proprietários, aperfeiçoar o contrato de compra e venda do prédio.

Repare-se, para concluir, que a Casa da Sorte comprou o mesmo prédio, em 27 de Abril de 1983, *livre de quaisquer encargos* (cfr. escritura pública), em conformidade com a natureza obrigacional do pacto de preferência previsto no art. 16 do contrato celebrado em 1958 entre os primitivos proprietários do prédio e a Electro-Reclamo, Lda..

CONCLUSÕES

De tudo quanto se explanou resulta:

I – A inexistência de um direito de opção da Electro-Reclamo, Lda., sobre a compra do prédio por dois mil contos.

II – A existência de um pacto de opção pelo qual os primitivos proprietários se obrigam a dar preferência à Electro-Reclamo, Lda., se quiserem de novo arrendar a parte do telhado no termo do contrato celebrado em 1958 – pacto de opção esse que, toda-

Locação de telhados ou paredes para afixação de publicidade 309

via, tem eficácia meramente obrigacional, não obrigando a Casa da Sorte.

Tal é o meu parecer.

Coimbra, Julho de 1991

João Calvão da Silva

PARECER
(ADENDA)

I
A SENTENÇA

20 – O texto do aresto

No processo que opõe a CASA DA SORTE – ORGA-
NIZAÇÕES NOGUEIRA DA SILVA, S. A. à ELECTRO-
-RECLAMO, LTDA., e em que demos parecer, o Juiz do
tribunal de primeira instância sentenciou assim:

"Nos termos do art. 1023 do C. Civil, a locação diz-se
arrendamento quando incide sobre coisa imóvel e aluguer
quando incide sobre coisa móvel.

Assim, desde que o objecto do direito corresponde a um
imóvel, estamos perante um arrendamento.

Arrendamento este que é comercial, pois foi celebrado
no interesse de uma sociedade comercial, a ora Ré, que tem
por objecto a exploração de anúncios luminosos (actividade
comercial).

Aplica-se, consequentemente, ao caso *sub iudice* o art. 1095.° do C. Civil, que impede a denúncia por parte do senhorio, considerando-se o contrato renovado se não for denunciado pelo arrendatário, o que implica que carece de validade o art. 2.° do contrato.

Diga-se de passagem, que no caso dos autos não é aplicável o R. A. U., pois tal representaria uma agressão ao princípio da liberdade contratual (...), conforme se retira do acórdão da Relação de Lisboa de 3/12/92 (Colectânea de Jurisprudência, 1992, T. V, p. 132), aplicando-se, como acima se disse, o regime do art. 1095 do C. Civil.

Assim, improcede a presente acção (...)".

II
APRECIAÇÃO DA SENTENÇA

21 – O raciocínio linear da sentença

O raciocínio da sentença é o seguinte: o negócio jurídico firmado entre a CASA DA SORTE e a ELECTRO--RECLAMO, LTDA. constitui um contrato de arrendamento *comercial*, pois a segunda é uma sociedade comercial que tem por objecto a exploração de anúncios luminosos (actividade comercial).

Consequentemente, aplica-se ao caso o princípio da renovação obrigatório da locação, estatuído no artigo 1095.° do Código Civil.

22 – Contrato de locação

Quanto à qualificação do contrato como locação não temos qualquer dúvida. Demonstrámo-lo abundantemente no

Parecer que foi junto aos autos, em que afastamos designadamente a sua caracterização como contrato atípico e inominado. De facto, verificando-se na concessão do gozo do telhado de um prédio – assim como de muro isolado, de parede exterior, montra ou vitrine de um edifício – a *causa* própria ou função económico-social específica do arrendamento, não vemos qualquer razão válida para não inscrever esse negócio jurídico na moldura legal do contrato típico da locação.

No mesmo sentido podem ver-se ainda a doutrina e a jurisprudência alemãs, que reconhecem arrendamentos de paredes exteriores de casas para fins de publicidade e de montras e vitrines para a colocação de manequins de reclame comercial (*Warenautomaten*) [34].

23 – **Arrendamento para comércio ou indústria**

No que toca à qualificação do arrendamento como comercial, o tribunal não fez qualquer esforço para demonstrar a afirmação. Quando é óbvio que numa acepção tradicional de comércio como actividade intermediária nas trocas, elo de ligação entre a produção e o consumo, a actividade de propaganda ou de publicidade realizada pela ELECTRO-RECLAMO, LTDA. não reveste natureza rigorosa ou estritamente comercial.

Só em sentido amplo, e por aplicação analógica do disposto no artigo 230.º do Código Comercial, é que poderemos qualificar como de natureza mercantil o serviço especializado de publicidade por meio de anúncios ou reclamos luminosos e iluminações ou decorações festivas prestado pela ELECTRO-RECLAMO, LTDA.

---

[34] LARENZ, *Lehrbuch des Schuldrechts*, II, 1, 13.ª ed., 1986, § 48, p. 229, nota 59; BROX, *Besonderes Schuldrecht*, 15.ª ed., p. 94.

312   *João Calvão da Silva*

Mas sendo comercial ou industrial a actividade desenvolvida pela ELECTRO-RECLAMO, LTDA., que celebrará com os seus clientes os contratos propriamente ditos de publicidade e através dos quais realiza o seu objecto social, então o arrendamento do telhado com a CASA DA SORTE considera-se para comércio ou indústria, porque "tomado para fins directamente relacionados com uma actividade comercial ou industrial" (art. 1112.º do Código Civil; artigo 110.º do R.A.U.).

Seguir-se-á daqui, automaticamente, a aplicação *in casu* do artigo 1095.º do Código Civil?

24 – "Ratio essendi" do artigo 1095.º do Código Civil

Para respondermos à questão posta, interessa recordar a *ratio essendi* do disposto no artigo 1095.º do Código Civil: *protecção do valor da estabilidade e continuidade da habitação e do estabelecimento comercial ou industrial.*

A mais do que já dissemos no Parecer (n.os 9 e 10), vejam-se no mesmo sentido:

PIRES DE LIMA e ANTUNES VARELA:

"Através do regime especialíssimo aplicável aos arrendamentos para comércio ou indústria (...) verifica-se que a lei protege de modo especial, no contrato de locação, não apenas o fim da habitação, mas também o valor económico e social que é o estabelecimento comercial ou industrial. Algumas das disposições aplicáveis ao arrendatário comercial ou industrial só se aplicam, com efeito, em função do *estabelecimento instalado no prédio* e da tutela especial que a lei concede a tal universalidade de direito" [35].

---

[35] *Código Civil anotado*, anotação 3 ao art. 1112.º.

Pereira Coelho:

"Se a *estabilidade do estabelecimento comercial ou industrial é um valor a proteger* na legislação locativa (...), não se compreendia que essa estabilidade fosse protegida nos arrendamentos *urbanos* para comércio ou indústria mas já o não fosse nos arrendamentos rústicos para os mesmos fins" [36].

Corresponde tudo isto a afirmar que a legislação específica de protecção do locatário repousa na escassez de casas e locais de negócio, com o livre jogo da lei da oferta e da procura a originar situações angustiantes para a maioria dos locatários e mesmo dos cidadãos.

Para o que aqui mais nos interessa, a questão é a da inadequação da liberdade contratual para assegurar uma protecção eficaz do estabelecimento comercial quando a empresa é explorada em local não pertencente ao comerciante. Nessa hipótese em que não fosse proprietário do local necessário ao exercício da sua actividade, o comerciante-locatário sofreria um grande risco de instabilidade, pois não teria a garantia de permanecer no local por período suficientemente longo, dada a obrigação de deixar o local no caso de o locador se recusar a concluir com ele um novo contrato de arrendamento. Situação grave, reconheça-se, pois o estabelecimento comercial tem um valor autónomo, um valor próprio em que um dos seus elementos essenciais – o valor da clientela e do aviamento – está estreitamente ligado à localização. Pelo que a recusa livre da renovação do arrendamento permitiria ao locador ou instalar-se no mesmo local para explorar um estabelecimento idêntico "apropriando-se" da clientela adquirida e desenvolvida pelo locatário, ou dar o mesmo de arrendamento a um outro

---

[36] *Breves notas ao Regime do Arrendamento Urbano*, in Revista de Legislação e de Jurisprudência, ano 125, p. 260.

314   *João Calvão da Silva*

comerciante por preço mais vantajoso em atenção a essa clientela. Destarte, o locatário ficava à mercê do locador, pela ameaça de recusa da renovação do contrato de arrendamento.

Pois foi justamente para protecção do estabelecimento comercial do locatário que o legislador concebeu mecanismos jurídicos garantes da sua estabilidade e continuidade, com a correspectiva restrição de direitos do locador, designadamente do direito de não renovar a locação uma vez expirado o prazo por que fora celebrada.

No fundo, o princípio da renovação obrigatória visa proteger o locatário comerciante contra o prejuízo que decorreria da *mudança do local da exploração do estabelecimento* ou do fim do próprio estabelecimento por em tempo de crise imobiliária não encontrar no mercado um local disponível para a sua reinstalação. É dizer, por outras palavras, que o estatuto de protecção do locatário tem a ver com o *local arrendado em que o estabelecimento é explorado, justificando--se exclusivamente pela afectação daquele à exploração deste a título principal ou ainda a título acessório mas indispensável.* E a *verdadeira "ratio" do disposto no artigo 1095.° do Código Civil é o favorecimento,* não do exercício da actividade, do giro ou da dinâmica comercial, mas sim *da estática do estabelecimento, da sua sede ou localização.*

25 – O arrendamento de telhado para afixação de publicidade luminosa não se subsume à teleologia do artigo 1095.° do Código Civil

O que acaba de ser dito não se verifica no caso *sub iudice*.

De facto, não pode afirmar-se que o telhado arrendado seja o local em que se explore um estabelecimento comercial, o local que sirva de *sede a uma unidade produtiva*.

Locação de telhados ou paredes para afixação de publicidade 315

Repare-se bem e ver-se-á que não é nesse espaço de cobertura ou telhado locado que a ELECTRO-RECLAMO, Lda. recebe e emite as suas mensagens produtivas; que não é o telhado locado um *"réceptacle à l'échelle humaine"* ([37]), local onde possa entrar e sair a clientela para escolher os produtos ou serviços prestados pela ELECTRO-RECLAMO, Lda.; que o telhado locado mostra ao público a "Sagres", outrora a "Shell", e não a ELECTRO-RECLAMO, Lda.

Não pode, pois, dizer-se que pela locação do telhado se tenha criado um estabelecimento comercial. A ELECTRO--RECLAMO tinha e tem com certeza o seu estabelecimento sediado noutro local, *centro nervoso dos imputs e outputs da actividade comercial ou industrial* por si desenvolvida. E mesmo segundo a *teoria da impressão do destinatário*, consagrada no artigo 236.º do Código Civil, não é razoável pensar-se que a intenção das partes foi a de através do contrato celebrado criar um estabelecimento comercial sediado no telhado. A isso se opõe o *princípio da confiança* enformador da doutrina da *impressão do destinatário*: um declaratário normal, colocado na posição do real declaratário, não extrairia esse sentido do comportamento do declarante. *Ou será normal e razoável instalar,* nas circunstâncias em que foi e com a *finalidade precisa assinalada, um estabelecimento comercial num telhado?* Será o telhado um local em que possa ser explorado um estabelecimento comercial?

Em abono do resultado a que chegámos, mesmo em sede de interpretação do negócio jurídico, pode invocar-se a própria *noção de estabelecimento comercial como unidade jurídica objectiva, em que o todo é distinto da mera soma das partes componentes.*

([37]) Cour d'Appel de Paris, de 20 de Maio de 1959, Revue Loyers, 1959, p. 546.

316 *João Calvão da Silva*

Corresponde isto a significar, como é afirmado pela doutrina ([38]), que só pode falar-se de estabelecimento se houver *"um todo organizado"*, uma *"unidade produtiva autónoma, com organização específica"* ([39]).

Ora não é isso o que se passa no caso dos autos. Não pode, na verdade, ver-se no reclame luminoso instalado no telhado um *núcleo ou ramo, dotado de autonomia própria, em termos de constituir uma unidade produtiva autónoma, com organização específica* ([40]); não pode dizer-se que o reclame luminoso em causa seja uma *organização de meios humanos e materiais articulados para o exercício de uma actividade.*

Porém, se em si e por si não constitui um estabelecimento comercial, bem jurídico autónomo e uno, já nada impede de ver o reclamo como um dos múltiplos *elementos* do estabelecimento comercial da empresa ELECTRO-RECLAMO, LTDA. *Elemento esse que, todavia, não se afigura vital e indispensável à estabilidade e continuidade do estabelecimento que integra,* porquanto a privação daquele não é de molde a comprometer a existência e a continuidade da exploração deste. Tanto mais que *abundam no mercado telhados e espaços exteriores,* a permitir funcionar a lei da oferta e da procura, não sendo difícil subrogar este contrato por outro, quiçá em circunstâncias mais onerosas ([41]) para a ELECTRO-RECLAMO, Lda.

([38]) Cfr. ORLANDO DE CARVALHO, *Critério e estrutura do estabelecimento comercial, passim* e p. 297 e ss.; FERRER CORREIA, *Lições de direito comercial,* vol. I, p. 201 e segs.

([39]) Cfr. FERRER CORREIA, Parecer publicado na Rev. Ordem dos Advogados, ano 47, Dezembro de 1987, p. 786 e segs.

([40]) Ac. do Tribunal Constitucional, citado por FERRER CORREIA no Parecer referido na nota anterior.

([41]) A maior onerosidade, como a maior incomodidade, de novo contrato de locação de local diferente não pode servir de critério para demonstrar a necessidade ou imprescindibilidade da continuação imperativa da locação presente.

Locação de telhados ou paredes para afixação de publicidade

Porque assim são as coisas, porque o reclame luminoso não constitui um estabelecimento comercial, a *ratio legis* e a *ratio iuris* que ditam o estatuto proteccionista do locatário-comerciante não se verificam no caso em apreço.

Isto mesmo é defendido em geral. Entre nós por PIRES DE LIMA e ANTUNES VARELA no *Código Civil anotado* ([42]), por ANTUNES VARELA na "Revista de Legislação e de Jurisprudência" ([43]) e por PINTO FURTADO, conforme transcrevemos no Parecer (n.º 10).

A mais de outras posições significativas e igualmente citadas no mesmo número do Parecer, passamos a transcrever o seguinte trecho tirado do *Lamy droit commercial*:

"Les murs et toitures recevant des emplacements publicitaires ne constituent pas des locaux dans lesquels peut être exploité un fonds de commerce même lorsqu'ils sont pris en location par une société d'affichage et sont utilisés par le preneur comme support direct de son activité commerciale. La solution a été acquise sous l'empire de la loi du 30 juin 1926 et n'a jamais été remise en cause (Cass. civ., 21 janvier 1930, Gaz. Pal. 1930, 1, Jur., p. 375; Cass. com., 11 mai 1949, Gaz. Pal., 1949, 2, Jur., p. 109 et D. 1949, Jurisp., p. 346)" ([44])([45]).

([42]) *Código Civil anotado*, II, anot. 6 ao art. 1022.º.

([43]) RLJ, ano 118, p. 83, em que exemplifica igualmente com o telhado.

([44]) PIERRE GARBIT, *Baux commerciaux*, in "Lamy droit commercial", 1993, n.º 845.

([45]) Veja-se, ainda, GIOVANNI GABRIELLI, *Fra tipicità e atipicità del contratto: locazione o servitù irregolare?*, in Riv. dir. civ., 1990, p. 359 e segs.

26 – Natureza interpretativa da al. e) do n.º 2 do artigo 5.º do R. A. U. na parte de arrendamentos de paredes ou telhados para a afixação de painéis publicitários

Que o princípio da renovação obrigatória não vale para o arrendamento de telhado dum prédio para instalação de publicidade luminosa é hoje inequívoco em face do novo Regime do Arrendamento Urbano (R. A. U.) aprovado pelo Decreto lei n.º 321-B/90, de 15 de Outubro.

É o que resulta, claramente, da alínea e) do n.º 2 do artigo 5.º do R. A. U., segundo a qual também estão sujeitos ao regime especial previsto no n.º 1 do artigo 6.º.

"*Os arrendamentos de espaços não habitáveis, para afixação de publicidade*, armazenagem, parqueamento de viaturas *ou outros fins limitados*, especificados no contrato, salvo quando realizados em conjunto com arrendamento de locais aptos para habitação ou para o exercício do comércio" ([46]).

O legislador exclui, portanto, do princípio da renovação obrigatória (art. 68.º, n.º 2) os arrendamentos de espaços não habitáveis *para fins limitados*, especificados no contrato, que não sejam realizados em conjunto com arrendamento de locais aptos para habitação ou para exercício do comércio. Dentro de espaços não habitáveis *para fins limitados* a lei dá três exemplos: afixação de publicidade, armazenagem e parqueamento de viaturas.

([46]) Para a sua interpretação, vejam-se PEREIRA COELHO, *Breves notas ao Regime do Arrendamento Urbano*, na Rev. Leg. Jur., ano 125, p. 257 e segs.; PAES DE SOUSA, *Anotações ao Regime do Arrendamento Urbano*, 2.ª ed., 1991, p. 61; JANUÁRIO GOMES, *Arrendamentos comerciais*, 2.ª ed., 1991, p. 26 e segs.; CARNEIRO DA FRADA, *O novo regime do arrendamento urbano*, R. O. A., 1991, p. 163.

Locação de telhados ou paredes para afixação de publicidade 319

Quanto ao primeiro dos fins limitados exemplificados – *afixação de publicidade* – *nenhuma dúvida séria pode haver acerca da natureza interpretativa da al. e) do n.º 2 do artigo 5.º citado.*

Na verdade, pelas citações já feitas no Parecer e agora na presente Adenda, a não sujeição dos arrendamentos de paredes e telhados para a afixação de painéis publicitários ao princípio da renovação obrigatória consignado no artigo 1095.º do Código Civil era defendida por boa parte da doutrina. Consequentemente, uma vez que nessa matéria veio no fundo esclarecer dúvidas suscitadas no domínio do anterior artigo 1095.º do Código Civil, a *nova alínea e) do n.º 2 do artigo 5.º reveste natureza interpretativa. E sendo interpretativa,* pois veio decidir uma questão de direito cuja solução era controvertida ou incerta, consagrando um entendimento defendido na doutrina e a que a jurisprudência chegou ou podia ter chegado [47], *essa norma integra-se na lei interpretada e é de aplicação retroactiva (art. 13.º do Código Civil).*

Neste sentido, a voz autorizada de PEREIRA COELHO, que escreve:

"A afirmação – refere-se à tese defendida por MENEZES CORDEIRO e CASTRO FRAGA de que a alínea *e)* do n.º 2 do artigo 5.º do R.A.U. teria natureza interpretativa – só poderá aceitar-se relativamente aos arrendamentos de paredes ou telhados para painéis publicitários, pois a inaplicabilidade do artigo 1095.º do Código Civil a esses arrendamentos já fora sustentada na doutrina portuguesa por ANTUNES VARELA (citada anotação ao Ac. do S.T.J. de 2.12.1981, na *Revista*, ano 118.º, p. 83)" [48].

---

[47] Cfr. BAPTISTA MACHADO, *Sobre a aplicação no tempo do novo Código Civil*, Coimbra, 1968, p. 286 e segs.

[48] PEREIRA COELHO, *Breves notas*, cit., p. 264, nota 23.

PEREIRA COELHO vai mesmo mais longe na parte restante da al. *e*) do n.º 2 do artigo 5.º citado.

O seu carácter inovador, defende o consagrado civilista, "não obsta, porém, a que os arrendamentos a que se refere aquela alínea possam ser livremente denunciados pelo senhorio, nos termos gerais do artigo 1055.º do Código Civil, *mesmo que anteriores a 15 de Novembro de 1990*, pois a nova lei dispõe directamente sobre o *conteúdo* da relação locativa independentemente do *contrato* que lhe deu origem (Cód. Civil, art. 125.º, n.º 2, 2.ª parte)" [49].

E acrescenta o mesmo autor:

"Não se trata de um *efeito do contrato*, de um efeito das *declarações de vontade* das partes, mas de um *efeito da lei*, que, *independentemente do que tivesse sido acordado* entre as partes ou do silêncio delas a tal propósito (cfr. art. 51.º do RAU), alterou o *estatuto* de senhorio nos arrendamentos de que se trata, conferindo-lhe um amplo direito de denúncia do contrato" [50].

No sentido da natureza interpretativa da al. *e*) do n.º 2 do artigo 5.º vejam-se ainda:

MENEZES CORDEIRO/F. FRAGA:

"Tanto a alínea *b*) como a alínea *e*) do n.º 2, uma vez que vieram esclarecer dúvidas sobre a legislação anterior, têm natureza interpretativa e, em consequência, aplicação retroactiva – artigo 13.º do Código Civil"[51].

---

[49] PEREIRA COELHO, *Breves notas*, cit., p. 264, nota 23.

[50] PEREIRA COELHO, *Breves notas*, cit., p. 260, nota 11, para a qual expressamente remete na nota 23, p. 264.

[51] *Novo Regime do Arrendamento Urbano*, 1990, p. 55, anotação 7 ao artigo 5.º.

Locação de telhados ou paredes para afixação de publicidade 321

É pertinente transcrever igualmente CARNEIRO DA FRADA, que escreve:

"Acolheu-se agora, em letra de lei, a orientação que propugnava pela não aplicação do regime do arrendamento vinculístico à cedência de paredes ou fachadas para a instalação de reclames (...)" [52].

"(...) A lei procura ilustrar o que sejam fins limitados quando refere a utilização do local arrendado para afixação de *publicidade*, armazenagem e parqueamento de viaturas. Todavia, *descontada a primeira situação, em que se aceitará pacificamente que o respectivo contrato não deverá estar sujeito ao regime vinculístico* do arrendamento urbano, a exemplificação carece de ser precisada".

Em sentido diferente do aqui defendido não dispõe o acórdão da Relação de Lisboa, de 3 de Dezembro de 1992, em que se louva a sentença *a quo*. Pois o caso aí resolvido é de arrendamento de espaço para parqueamento de viaturas, e não de arrendamento de telhado para afixação de publicidade, na esteira da tese defendida por ANTUNES VARELA na já várias vezes citada anotação e expessamente invocada pelo Tribunal da Relação de Lisboa.

Diz assim esse acórdão:

"I – A norma do artigo 5.º, n.º 2, al. *e*) do Regime do Arrendamento Urbano (RAU), aprovado pelo Decreto-lei n.º 321-B/90, de 15/10, no que respeita ao arrendamento de espaço para parqueamento de viaturas, não é interpretativa do artigo 1083.º, n.º 2, do Código Civil.

II – Ao arrendamento de uma garagem, para recolha de automóvel, celebrado antes da entrada em vigor da RAU, aplica-se o regime do Código Civil, v.g. o seu artigo 1095)" [53].

---

[52] *O novo Regime do Arrendamento Urbano*, cit., p. 165.

[53] *Colectânea de Jurisprudência*, ano XVII, 1992, T. V, p. 133.

27 – A impossibilidade legal superveniente do contrato

Alheio ao problema em apreço não é a superveniente lei n.º 97/88, de 17 de Agosto, que veio disciplinar a afixação e inscrição de mensagens de publicidade e propaganda.

Nos termos do n.º 1 do artigo 1.º, a *afixação ou inscrição de mensagens publicitárias* de natureza comercial obedece às regras gerais sobre a publicidade e *depende do licenciamento prévio das autoridades competentes.*

Pelo n.º 2 do mesmo artigo 1.º, *compete às Câmaras Municipais*, para salvaguarda do equilíbrio urbano e ambiental, *a definição dos critérios de licenciamento aplicáveis na área do respectivo concelho.*

Em Lisboa, o processo de licenciamento consta do Regulamento sobre Publicidade, publicado no Suplemento do Diário Municipal n.º 15 823, de 26 de Fevereiro de 1990.

Dentro dos limites de licenciamento de mensagens publicitárias, estabelece o artigo 6.º (limite III) desse Regulamento:

> "*Não pode*, ainda, *ser licenciada a afixação de mensagens publicitárias* em bens ou espaços afectos ao domínio público *e nas coberturas e telhados dos edifícios que se situem na área delimitada no mapa anexo*, excepto se se lhes reconhecer indubitável interesse público e não for posta em causa a conservação da zona ambiental e arquitectónica definida".

O edifício em causa no caso *sub iudice*, com frente para a Praça D. João da Câmara, em cujo telhado está instalado o reclame luminoso, situa-se justamente na área do mapa anexo para que remete o citado artigo 6.º do Regulamento.

Ora pelo disposto no n.º 1 do artigo 46.º, do mesmo Regulamento,

> "*não podem ser renovadas as licenças que, à data da entrada*

em vigor deste Regulamento, não sejam conformes com os princípios nele contidos".

Daí que, na mais estrita obediência à nova legalidade, a Câmara Municipal de Lisboa tenha cancelado a licença para o reclame em causa com efeitos a partir de 31 de Dezembro de 1991.

Consequentemente, ainda que valesse o princípio da renovação obrigatória, verificar-se-ia uma *impossibilidade legal superveniente do cumprimento (da renovação) do contrato de locação. Pelo que se extingue a obrigação por impossibilidade objectiva da prestação por causa não imputável ao devedor (art. 790.° do Código Civil), ficando o credor desobrigado da contraprestação (art. 795.°, do Código Civil).* O não cumprimento definitivo da obrigação procederá aqui, sob este ângulo de visão, da *própria lei,* que proibiu a renovação da licença (art. 46.° do Regulamento).

Por outro lado, logo no momento da sua celebração, o contrato ficou sujeito à condição de a Câmara Municipal passar a licença. "Este contrato ficará invalidado no caso da Câmara Municipal de Lisboa não aprovar o projecto acima referido", pode ler-se no artigo 5.° do contrato. Logo, se a renovação da licença não foi autorizada pela Câmara, a prestação, possível na data da conclusão do negócio, tornou-se impossível mais tarde, pelo que o caso não pode deixar de ser equiparado à *impossibilidade superveniente* (art. 790.° e não art. 401.° do Código Civil).

Ora, como todo o objecto de qualquer contrato, também o do arrendamento de telhado para fins publicitários há-de ser possível física e legalmente, não contrário à lei nem à ordem pública (art. 280.° do Código Civil). Porque, como vimos, a Câmara não renovou a licença em obediência ao Regulamento sobre publicidade comercial, a *continuidade do contrato de locação seria ilícita e contrária à lei.* Ou seja: lícito na data da conclusão do contrato, o objecto da locação deixou de o ser quando a mudança superveniente de legislação não permite a sua continuação. E assim como o arrendamento seria nulo por ilicitude do objecto se na data da sua celebração a licença tivesse sido recusada, assim o mesmo se extinguirá por força da superveniente mudança legislativa. Pense-se em caso mais eventualmente chocante: casa de prostituição legal aquando da sua abertura, proibida mais tarde por lei nova. Não se extinguiria o arrendamento da casa em que aquela era explorada?

CONCLUSÕES

De tudo quanto detalhadamente se explanou resulta:

I – A *ratio essendi* do artigo 1095.º do Código Civil repousa na protecção do valor da estabilidade e continuidade da habitação e do estabelecimento comercial ou industrial.

II – O arrendamento do telhado para afixação de publicidade não criou um estabelecimento comercial ou industrial, não passando o painel luminoso instalado de elemento não vital nem imprescindível à existência e continuidade do estabelecimento que integra. Pelo que

III – A *ratio legis* e a *ratio iuris* do estatuto proteccionista do locatário-comerciante, designadamente do princípio da renovação obrigatória, não se verificam no caso em apreço.

IV – A natureza interpretativa da al. *e)* do n.º 2 do artigo 5.º do R.A.U. na parte de arrendamentos de paredes ou telhados para afixação de publicidade.

V – A ilicitude superveniente do objecto da locação, proveniente de mudança da lei de licenciamento de publicidade comercial, com a consequente extinção do contrato.

Termos em que há razões para a procedência do recurso e correspondente revogação da sentença *a quo*.

Tal é o meu parecer

Coimbra, Outubro 1993.

João Calvão da Silva

XIII
GARANTIAS ACESSÓRIAS E GARANTIAS AUTÓNOMAS

CONSULTA

A) **Os factos:**

1. Por documento particular de 01/02/89 constituiu-se o Banco fiador, até ao montante de Esc.: 925.000.000$00, do saldo do preço em dívida do contrato de compra e venda de um imóvel sito em Campolide – Doc. 1.

2. Em 02/02/89, foi lavrada no 16.º Cartório Notarial de Lisboa a escritura de compra e venda, nela se fazendo referência expressa à fiança assumida pelo Banco, mas sem que este a haja outorgado (cláusula nona) – Doc. 2.

3. Por comunicação de 01/02/89, subscreveu o sr. Américo uma declaração solicitando a concessão da garantia referida em 1 e responsabilizando-se como fiador e principal pagador pela sua eventual liquidação – Doc. 3

4. Em 02/05/89, a beneficiária da garantia interpela o Banco para o pagamento da importância de Esc.: 780.462.986$50, considerando preenchidas as condições previstas para a sua liquidação. – Doc. 4.

5. Porque confrontado, em 03/05/89, com um fax, subscrito pelo ilustre Advogado da principal obrigada, que, invocando o disposto no art. 637 do Código Civil, requeria o não pagamento da dívida por a mesma não estar vencida, entendeu o Banco solicitar os esclarecimentos adicionais que fundamentassem tal posição, desse facto dando conhecimento à beneficiária. – Docs. 5 a 7.

6. Com base nos fundamentos aduzidos na comunicação de 23/05/89, subscrita pela impetrante da garantia, recusou o Banco, em 29/05/89, satisfazer a pretensão de pagamento apresentada pela beneficiária. – Docs. 8 e 9.

7. Em 20/06/90, o Advogado da SIMPO solicita de novo ao Banco o pagamento de 925.000.000$00, informando que agora já estariam cumulativamente cumpridas as condições fixadas no n.° 4 da cláusula Quarta da escritura de compra e venda, conforme certidão de um Despacho Camarário de 26/08/88. – Doc. 10.

8. Após a necessária interpelação e com fundamento na posição assumida pela MORATE, o Banco de novo rejeitou o pedido de pagamento, por entender não verificada uma das condições. – Docs. 11 a 14.

9. Em 11/10/90, a MORATE, com fundamento no Despacho Camarário de 29/08/90, que rejeitou o projecto de urbanização apresentado, pretende a extinção da fiança. – Doc. 15.

10. Por comunicação recebida na mesma data, e invocando os mesmos argumentos, pretendeu o sr. Américo ver extinta a fiança por si prestada e referida em 3. – Doc. 16.

11. Por comunicações de 23 de Outubro, o Banco entendeu, pelas razões nelas expressas, não considerar extintas quer a fiança por si prestada, quer a subscrita pelo sr. Américo Amorim. – Docs. 17 e 18.

B) Questões jurídicas

I – A garantia prestada pelo Banco constitui inequivocamente uma fiança, a regular nos termos dos arts. 627 e ss. do Código Civil? Ou poderá configurar uma garantia "on first demand"?

II – É líquida a interpretação das condições de pagamento previstas na escritura de compra e venda, nomeadamente nos vários números da cláusula Quarta?

III – Não o sendo, e se a garantia do Banco configurar uma típica fiança, pode/deve este (arts 637 e 647 do Código Civil) opor-se ao pagamento, com fundamento nas excepções que lhe são apresentadas pelo principal obrigado, nomeadamente a da exigibilidade da cumulação das duas condições previstas no n.° 4 da citada cláusula Quarta?

IV – Considerando:

a) que a garantia subscrita pelo Banco expressamente refere ser este fiador do saldo do preço em dívida,

b) que na alínea b) do n.° 1 da cláusula Quarta da escritura de compra e venda se refere o restante do preço,

c) que na cláusula Nona se estipula a prestação de fiança como respeitante ao pagamento do preço referido na al. b) do n.° 1 da cláusula Quarta,

e sendo certo que:

A – das cláusulas Segunda e Terceira resulta incidir sobre o objecto da venda uma hipoteca a favor da Caixa Económica Açoreana no valor de Esc.: 1.200.000.000$00,

B – pela al. a) do n.° 1 da cláusula Quarta, a principal obrigada, como forma parcelar do pagamento, assumiu a obrigação de liquidar à dita Caixa Económica Açoreana a quantia de 1.200.000 contos em capital,

Poderá o Banco, atendendo à inequívoca literalidade das expressões usadas ("saldo" do preço, o "restante" do preço), eximir-se ao pagamento da fiança, enquanto não se mostrar liquidada a dívida à Caixa Económica Açoreana, pois que com a utilização de tais expressões quis salvaguardar a eficácia da sub-rogação legal a que teria direito (nos termos do art. 592 do Código Civil), eficácia essa que sempre condicionada ficaria se sobre o património da sua principal obrigada impendesse o ónus da hipoteca que garantia a primitiva dívida?

V – A fiança em causa, assumida em escrito particular e garantindo o saldo do preço de uma compra e venda, objecto de escritura pública, poderá ser considerada nula por vício de forma, nos termos das disposições combinadas dos arts 628, n.º 1, e 220 do Código Civil?

VI – Ou, no caso ora sujeito à apreciação, a arguição de tal vício poderá constituir abuso de direito, já que da prevalência do interesse que a forma visa acautelar (certeza e segurança jurídica) poderia resultar o sacrifício dos mais elementares princípios da Justiça?

VII – Porque no próprio escrito da fiança se faz referência expressa ao conhecimento dos termos da escritura pública, esta formalidade devia ser ainda exigida para a garantia?

VIII – A solução a encontrar para eventual nulidade da fiança prestada pelo Banco ou para eventual impossibilidade da sua arguição acarretará solução idêntica se em análise estiver o compromisso assumido pelo sr. Américo?

IX – Se for invocável a eventual nulidade da garantia prestada pelo Banco, poderá este, para salvaguarda da sua imagem, pagar, assegurando-se previamente da sua exigibilidade junto do devedor, obtida a sub-rogação do credor (art. 589 do Código Civil)?

PARECER

SUMÁRIO: CAPÍTULO I. **Fiança e garantias pessoais atípicas.** SECÇÃO I. Da fiança. 1 – *Noção.* 2 – *Acessoriedade: subordinação genética, funcional e extintiva da fiança à obrigação garantida.* SECÇÃO II. Das garantias pessoais atípicas. 3 – *Derrogação à regra legal da acessoriedade da fiança.* 4 – *Garantias autónomas e independentes da obrigação garantida.* 5 (Cont.) – *A) Tipologia social.* 6 – (Cont.): B) *A cláusula de pagamento à primeira interpelação.* 7 – (Cont.): C) *Tutela do devedor contra a excussão abusiva ou fraudulenta da garantia autónoma à primeira solicitação.* 8 – *As cartas de conforto (comfort letters; lettres de patronage; Patronatserklärungen).* CAPÍTULO II. **O caso da consulta.** SECÇÃO I. Interpretação do contrato de garantia. 9 – *Fiança ou garantia on first demand?* 10 – *Teoria da impressão do destinatário razoável.* 11 – *Circunstâncias atendíveis para a interpretação.* 12 (Cont.) – *A) Os termos do negócio colocam-nos inequivocamente perante uma fiança.* 13 (Cont.) – *B) O modo de conduta por que posteriormente as partes tentaram resolver a desavença confirma tratar-se de uma fiança.* 14 (Cont.) – *C) Ausência de cláusula de pagamento à primeira solicitação ou cláusula equivalente derrogadora da acessoriedade da fiança.* SECÇÃO II. Interpretação da compra e venda. 15 – *A condição disjuntiva contida na al. b) do n.º 1 e no n.º 3 da cláusula Quarta.* 16 – *Prevalência do disposto no n.º 4 na fixação do sentido com que deve valer a cláusula Quarta.* SECÇÃO III. Regime Jurídico. 17 – *Meios de defesa do fiador.* 18 – *Validade formal da fiança.* 19 – *Validade formal da carta de conforto e da contrafiança ou retrofiança.* **Conclusões.**

CAPÍTULO I
Fiança e garantias pessoais atípicas

A primeira questão posta na consulta consiste em saber se a garantia prestada pelo Banco constitui uma *fiança* ou uma garantia *on first demand*.

332 João Calvão da Silva

Para dimensionarmos, em toda a plenitude, o relevo teórico e prático da problemática, é mister que preliminarmente se exponha o fundamental acerca da natureza e regime jurídico de uma e outra das figuras.

SECÇÃO I
Da fiança

1. Noção

A fiança é uma *garantia pessoal típica ou nominada* das obrigações, regulada nos arts. 627 e ss. do Código Civil([1]), pela qual um terceiro (fiador) assegura a realização de uma obrigação([2]) do devedor, responsabilizando-se pessoalmente, com o seu património, perante o credor.

([1]) São do Código Civil os artigos citados sem referência a diploma legislativo.

([2]) De uma qualquer obrigação, de dar, de *facere* ou de *non facere*, seja qual for a sua fonte, contrato, negócio jurídico unilateral, lei, etc. (cfr. VAZ SERRA, *Fiança e figuras análogas*, Lisboa, 1957, p. 6; PIRES DE LIMA e ANTUNES VARELA, *Código civil anotado*, vol. I, 4.ª ed., com a colaboração de HENRIQUE MESQUITA, Coimbra, 1987, anotação 2 ao art. 627; ALMEIDA COSTA, *Direiro das obrigações*, 4.ª ed., Coimbra, 1984, p. 615).

Como à prestação da fiança não obsta o facto de a obrigação ser condicional ou futura (art. 628, n.° 2), pode estender-se a garantia a *todas* as obrigações decorridas ou a decorrer de certa ou certas relações de negócios. Porém, para ser válida a cláusula *omnibus* urge que o objecto da garantia seja *determinado* ou *determinável*, como acontecerá se logo no momento da celebração do contrato de fiança vier indicado o título (ou títulos) donde as obrigações futuras poderão ou deverão resultar, ou, ao menos, saber-se como há-de ele ser determinado (VAZ SERRA, *Fiança*, cit., p. 47; PIRES DE LIMA e ANTUNES VARELA, *Código civil anotado*, cit., anotação 4 ao art. 628). Isto porque a determinabilidade do objecto não pode deixar de constituir condição de validade da *fiança omnibus*, como de toda e qualquer obrigação (art. 280). Ora o requisito da

Deste modo, ao garantir a satisfação do direito de crédito, ficando pessoalmente obrigado perante o credor (art. 627, n.º 1), o fiador fortalece e reforça a expectativa de este obter o cumprimento da obrigação, que assim passa a ter duas garantias – a garantia geral do património do devedor principal (art. 601) e a garantia especial do património do fiador ([3]).

Porque ao garantir a realização da prestação debitória o fiador se constitui devedor do credor, a sua responsabilização pessoal abrange todo o património (art. 601), sempre que a não limite a alguns dos bens (art. 602).

---

determinação, determinidade ou determinabilidade do objecto não deixa de existir na *fiança omnibus* prestada para todas as obrigações, actuais ou futuras, do devedor principal nascentes de *certos e determinados tipos ou categorias de actividades* por ele desenvolvidas, pois se refere o conteúdo que as dívidas principais podem assumir nos futuros negócios do garantido com o beneficiário da garantia. *Controvertível e controvertida já é, todavia, a fiança geral, prestada para todas as obrigações do devedor principal resultantes de um qualquer título ou causa, de operações económicas de qualquer género ou espécie*, inclusive de *facto ilícito*. Os riscos e os abusos comportados por uma *fiança geral* são óbvios, não se afigurando presentes em geral os índices de determinabilidade mínima dos débitos a garantir, a não ser que o fiador nela estabeleça limites quantitativos e temporais.

Com origem na *praxis* bancária, a *fiança omnibus*, amplamente difundida, está no centro de vivo debate doutrinal e jurisprudencial em Itália, com a doutrina dominante e a Cassação a defenderem a sua validade. Vide SIMONETTO, *La natura della fideiussione e la nullità della clausola c.d. omnibus*, in "Riv. trim. dir. proc. civ. ", 1987, p. 544 e ss.; VALCAVI, *Se ed entro quali limiti la fideiussione omnibus sia invalida*, in "Il foro ital.", 1985, I, c. 509; MACIOCE, *L'atipicità della fideiussione omnibus*, in "Rassegna dir. civ.", 1981, p. 387 e ss.; FRAGALI, *La fideiussione generale*, in "Banca, bor. e tit. cred.", 1971, I, p. 321 e ss.; CAPUTO, *Validità della fideiussione omnibus*, in "Banca, bor. e tit. cred.", 1974, II, p. 35 e ss.; TERRANOVA, *Validità ed effetti della fideiussione generale*, in "Riv. dir. comm"., 1987, II, p. 148 e ss.

([3]) Garantia especial do beneficiário da fiança, o património do fiador não deixa, porém, de continuar a ser garantia comum dos seus próprios credores (art. 604).

334   *João Calvão da Silva*

2. Acessoriedade: subordinação genética, funcional e extintiva da fiança à obrigação garantida

Com a constituição da fiança passam a existir duas obrigações, a do devedor (principal) e a do fiador. E, nos termos do n.º 2 do art. 627, "a obrigação do fiador é *acessória* da que recai sobre o principal *devedor*".

Corresponde isto a afirmar, por outras palavras, a relação de *dependência ou subordinação da obrigação de garantia relativamente à obrigação garantida*:

Dependência genética, não sendo válida a fiança se o não for a obrigação principal (art. 632, n.º 1) [4];

Dependência funcional, podendo o fiador opor ao credor os meios de defesa que competem ao devedor [5], salvo se forem incompatíveis com a obrigação do fiador (art. 637, n.º 1) [6], e sendo ineficaz perante este a renúncia daquele a qualquer um desses meios (art. 637, n.º 2);

Dependência extintiva, pois extinta a obrigação principal, extinta fica a fiança (art. 651).

A assinalada acessoriedade ou subordinação fideiussória em relação à obrigação principal manifesta-se ainda noutros aspectos, designadamente:

---

[4] Ressalve-se a excepção prevista no n.º 2 do mesmo preceito, nos termos do qual sendo *anulada* (não já declarada nula) a obrigação principal, por incapacidade ou por falta ou vício da vontade do devedor, nem por isso a fiança deixa de ser válida, se o fiador conhecia a causa da anulabilidade (não já da nulidade) ao tempo em que a fiança foi prestada.

[5] Assim, são oponíveis as excepções relativas à validade, eficácia, conteúdo, resolução, extinção, etc., da obrigação garantida. Cfr. FRAGALI, *Fideiussione – Mandato di credito*, in "Commentario Codice Civile de Scialoja e Branca", Livro IV, *Delle obligazioni*, artt. 1936-1959, Bologna-Roma, 1968, p. 317 e ss.

[6] Quanto à incompatibilidade referida na parte final do n.º 1 do art. 637, veja-se o caso da anulabilidade estatuído no n.º 2 do art. 632.

Quanto ao *âmbito da fiança*, que não pode exceder a dívida principal [7] nem ser contraída em condições mais onerosas [8], não sendo, porém, *nula na totalidade, mas apenas reduzida ope legis* aos precisos termos da dívida garantida, a fiança prestada nessas condições (art. 631, 2.º);

Quanto ao *requisito de forma*, sendo a forma da fiança a exigida para a obrigação principal (alt. 628).

---

[7] Não excede a dívida principal a fiança que cubra uma cláusula penal de valor superior à prestação de facto não cumprida (cfr. VAZ SERRA, *Fiança*, cit., p. 58; PIRES DE LIMA e ANTUNES VARELA, *Código civil anotado*, cit., anotação 3 ao art. 631).

De igual modo, *eadem ratio, deve considerar-se válida a fiança de ressarcimento ou indemnização (fideiussio indemnitatis)*, pela qual o garante se vincula a pagar, uma vez executado o património do devedor principal, a parte do crédito do credor que fica a descoberto, seja o "saldo" da dívida do devedor ou a integral indemnização do dano do inadimplemento, *lato sensu* – aliás, em rigor, a terminologia *fiança do ressarcimento* deve ser reservada apenas para a segunda hipótese.

Entre nós, a validade da fiança de indemnização não pode ser questionada, uma vez que, nos termos do art. 634, a fiança tem o conteúdo da obrigação principal e cobre as consequências legais e contratuais da mora ou culpa do devedor – logo, também ou só os prejuízos derivados do incumprimento ou cumprimento imperfeito imputável ao afiançado –, *se o contrário não tiver sido convencionado, em conformidade com o disposto na segunda parte do n.º 1 do art. 631.*

Historicamente, a *fideiussio indemnitatis* surgiu com o propósito de obviar às consequências da *litis contestatio* no direito romano clássico, em que demandado em juízo o devedor se extinguia a obrigação principal, ficando implicitamente liberado o fiador. *Vide* GAMBINO, *Fideiussione, fideiussio indemnitatis e polizza fideiussoria*, in "Riv. dir. comm.", 1960, II, p. 60 e ss.; BO, *Contributo alla dottrina dell'obbligazione fideiussoria*, Milano, 1934, p. 77 e ss.; RAVAZZONI, *La fideiussione*, Milano, 1973, p. 192 e ss.

[8] Por exemplo, estipulação do cumprimento pelo fiador em prazo mais curto ou lugar mais afastado que o do devedor, cumprimento dentro de certo prazo sendo pura a obrigação do devedor. Cfr. VAZ SERRA, *Fiança*, cit., p. 58; ANTUNES VARELA, *Das obrigações em geral*, II, Coimbra, 1990, p. 469; ALMEIDA COSTA, *Direito das obrigações*, cit., p. 618, nota 2.

SECÇÃO II
Das garantias pessoais atípicas

3. Derrogação à regra legal da acessoriedade da fiança

Na experiência negocial, sobretudo na *praxis* comercial, bancária e financeira, são frequentes derrogações às normas do Código Civil reguladoras da fiança. E o aspecto do regime legal que as mais das vezes vem afastado pelas partes é justamente o requisito *típico* da fiança, vale dizer, a acessoriedade, quer a *acessoriedade genética* (art. 632) – por exemplo: na hipótese de invalidade da obrigação principal, a fiança estende-se à obrigação de restituição – quer *a acessoriedade funcional* (art. 637) – *verbi gratia*: o fiador é obrigado a pagar imediatamente ao credor, mediante simples interpelação escrita, não obstante a eventual oposição do devedor.

O objectivo da derrogação do princípio da acessoriedade da fiança é óbvio: desligar a garantia da relação principal, autonomizando-a, por forma a que o seu funcionamento seja automático, eficaz e seguro, e assim proporcione a maior celeridade e a máxima confiança aos agentes económicos na vida dos negócios. O que é deveras importante no comércio, sobretudo internacional, em que os contratantes se não conhecem, não sabem da capacidade económico-financeira e patrimonial nem da honorabilidade de cada um.

Naturalmente, caracterizando-se [9] a fiança pela sua dependência da relação principal, garantias pessoais daquela natureza não podem reconduzir-se ao *tipo legal*. Mas isso não

---

[9] Para a acessoriedade como *característica essencial* da fiança, cfr. Pires de Lima e Antunes Varela, *Código civil anotado*, cit., anot. 5 ao art. 627: Ravazzoni, *La fideiussione*, cit., p. 11 e ss.

Garantias acessórias e garantias autónomas 337

impõe a conclusão de que essas fianças não acessórias ou garantias autónomas sejam nulas. Antes deve entender-se que as partes celebraram um *contrato atípico* ou *inominado de garantia*, conformemente ao princípio da liberdade contratual previsto no art. 405. Destarte, ao afastarem-se, na regulamentação convencional dos seus interesses, de certos aspectos da disciplina legal do arquétipo das garantias pessoais – a fiança –, as partes inventaram uma rica e poliédrica gama de *fianças impróprias* ou *garantias atípicas*, objecto de crescente número de estudos doutrinários e arestos jurisprudenciais [10].

4. Garantias autónomas e independentes da obrigação garantida

A segurança e a certeza proporcionadas aos operadores económicos no tráfico jurídico explica a expansão vertiginosa de garantias pessoais autónomas, exemplo vivo de mais uma notável riqueza e inventiva da prática e da autonomia privada.

No fundo, o contrato inominado de que emergem garantias independentes da relação principal, mesmo quando as partes as apelidam de fiança, revela-se um *deus ex machina*, omnipresente nesta zona das obrigações. E a distinção feita por STAMMLER [11], nos contratos de garantia, entre *contratos acessórios* (fiança, mandato de crédito) [12] e *contratos autónomos* de uma relação de base passa a constituir critério de reso-

---

[10] *Vide* GRIPPO, *Garanzie atipiche e fallimento*, in "Contratto e impresa", 1986, p. 377 e ss.; ANDREANI, *Tipicità ed atipicità delle garanzie personali: le figure di garanzia personale non acessoria*, in "Tipicità e atipicità nei contratti" (a cura de Busnelli), Milano, 1983; BRIGANTI, *Garanzie personali atipiche*, in "Banca, borsa e tit. cred. ", 1988, I, p. 573 e ss.; SESTA, *Le garanzie atipiche*, Padova, 1988.

[11] STAMMLER, *Der Garantievertrag*, in "Arch. Civ. Prax", 1986, p. 1 e ss.

[12] Para o mandato de crédito, veja-se o art. 629 do Código Civil.

lução dos problemas de qualificação das garantias pessoais, disseminadas na contratação, em típicas e atípicas.

Dito por outro modo, aceita-se que a *causa* da garantia não implica necessariamente acessoriedade, característica essencial do tipo legal fideiussório, e que a sua independência da relação principal caracteriza o contrato de garantia dito autónomo, fundado no princípio da autonomia privada ([13]).

Feita a contraposição entre garantias típicas ou acessórias — as garantias fideiussórias — e garantias atípicas ou autónomas, passemos em revista a tipologia social ou jurisprudencial das segundas.

5. (cont.): A) Tipologia social

No vasto *genus* da garantia pessoal há algumas espécies novas que de algum modo se impuseram já como *tipo social.*

Em primeiro lugar, e logo na fase pré-contratual, a chamada *garantia de manutenção da oferta (Bid bond ou tender bond; Bietungsgarantie; garantie de soummission),* pela qual o garante se obriga a pagar ao beneficiário uma quantia monetária — normalmente uma percentagem do valor do contrato (de empreitada, de fornecimento, etc.) a celebrar — no caso de o adjudicatário não cumprir as obrigações derivadas da proposta por si apresentada, nomeadamente recusando-se a assinar.

Em segundo lugar, e já no desenrolar da relação principal, a *garantia de reembolso ou restituição de pagamentos antecipados (Repayment-guarantee, advance payment bond, advance-*

([13]) Mastropaolo, *I contratti autonomi di garanzia,* Torino, 1989; Calderale, *Fideiussione e contratto autonomo di garanzia,* Bari, 1989; Portale, *Fideiussione e Garantievertrag nella prassi bancaria,* in "Nuovi tipi contrattuali e tecniche di redazione nella pratica commerciale" (a cura di Verrucoli), Milano, 1978, p. 3 e ss.

-guarantee; Anzahlungsgarantie; garantie de remboursement, garantie de reversement d'acomptes), pela qual o garante se compromete a restituir ao beneficiário-contraente o preço ou parte do preço contratual que pagou adiantadamente, se o devedor principal faltar ao acordado.

Em terceiro lugar, a *garantia de boa execução do contrato (Performance bond, performance-guarantee; Leistungs-Lieferungs oder Erfüllungsgarantie, garantie de bonne exécution)*, pela qual o garante se vincula ao pagamento de uma soma de dinheiro (uma percentagem do valor da empreitada, do fornecimento, etc.) ao beneficiário, na hipótese de o obrigado principal não cumprir em termos a prestação debitória. Por vezes, nesta fase a garantia de bom cumprimento do contrato, em vez de respeitar ou se cingir à indemnização do dano decorrente do incumprimento da prestação devida, traduz-se na promessa de completar ou fazer completar a obra ou o fornecimento pactuado – é a denominada *Surety Bond*.

Em quarto lugar, a *garantia de manutenção (maintenance bond)*, pela qual o garante se obriga a restituir parte do preço pago pelo dono da obra para cobrir despesas imprevistas, na hipótese de o empreiteiro não providenciar à eliminação dos defeitos revelados depois da conclusão da empreitada *(money-retention bond)*.

Em quinto lugar, a *garantia de pagamento*, pela qual o garante assegura ao beneficiário o pagamento da dívida pecuniária, se o devedor principal o não fizer nos termos devidos [14].

---

[14] Sobre as modalidades de garantias pessoais atípicas, cfr. FERRER CORREIA, *Notas para o estudo do contrato de garantia bancária*, in "Temas de direito comercial e direito internacional privado", Coimbra, 1989, p. 10 e 11; ALMEIDA COSTA e PINTO MONTEIRO, *Garantias bancárias. O contrato de garantia à primeira solicitação*, in "Colectânea de Jurisprudência". 1986, V, p. 20;

6. (Cont.): **B) A cláusula de pagamento à primeira interpelação**

A terminologia inglesa das garantias, muito difundida na *praxis* comercial internacional, tem um valor sugestivo, não despido de significado. Sendo *bond* um acto formal *(under seal)* pelo qual uma pessoa se compromete a pagar a outra determinada quantia de dinheiro, independentemente de uma *consideration*, aquele vocábulo sugere de imediato que as garantias têm valor de per si, valor autónomo não subordinado à relação principal garantida ([15]).

Mas mais que esse significado etimológico, na generalidade dos casos, sobretudo no sector bancário e financeiro, as garantias prevêem a obrigação de o garante pagar à *primeira solicitação do beneficiário*. Consequência natural dessa cláusula de "pagamento à primeira interpelação", característica do contrato autónomo de garantia, é a de o *garante não poder opor ao beneficiário as excepções atinentes à relação principal*.

Noutros termos: ao primeiro pedido do beneficiário da garantia, o garante é obrigado a pagar imediatamente sem contestação, sem *poder exigir a prova da inadimplência* e não obstante a *eventual oposição* do garantido – daí que não raro se fale de cláusula de *"pagamento à primeira solicitação e sem excepções"*.

VIALE, *"Performance bonds" e contratto autonomo di garanzia: il regime delle eccezioni tra astrazione e causalità*, in "Il foro it.", 1987, I, C, p. 297 e ss.; GIARDINA/VILLANI, *Garanzie bancarie, comercio internazionale e diritto internazionale privato*, Padova, 1984, p. 29 e ss.; BENATTI, *Il contratto autonomo di garanzia*, in "Banca, borsa e tit. cred.", 1982, p. 172; MCGUINESS, *The law of guarantee, A treatise on guarantee, indemnity and the standby letter of credit*, Toronto-London, 1986, especial p. 358 e ss.; *Les garanties bancaires dans les contrats internationaux*, Paris, 1981; *Les sûretés*, Paris, 1984; CANARIS, *Bankvertragsrecht*, 1975, p. 822.

([15]) Cfr. MCGUINESS, *The law of guarantee*, cit., p. 358; PONTIROLI, *Spunti critici e profili ricostruttivi per lo studio delle garanzie bancarie a prima richiesta*, in "Contratto e impresa", 1989, Parte II, n.º 2.

Deste modo, ao desligar a garantia da relação principal, autonomizando-a, obtém-se a *vantagem de segurança oferecida pela caução* em dinheiro, mas sem o grave inconveniente da imobilização monetária [16], e protege-se o credor não só contra o risco do incumprimento mas ainda contra riscos atípicos, estranhos ao escopo da fiança legal [17] – aspectos que só por si fazem da referida cláusula de autonomização um poderoso *meio de coerção ao cumprimento* das obrigações contratuais [18]!

À admissibilidade da cláusula de pagamento à primeira solicitação e de garantias autónomas em geral [19], fundadas na autonomia privada, *rectius*, no corolário da liberdade contratual [20], não constitui obstáculo intransponível a sua aparente *falta de causalidade ou natureza "abstracta"* decorrente da não subordinação à relação principal. Bem vistas as coisas, apesar da sua independência da obrigação garantida, a *causa da obrigação autónoma é o sentido e fim (Sinn und Zweck) que persegue, o escopo de assegurar a realização da relação fundamental*, justificação plena do contrato atípico de que brota. *O contrato autónomo tem, pois, causa no escopo de garantia (do risco, da álea) da relação principal, na finalidade*

---

[16] Cfr. PORTALE, *Fideiussione e Garantievertrag*, cit., p. 21.

[17] Cfr. BRIGANTI, *Garanzie*, cit., p. 587 e 588.

[18] Sobre os meios de coerção ao cumprimento, cfr. JOÃO CALVÃO DA SILVA, *Cumprimento e sanção pecuniária compulsória*, Coimbra, 1987, especial, p. 201 ess.

[19] *A cláusula de pagamento ao primeiro pedido não é sacrossanta, nem essencial e imprescindível à obrigação autónoma. Equivale a afirmar, noutra formulação, que a verdadeira alternativa se põe entre garantias acessórias e garantias autónomas, não entre garantias acessórias e garantias à primeira solicitação. Vide* MASTROPAOLO, *I contratti autonomi di garanzia*, cit., p. 192 e ss.

[20] Cfr., entre nós, ALMEIDA COSTA e PINTO MONTEIRO, *Garantias bancárias*, cit., p. 21; GALVÃO TELLES, *Direito privado II, Garantia bancária autónoma, Sumários*, 1982-1983, p. 36; SIMÕES PATRÍCIO, *Preliminares sobre a garantia "on first demand"*, in "Revista da Ordem dos Advogados", 1983. p. 692 e ss.

típica de garantir o beneficiário ([21]) – *causa externa*, decerto, a qual não deixa, porém, de ser *interiorizada per relationem*, através da referência nele feita pelas partes à relação de base garantida.

7. (cont.): C) Tutela do devedor contra a excussão abusiva ou fraudulenta da garantia autónoma à primeira solicitação

A independência estrutural e funcional da garantia autónoma *on first demand* da relação de base presta-se a abusos por parte do beneficiário que, aproveitando-se da insensibilidade da obrigação de garantia às vicissitudes da relação garantida, pode excutir indevidamente o garante. É o preço da autonomia, a contraface da automaticidade de funcionamento da cláusula, que, sabemo-lo já, atribui ao credor o *direito de exigir o pagamento da garantia mediante simples declaração (não provada) do incumprimento* da obrigação assegurada, sem contestação, pois ao garante são negadas as excepções relativas ao contrato base.

Convenhamos, porém, que, se frequentes e graves, as injustiças inerentes ao funcionamento do *ius strictum* podem matar a galinha dos ovos de ouro, que o mesmo é dizer desencorajar e desvalorizar o uso da cláusula *on first demand* ou

---

([21]) Cfr. CANARIS, *Bankvertragsrecht*, n.º 522; F. KÜBLER, *Feststellung und Garantie*, Tübingen, 1967, p. 189; E. SCHNNERER, *Bankverträge*, T. II, 3.ª ed., p. 297; PORTALE, *Fideiussione e Garantievertrag*, cit., p. 23 e ss.; PONTIROLI, *Spunti critici*, cit., *passim*; VAN LIER, *Les garanties dites "à première demande" ou abstraites*, in "Jurisp. des Tribunaux", 1980, p. 345; VASSEUR, Garantie indepéndente, in *Enciclopédie Dalloz, Repertoire de droit commercial*, III, n.ºs 39 e ss.; ALMEIDA COSTA e PINTO MONTEIRO, *Garantias bancárias*, cit., p. 21 e 22; GALVÃO TELLES, *ob. cit.*, p. 29 e ss.

Garantias acessórias e garantias autónomas   343

equivalente ([22]). Em ordem a evitar esse resultado e a crítica de que se trata de "instituição sem alma" ([23]), sente-se a necessidade de abrir *válvulas de ventilação de justiça*, adivinhando-se, porém, a dificuldade de encontrar o ponto óptimo da dialéctica com a segurança que justifica a notável difusão da cláusula.

Sob esta visualização de evitar que a cláusula se salve da doença mas morra da cura, salvaguardando-se a pureza do seu sangue na contratação leal e correcta, *admite-se a permeabilidade da segurança às exigências da justiça nos casos excepcionais de excussão manifestamente abusiva ou fraudulenta da garantia* ([24]), hipóteses em que se imputa ao *garante conhecedor da situação o dever de bloquear ou paralisar a garantia e recusar o pagamento para evitar uma iniquidade (fraus omnia corrumpit)* ([25]). Desta maneira não se dá cobertura à fraude do credor, designadamente do credor que voluntária e intencionalmente não cumpre as suas obrigações na relação principal ou que, depois de pago pelo devedor, vem *excutir dolosamente* a garantia. Ainda aqui, *na oposição da exceptio doli, todas as cautelas são poucas, e por isso se exige ao dador da ordem uma prova líquida, uma prova qualificada,*

([22]) A tendência para a desvalorização e desencorajamento da cláusula *on first demand* ou equivalente, em consequência de uso não raro impróprio e graves problemas derivados da sua utilização abusiva, é sublinhada por PORTALIS, *Le garanzie bancarie inrernazionali (Questioni)*, in "Banca, borsa e tit. cred.", 1988, I, p. 1 e ss.; GRANA, *Determinabilità dell'oggetto e giudizio di buona fede nela fideiussione omnibus*, in "Contratto e impresa",1985, p. 753 e ss.

([23]) Cfr. BOULOY, "Observations à App. Paris", 27 Outubro 1981, in *Jurisclasseur Periodique*, 1981, II, 19702.

([24]) Entre nós, cfr. ALMEIDA COSTA e PINTO MONTEIRO, *Garantias*, cit., p. 20 e 21; FERRER CORREIA, *Notas*, cit., p. 16 e 20 e ss.; GALVÃO TELLES, *Direito privado*, cit., p. 35.

([25]) O que pressupõe, de um lado, o dever, emergente do contrato de mandato ou do princípio da boa fé, de o garante informar o devedor do pedido de pagamento da garantia, e, de outro, a obrigação de este fornecer àquele a prova de que a excussão é abusiva ou fraudulenta.

segura e inequívoca da conduta fraudulenta ou abusiva do credor, que a doutrina maioritária requer documental [26]. Está instalada, na doutrina e na jurisprudência, a discussão acerca da existência da fraude, falando-se da *necessidade de um comportamento doloso, da suficiência de um uso (objectivamente) anormal do direito ou da ausência manifesta do direito do beneficiário* [27]. Naturalmente, a exigência de fraude (*fraud in the transaction*) é própria da *common law*, que não conhece a teoria geral do abuso de direito (cfr. v.g., §5-114(2) do *Uniform Commercial Code* dos E.U.A.). Já na *civil law o mesmo resultado alcança-se pelo princípio (da proibição) do abuso de direito do beneficiário da garantia, em nome da justiça material.* A possibilidade de o devedor lançar mão de um *procedimento cautelar* (cfr. o art. 399 do Código de Processo Civil) que iniba ao garante o pagamento da garantia é amplamente reconhecida pela doutrina e pela jurisprudência [28], conscientes da *dificuldade e aleatoriedade no con-*

---

[26] Sobre esta importante questão, cfr. CANARIS, *Bankvertragsrecht*, cit., p. 827 e ss.; PORTALE, *Le garanzie bancarie*, cit., p. 19 e ss.; VASSEUR, *Garantie indépendente*, cit., n.º 120 (abuso que *crève les yeux*); COING, *Probleme der internazionalen Bankgarantie*, in "ZHR", 1983, p. 133 e ss., que à prova documental equipara o *facto notório* (*allgemein βekannte, notorische Tatsachen*).

[27] MÜLBERT, *Neueste Entwicklungen des materiellen Rechts des Garantie "auf erstes Anfordern"*, in "ZIP", 1985, p. 1109; VIALE, *L'azione inibitoria tra 'fraud' e 'strict fraude' nella giurisprudenza inglese recente in tema di garanzie bancarie a prima domanda*, in "Banca, borsa e tit cred"., 1989, p. 461 e 462; VIALE, *Performance bonds e contratto autonomo di garanzia*, in "Il foro ital.", 1987, I, C., p. 297, espec. p. 309.

[28] BERENSMANN, *Bürgschaft und Garantievertrag in englischen und deutschen Recht*, 1988; ZAHN/EBERDING/EHRLICH, *Zahlung und Zahlungssicherung im Aussenhandel*, 1986, p. 426 e ss.; MÜLBERT, *Missbrauch von Bankgarantien und einstweiliger Rechtsschutz*, Tübingen, 1985, p. 92 e ss.; LOIACONO, *La tutela cautelare dell'ordinante nelle garanzie bancarie autonome: recenti tendenze*, in "Banca, borsa e tit. cred.", 1986, II, p. 435 e ss.; CANALE, *'Performance bond' e inibitoria del pagamento con provvedimento d'urgenza*, in "Riv. trim. dir. proc. civ.", 1986, p. 1581 e ss.; PONTIROLI, *Spunti critici*, cit., parte III, n.º 4; PORTALE, *Le garanzie*, cit., p. 30 e ss.

texto internacional da acção de repetição do indevido contra o beneficiário reconhecida ao devedor-ordenante da garantia na eventualidade do seu pagamento [29]. Tal possibilidade não significa, precise-se bem, que o garante não tenha a obrigação de opor a *exceptio doli*, sempre que disponha de *prova líquida* (v. g. recibo de quitação ou outro documento comprovativo da *exceptio adimpleti contratus*) do abuso ou fraude da excussão reclamada. E, naturalmente, a tutela cautelar inibitória só procederá no mesmo caso e dentro dos mesmos limites da oponibilidade da *exceptio doli* [30] – prova líquida [31] de excussão abusiva ou fraudulenta.

---

[29] No caso de impossibilidade total ou parcial de reembolso do garante em via de regresso contra o devedor – devedor falido, por exemplo –, há quem atribua àquele a titularidade da *conditio indebiti* contra o credor, não só porque pagou uma dívida própria mas sobretudo porque o fez a título de garantia *(cavendi causa)* – logo, da prova da inexistência do débito garantido nasceria o direito do garante à restituição contra o credor (cfr. ZAHN/EBERDING/EHRLICH, *ob. cit.*, p. 420). Porém, a *tese não é acolhida pela doutrina dominante, por duas razões fundamentais*: por um lado, porque, tendo lugar a falência depois do pagamento da garantia e antes do exercício da acção de repetição do indevido, não se vê como haja transferência desse direito da "massa falida" para o garante (CANARIS, *Bankvertragsrecht*, cit., p. 539 e ss.); por outro, a atribuição da acção de repetição do indevido ao garante seria a negação da regra de que este não pode opor ao beneficiário as excepções fundadas na relação principal, nem a impossibilidade da acção recursória contra o garantido (cfr. CANARIS, *ob. cit.*, p. 590). O resultado da tese criticada já é obtido se houver cessão ao garante do eventual crédito ou acção de restituição do devedor contra o credor (cfr. PORTALE, *Le garanzie*, cit., p. 18, nota 38). Para outras hipóteses, cfr. FERRER CORREIA, *ob. cit.*, p. 20 e ss.

[30] Cfr. CANARIS, *Bankvertragsrecht*, cit., p. 596; ZAHN/EBERDING/EHRLICH, *Zahlung*, cit., p. 426 e ss.

[31] A exigência de *prova líquida* da excussão abusiva ou fraudulenta pretendida pelo beneficiário, a mais da *sumaria cognitio* da *probabilidade séria* ou *verosimilhança* da sua existência (arts. 400 e 401 do Código de Processo Civil), justifica-se em nome da segurança e da certeza visadas com a cláusula de pagamento à primeira solicitação ou outra equivalente.

346   *João Calvão da Silva*

Por fim, diga-se que no plano dos princípios [32] nada impede o devedor principal de intentar o procedimento cautelar inominado em apreço contra o beneficiário [33].

8. As cartas de conforto (comfort letters; lettres de patronage; Patronatserklärunge)

No quadro rico das novas espécies de garantias pessoais inominadas [34] ganharam projecção nos últimos tempos, sobretudo no sector bancário e financeiro, as chamadas *cartas de conforto (letters of comfort; lettres de patronage; Patronatserklärungen)*.

Trata-se de declarações sob a forma de carta dirigidas a uma instituição financeira por entidade (v. g. o Estado, um sócio maioritário) que controla uma sociedade, a fim de esta receber ou continuar a receber daquela crédito indispensável à prossecução da sua actividade. Através dessas *cartas de conforto* de conteúdo vário – por exemplo, promessa de solvabilidade da sociedade controlada ou de que esta pagará; declaração de assunção do risco de perda do crédito concedido pelo Banco –, grupos económicos "fortes" (a sociedade--mãe) ou o próprio Estado obtêm o financiamento esperado

---

[32] Dificuldades práticas poderão advir, contudo, das regras do direito processual civil internacional, fora do espaço de aplicação da Convenção de Bruxelas de 27 de Setembro de 1968, relativa à competência jurisdicional e execução de sentenças em matéria civil e comercial.

[33] Parte da doutrina entende mesmo que a acção inibitória só é possível contra o credor beneficiário, não já contra o garante. Cfr., neste sentido, ZAHN/EBERDING/EHRLICH, *Zahlung*, cit., p. 428 e ss.; CANARIS, *Bankvertragsrecht*, cit., p. 829.

[34] Não deve olvidar-se, nas formas atípicas, *a cessão de crédito em garantia* (distinta da *cessio pro solvendo*). Vide DOLMETTA/PORTALE, *Cessione del credito e cessione in garanzie nell'ordinamento italiano*, in "Banca, borsa e tit. cred.", 1985, I, p. 275 e ss.; GRIPPO, *Garanzie atipiche*, cit., p. 378 e ss.

Garantias acessórias e garantias autónomas 347

para a empresa controlada, sem terem de prestar uma garantia típica não ocultável dos balanços e orçamentos, designadamente motivados por razões de ordem fiscal e valutárias.

Depois de uma fase inicial em que as *cartas de conforto* eram geralmente vistas como *gentlemens'agreements, a regra da sua juridicidade está hoje adquirida,* não já só no plano da responsabilidade extracontratual mas sobretudo e até na zona da responsabilidade negocial, salvo se se demonstrar vontade em contrário das partes [35].

CAPÍTULO II
O caso da consulta

SECÇÃO I
Interpretação do contrato de garantia

9. Fiança ou garantia *on first demand?*

Expostos, nos seus traços essenciais, a natureza jurídica e o regime da fiança e da garantia autónoma à primeira soli-

---

[35] Sobre esta figura, a suscitar crescente interesse na produção juscientífica, cfr. MAZONI, *Lettere di patronage, mandato di credito e promessa di fatto del terzo,* in "Banca borsa e tit. cred. ", 1984, II, p. 333 e ss.; MAZZONI, *Le lettere di patronage,* Milano, 1986; DI GIOVANNI, *Le lettere di patronage,* Padova, 1984, DI MEO, *La lettera di patronage nell'economia dell'azienda,* Padova, 1984; CHIOMENTI, *Le 'lettere di conforto',* in "Riv. dir. comm.", 1974, I, p. 351 e ss.; ATTI, *Il 'patronage' e i gruppi di società: la fattispecie e il valore giudico,* in "Contratto e impresa", 1985, p. 878 e ss.; PROSPERI, *Lettre de patronage e mendacio bancario,* in "Banca, borsa e tit. cred.", 1979, p. 161 e ss.; SEGNI, *La 'lettre de patronage' come garanzia personale impropria,* in "Riv. dir. civ.", 1975, I, p. 126 e ss.; Rümker, *Probleme der Patronatserklärung in der Kreditsicherungspraxis,* in "WM", 1974, p. 990 ss.

citação, estamos agora habilitados a responder com segurança às várias questões colocadas na consulta.

A questão axial é logo a primeira. Nela se pergunta se a garantia prestada pelo Banco constitui uma fiança ou poderá configurar uma garantia *"on first demand"*.

A resposta é muito segura: *trata-se inequivocamente de uma fiança*, a regular nos termos dos arts. 627 e ss. do Código Civil.

É esta a conclusão, aqui adiantada, que importa demonstrar de seguida.

10. **Teoria da impressão do destinatário razoável**

Saber se no caso presente *existe uma fiança ou uma garantia autónoma à primeira solicitação constitui problema a resolver em sede de interpretação do negócio jurídico*, actividade dirigida a determinar o conteúdo declaracional relevante, o sentido decisivo com que o contrato há-de valer, se valer puder [36].

Dispõe o art. 236 do Código Civil:

"1 – A declaração negocial vale com o sentido que um declaratário normal, colocado na posição do real declaratário, possa deduzir do comportamento do declarante, salvo se este não puder razoavelmente contar com ele.

2 – Sempre que o declaratário conheça a vontade real do declarante, é de acordo com ela que vale a declaração emitida."

---

[36] Sobre a interpretação do negócio jurídico, cfr. MANUEL DE ANDRADE, *Teoria geral da relação Jurídica*, II, Coimbra, 1972, p. 305 e ss.; MOTA PINTO, *Teoria geral do direito civil*, Coimbra, 1985, p. 444 e ss.; LARENZ, *Allgemeiner Teil des deutschen Bürgerlichen Rechts*, 7.ª ed., 1989, p. 536 e ss.

O n.º 1 deste preceito estabelece o *grande princípio* da interpretação negocial, consagrando a conhecida doutrina da *impressão do destinatário*: o sentido decisivo é aquele que se obtenha do ponto de vista de um declaratário normal, colocado na posição do declaratário real, em face do comportamento do declarante.

Quer dizer: toma-se o declaratário efectivo, nas condições reais em que se encontrava, e presume-se depois ser ele uma pessoa normal e razoável, medianamente instruída e diligente. E o sentido prevalecente será aquele que *objectivamente* resulte da interpretação feita por esse destinatário razoável, que ajuiza não só das circunstâncias *efectivamente* conhecidas pelo declaratário real mas também daquelas outras que um declaratário normal, posto na situação daquele, teria conhecido.

À exposta regra básica da interpretação, protectora da legítima confiança das partes, abre a lei duas excepções:

a de o sentido objectivo apurado não poder ser imputado razoavelmente ao declarante (art. 236, n.º 1, *in fine*) – caso em que o negócio jurídico se deve considerar nulo por interpretação ([37]);

e a de o declatário conhecer a vontade real do declarante (art. 236, n.º 2), valendo de acordo com ela a declaração emitida, em aplicação do brocardo *"falsa demonstratio non nocet"* e respeito à *autonomia privada*.

([37]) Esta excepção exprime uma concessão à doutrina preconizada por LARENZ, *Die Methode der Auslegung des Rechtsgeschafts*, Leipzig, 1930, p. 70 e ss., que dava prevalência ao sentido da declaração imputável ao declarante, excepção defendida entre nós por FERRER CORREIA, *Erro e interpretação na teoria do negócio jurídico*, Coimbra, 1939, p. 200.

11. Circunstâncias atendíveis para a interpretação

Para resolvermos a questão em apreço temos de determinar o conteúdo voluntário, *rectius*, o conteúdo declaracional das cláusulas contratuais, aplicando naturalmente a doutrina da impressão do destinatário razoável consagrada na lei.

De entre as várias circunstâncias atendíveis para a interpretação[38], merecem especial realce, no caso vertente, os *termos do negócio*, os *termos da lei* e o *modo de conduta por que posteriormente as partes prestaram observância ao negócio concluído*. De facto, nada mais natural do que tomar o declaratário efectivo e presumir que ele interpretou o negócio concluído conforme os seus termos, sentido e fim, e ainda conforme a lei, convencionalmente não arredada.

12. (cont.): **A) Os termos do negocio colocam-nos inequivocamente perante uma fiança**

A primeira das circunstâncias atendíveis para a interpretação, os termos do negócio jurídico, coloca-nos inequivocamente perante uma fiança.

Em primeiro lugar, o documento pelo qual o Banco se obriga para com o credor, a Simpo – Sociedade Imobiliária Portuguesa, Lda., é muito claro e incisivo na sua formulação, sem o mínimo de ambiguidade:

> "Nós, o Banco (...), pela presente declaramos que nos constituímos *fiadores e principais pagadores* do pagamento do saldo do referido preço, bem como de quaisquer juros moratórios, logo que os mesmos sejam devidos".

---

[38] Cfr. MANUEL DE ANDRADE, *Teoria*, cit., p. 313, nota 1; MOTA PINTO, *Teoria*, cit., p. 405 e 451; RUI DE ALARCÃO, *Interpretação e integração dos negócios jurídicos. Anteprojecto para o novo Código Civil*, in "BMJ", n.º 84, p. 329 e ss.

Em segundo lugar, a escritura pública do contrato de base, a compra e venda celebrada entre a SIMPO e a MORATE, é igualmente clara e inequívoca na qualificação da garantia do cumprimento da obrigação principal, quando na cláusula nona refere:

"O pagamento do preço referido na alínea *b*) do número um da cláusula quarta, bem como dos juros previstos no número dois da mesma cláusula, será assegurado por *fiança bancária* neste acto entregue à vendedora e em que o Banco se assume como fiador e principal pagador"

Por fim, é ainda igualmente claro e inequívoco o documento pelo qual o sr. Américo solicita ao Banco a concessão da *fiança* anexa de 925.000.000$ à firma MORATE de que é accionista.

Numa palavra: em face dos termos negociais não é legítima qualquer dúvida acerca da qualificação da garantia prestada pelo Banco como fiança.

13. (cont.): **B) O modo de conduta por que posteriormente as partes tentaram resolver a desavença confirma tratar-se de uma fiança**

A correspondência trocada mostra que as partes desavindas enquadraram sempre o litígio na figura jurídica da fiança.

Na verdade, nas comunicações feitas na relação triangular, quer nas da beneficiária, quer nas do garante ou do devedor, em todas elas os contratantes se reportam à disciplina legal da fiança, designadamente:

ao direito de o Banco fiador opor à SIMPO, beneficiária da garantia, os meios de defesa que competem à MORATE, a sociedade devedora afiançada (art. 637);

à sub-rogação do fiador que cumprir a obrigação nos direitos do credor (art. 644) e consequentes meios de defesa do devedor (art. 647);

à extinção da fiança pela extinção da obrigação principal (art. 651), como consequência da natureza acessória da garantia.

14. (cont.): C) Ausência de cláusula de pagamento à primeira solicitação ou cláusula equivalente derrogadora da acessoriedade da fiança

Um outro elemento ou coeficiente atendível para a interpretação e qualificação da garantia em apreço vem da falta de cláusula de pagamento à primeira interpelação ou cláusula equivalente.

Ora, se as partes tivessem querido convencionar uma garantia autónoma e independente da relação de base, por certo que o teriam exprimido clara e abertamente, pela cláusula de pagamento à primeira solicitação *("on first demand")* ou outra qualquer de conteúdo equivalente, pois os termos daquela, apesar da sua estandardização, não são sacramentais.

Mas assim não sucede. Ao invés, o que se constata não é só nem tanto a ausência de cláusula dessa natureza, com o sentido e o fim próprios e característicos da mesma, mas acima de tudo a estipulação inequívoca de uma fiança. Ademais, embora a terminologia empregada pelas partes não seja só por si decisiva e vinculativa, é certo e seguro que a conjugação da denominação com o conteúdo negocial concreto e finalidade pretendida pelos contraentes impõe a qualificação da garantia do caso vertente como fiança. E de uma fiança tal qual se encontra regulamentada pelo Código Civil,

Garantias acessórias e garantias autónomas   353

pois não foi inserta uma qualquer cláusula de pagamento à primeira solicitação que pudesse levantar o problema de o presente negócio de garantia constituir uma *"fiança ao primeiro pedido" – figura em que a cláusula tem um efeito limitado ao solve et repete*([39]), *com a acessoriedade a valer na "repetição do indevido".*

Em termos conclusivos: porque o presente negócio jurídico não apresenta ambiguidades, porque não contém uma cláusula de pagamento à primeira interpelação ou cláusula equivalente destinada a desligar a obrigação assumida pelo Banco do contrato base, a garantia em causa constitui inequivocamente uma fiança, no seu tipo legal.

([39]) *A existência de fianças acessórias excutíveis ao primeiro pedido – a confirmar que a cláusula on first demand por si só não tem o "dom sacramental" de constituir o contrato autónomo de garantia, embora seja forte indício do mesmo – é admitida na Alemanha pela jurisprudência* (cfr., entre outros, BGH, de 31 de Janeiro de 1985, in "WM", 1985, p. 511; BGH, de 26 de Fevereiro de 1987, in "WM", 1987, p. 549; OLG Hamburg, de 10 de Outubro de 1985, in "BB", 1986, p. 835) e pela doutrina – cfr. HORN, *Bürgeschaften und Garantien*, 1986, p. 68 e ss.; BLAUROCK, *Aktuelle Probleme aus dem Kreditsicherungsrecht*, Köln, 1986, p. 94 e ss.
Naturalmente, a questão de saber se em determinado caso existe uma *fiança simples*, uma *fiança (acessória) à primeira solicitação* ou já um *contrato autónomo de garantia* é um problema a solucionar em sede de *interpretação da vontade das partes*, atentas as cláusulas da garantia, as circunstâncias da situação concreta e os próprios usos comerciais, se os houver (cfr. CANARIS, *Bankvertragsrecht*, cit., p. 825). *Em caso de dúvida, o negócio de garantia presume-se ser de fiança, em virtude de esta ser o tipo consagrado na lei* e de em matéria de *garantias autónomas valer a interpretação textual*, o conteúdo objectivo do acto e não o literal (cfr. HORN, *ob. cit.*, p. 68 e ss.; BLAUROCK, *ob. cit.*, p. 97).

SECÇÃO II
Interpretação da compra e venda

15. A condição disjuntiva contida na al. *b*) do n.º 1 e no n.º 3 da cláusula Quarta

Reduzido à expressão mais simples o contrato principal, temos que a SIMPO vende uns imóveis à MORATE pelo preço de dois mil milhões cento e sessenta e cinco mil escudos. Com uma parte do preço a compradora devia expurgar a hipoteca incidente sobre os imóveis objecto do contrato (cláusula Quarta – Um *a*)); a parte restante seria paga à vendedora "após vinte e oito de Fevereiro do corrente ano se e quando for oficialmente aprovada uma projectada permuta de terrenos da EPAL – Empresa Pública de Águas de Lisboa, que irá permitir o acesso aos terrenos objecto deste contrato pela Avenida Marquês da Fronteira e tiver sido entregue pela vendedora à compradora o projecto de infraestruturas – arruamentos e esgotos, necessários ao alvará de loteamento – ou tiverem sido aprovadas as condições de alvará de loteamento" (cláusula Quarta – Um *b*)).

Vista isoladamente a cláusula Quarta – Um *b*), a segunda das duas condições cumulativas previstas para o pagamento do preço é disjuntiva: entrega pela vendedora à compradora do projecto de infraestruturas ou aprovação das condições do alvará de loteamento. Disjunção esta que aparece, ainda, no número Três da mesma cláusula Quarta, que estipula assim:

"Decorridos quinze dias sobre a aprovação oficial da permuta e ter sido entregue pela vendedora à compradora o projecto de infraestruturas – arruamentos e esgotos, necessários ao alvará de loteamento – acima referida ou da aprovação das condições do alvará de loteamento, a com-

Garantias acessórias e garantias autónomas   355

pradora pagará à vendedora a importância estipulada na alínea *b)* do número um desta cláusula e a prevista no número dois ainda desta cláusula".

Em face dos textos transcritos, verificada a primeira condição – a aprovação oficial da permuta – e uma das duas modalidades em que se desdobra a condição disjuntiva – entrega pela vendedora à compradora do projecto de infra-estruturas ou aprovação das condições do alvará de loteamento –, a compradora tem 15 dias para pagar o "saldo" do preço da compra e venda.

16. Prevalência do disposto no n.º 4 na fixação do sentido com que deve valer a cláusula Quarta

Porém, da cláusula Quarta faz parte ainda um número Quatro que reza assim:

"Caso não seja oficialmente aprovada a citada permuta ou não sejam fixadas as condições do alvará de loteamento nos termos do plano anexo ou equivalente – densidade de construção idêntica – a este contrato, a compradora não terá a pagar o referido na alínea *b)* do número um desta cláusula nem qualquer outra importância".

Quer isto dizer que, na *interpretação complexiva da cláusula Quarta, o número Quatro se apresenta decisivo* na fixação do sentido com que ela deve valer. Ou seja: se não for aprovada a permuta ou as condições fixadas no alvará de loteamento não forem as do plano anexo (ou equivalente) ao presente contrato de compra e venda, a compradora não terá nada a pagar.

Equivale isto a afirmar que na economia, sentido e fim do contrato celebrado, é essencial para as partes que as condições (ou condições equivalentes às) constantes do plano anexo ao mesmo – especialmente a densidade da construção técnica (⁴⁰) – venham a ser estabelecidas no alvará de loteamento (cfr. art. 47 do Dec.-Lei n.º 400/84, de 31 de Dezembro); se o não forem, a compradora não terá nada a pagar. Deste modo, *o número Quatro precisa,* qual *interpretação autêntica, a vontade das partes,* expressa em termos menos exactos na al. *b)* do número Um e no número Três da mesma cáusula Quarta.

No sentido da interpretação acabada de fazer, aquela que em nosso juízo não pode deixar de ser imputada a um declaratário normal e razoável, depõem ainda os elementos seguintes:

- um, a existência de plano anexo ao contrato – portanto, parte integrante do mesmo;
- outro, a explicitação no número Quatro das condições que as partes querem ver fixadas no alvará, destarte esclarecendo e integrando a al. *b)* e o número Três, que se limitam a falar da aprovação das condições do alvará;
- por fim, o facto de o projecto de infraestruturas (arruamentos e esgotos) ser necessário à passagem do alvará de loteamento – logo, requisito ou elemento do acontecimento essencial de que depende o pagamento do preço.

A mais de tudo isso, também *o modo de conduta por que posteriormente as partes procuraram observar o contrato* abona o primado do número Quatro sobre a al. *b)* do n.º 1 e o n.º 3 da cláusula Quarta. De um lado, a compradora fez sempre depender da cumulação das duas condições previstas no n.º 4 da citada cláusula Quarta a exigibilidade do preço. Do

---

(⁴⁰) A importância dada pelas partes à densidade da construção é patente no conteúdo da cláusula Quinta, nos seus vários números, que disciplina um adicional ao preço da venda.

outro lado, a vendedora, depois de num primeiro momento invocar o disposto na al. *b*) e no n.° 3 citados, acaba por aceitar a prevalência do estipulado no n.° 4, quando, em carta enviada ao Banco (Doc. 10), escreve a dado passo:

"Obtida a autorização para a realização da escritura de permuta com a EPAL, restava fazer prova da fixação pela Câmara das condições do alvará do loteamento nos termos do plano anexo ao contrato ou equivalente (cfr. n.° 4 da cláusula Quarta do Doc. 2). É essa prova que agora se vem fazer, em termos inequívocos, através da certidão da Câmara Municipal de Lisboa...".

SECÇÃO III
Regime jurídico

17. Meios de defesa do fiador

Qualificada a garantia prestada como fiança típica, o regime jurídico respectivo é o constante dos arts. 627 e ss. do Código Civil.

Concretamente, o fiador tem o direito de opor ao credor os meios de defesa que competem ao devedor, salvo se forem incompatíveis com a obrigação do fiador (art. 637, n.° 1).

No caso vertente, o Banco pode opor-se ao pagamento reclamado pela beneficiária da garantia, com fundamento nas excepções que lhe são apresentadas pelo principal obrigado, nomeadamente a verificação cumulativa das duas condições da exigibilidade do preço previstas no referido n.° 4 da cláusula Quarta.

À validade da fiança prestada pelo Banco não obsta o facto de a obrigação principal ser condicional (art. 628, n.º 2). Por isso, dada a regra da acessoriedade, vertida no n.º 2 do art. 627, a *presente fiança é igualmente condicional, não subsistindo se não se verificarem as condições suspensivas do pagamento do preço.*

Mas logo que se verifiquem as assinaladas condições suspensivas, o preço é exigível [41]: se o devedor pagar, a fiança extinguir-se-á por força da extinção da obrigação principal (art. 651); porém, como assume uma obrigação própria, distinta da obrigação principal se bem que com o mesmo conteúdo (art. 634), o fiador fica imediatamente obrigado e pode ser chamado a cumprir antes mesmo do devedor.

Se for demandado só, apesar de não gozar do benefício da excussão por ter assumido a obrigação de principal pagador (art. 640, al. a)), o Banco tem todo o interesse em chamar o devedor à demanda (cfr. art. 330, al. *a*), do Código de Processo Civil), *para com ele se defender ou ser conjuntamente condenado* (art. 641), *obtendo um título executivo — a sentença — que lhe permitirá exercer contra este os seus direitos de sub-rogado, se vier a pagar o preço afiançado. Desse modo, evitar-se-á o risco de o devedor vir a opor ao Banco as excepções oponíveis ao credor originário, fora dos casos previstos no art. 647*, tendo presente que os direitos do fiador contra o devedor são exactamente os do credor, transmitidos por sub-rogação, em consequência e na medida do cumprimento realizado por aquele (arts. 644, 529, n.º 1).

---

[41] Logo, verificadas as condições previstas no n.º 4 da cláusula Quarta, o Banco não pode eximir-se ao pagamento da fiança enquanto a hipoteca não for expurgada pela devedora. Pelo princípio da acessoriedade, a fiança fica suspensa exactamente das mesmas condições da obrigação principal, e essas são apenas as previstas no n.º 4 da cláusula Quarta.

18. Validade formal da fiança

As demais questões da consulta (V a IX) reduzem-se a uma: saber se é válida ou nula a fiança em causa, assumida por escrito particular.

Nos termos do n.º 1 do art. 628, "a vontade de prestar fiança deve ser expressamente declarada pela forma exigida para a obrigação principal".

Que a vontade de prestar fiança, no caso vertente, foi expressa, não há qualquer dúvida legítima, pois foi feita por escrito particular (art. 217, n.º 1).

O problema reside no segundo requisito, o da forma exigida por lei [42] para a obrigação principal.

Primo conspectu, como o contrato base é a compra e venda de imóveis, a fiança seria nula (art. 220), em virtude de não ter obedecido a escritura pública, forma exigida para aquele (art. 875 do Código Civil, art. 89, al. *a*), do Código do Notariado).

Porém, a forma da fiança é a exigida para a obrigação principal. *In casu*, a obrigação principal afiançada é a de pagamento do preço. Ora, a exigência de escritura pública para a compra e venda de coisas imóveis repousa na natureza dos bens e transmissão-aquisição da respectiva propriedade por efeito do contrato, mas não na obrigação de pagar o preço (alto ou baixo) assumida pelo comprador. Noutros termos: as razões de ponderação e reflexão das partes, por um lado, e de certeza e segurança do contrato e do comércio jurídico, por outro, que ditam a redução a escritura pública da compra e

---

[42] Exigida pela lei, e não convencionada pelas partes nos termos do art. 223. Cfr. Vaz Serra, na anotação ao ac. do STJ, de 14 de Junho de 1972, na "Revista de Legislação e Jurisprudência", ano 106, p. 204; Pires de Lima e Antunes Varela, *Código civil anotado*, cit., anotação 2 ao art. 628.

venda de imóveis, não são extensivas à obrigação pecuniária, existente tanto em contratos respeitantes a imóveis como a móveis, e não se encontrando estes sujeitos a forma por muito elevado que seja o preço.

No sentido do que acaba de ser dito, que a exigência de escritura pública para a alienação de imóveis não é feita por causa do preço, depõe decisivamente o preceituado no art. 883. Na verdade, depois de prever a eventualidade de as partes não terem determinado nem convencionado o modo de ser determinado o preço, aquela norma estabelece uma ordem de critérios supletivos para a fixação do mesmo.

Consequentemente, a fiança prestada pelo Banco é válida, figuremo-la como negócio jurídico *unilareral* – válido, nos termos do art. 457, pois retrata o tipo legal disciplinado nos arts. 627 e ss. – *ou como contrato unilateral* – assim a qualificamos nós – vendo no escrito que titula a vontade de o Banco prestar a garantia uma proposta aceite (pelo menos) tacitamente ou o negócio jurídico bilateral concluído porque a conduta do credor beneficiário mostra a intenção de aceitar a proposta (art. 234).

19. **Validade formal da carta de conforto e da contrafiança ou retrofiança**

As razões que ditam a validade formal da *fiança bancária passiva, em que o Banco se apresenta como fiador*, valem, naturalmente, para a *fiança bancária activa, aquela em que o Banco é o respectivo beneficiário. Referimo-nos à contragarantia* ou *retrofiança* prestada pelo sr. Américo, pela qual o Banco-garante vê por sua vez garantidos os seus direitos de sub-rogado contra o devedor principal, em consequência e na medida do pagamento que faça ao credor.

À contrafiança ou retrofiança aplicam-se, naturalmente, as regras da fiança, designadamente o princípio da acessoriedade, sempre que não derrogadas pelas partes.

Finalmente, registe-se a *carta de conforto* contida na primeira parte do documento em apreço, pela qual o sr. Américo solicita ao Banco que conceda à Firma MORATE, de que é accionista, a fiança anexa de 925.000.000$00. A validade formal da *lettre de patronage* é indiscutível.

CONCLUSÕES

Do que acaba de expor-se resulta:

I – A garantia prestada pelo Banco constitui inequivocamente uma fiança típica, disciplinada pelos arts. 627 e ss. do Código Civil, não podendo configurar uma garantia à primeira interpelação.

II – O Banco pode opor à beneficiária da garantia as excepções atinentes à relação principal.

III – A validade formal da fiança, pois a obrigação garantida – o pagamento do preço – não está sujeita a forma.

Tal é o meu parecer.

Coimbra, Dezembro de 1990

João Calvão da Silva

XIV
CARTAS DE CONFORTO

CONSULTA

Eis as seguintes quatro cartas:

TIPO I

Ao Banco ...

Ex.^{mos} Senhores,

Tendo inteiro conhecimento das condições de uma Linha de Crédito de USD ...., que a vossa Sucursal de Londres vai abrir a pedido da ...., com sede em .... para efeitos de cobertura de créditos de importação a favor de fornecedores de materiais, da qual somos sócios, comunicamos a V. Exas. que *autorizamos e concordamos* totalmente com a referida facilidade de crédito.

Aproveitamos para confirmar que detemos X% do capital daquela empresa e que *pretendemos manter o domínio absoluto* sobre o mesmo capital.

Asseguramos também a V. Exas. que tudo faremos, no sentido do cumprimento pontual pela .... dos compromissos assumidos ao abrigo da referida Linha de Crédito e que acompanharemos de perto o desenrolar dos negócios daquela.

Ainda autorizamos que, em caso de incumprimento das obrigações assumidas pela .... decorrentes da referida facilidade de crédito, seja debitada qualquer das nossas contas em Portugal junto desse Banco, pelo contravalor em escudos, dos montantes devidos e não pagos, ao câmbio do dia em que o débito para efeitos da respectiva regularização.

Com os melhores cumprimentos

TIPO II

Ao Banco ...

Ex.^{mos} Senhores,

Tendo inteiro conhecimento das condições de financiamento no montante de .... que o vosso Banco..................... vai conceder à ...., com sede em ...., da qual somos sócios, comunicamos a V. Exas. que autorizamos e concordamos totalmente com a concessão daquele Financiamento e das respectivas condições.

Aproveitamos para confirmar que detemos ....% do capital daquela empresa e que pretendemos manter a maioria do capital da mesma durante o prazo do financiamento.

Asseguramos também a V. Exas. que tudo faremos no sentido do cumprimento pontual pela .... dos compromissos assumidos no referido financiamento e que acompanharemos de perto o desenrolar dos negócios daquela e que, em caso de incumprimento das obrigações assumidas, disponibilizaremos ao nosso associado os fundos necessários para regularização do mesmo.

Com os melhores cumprimentos

TIPO III

Ao Banco ...

Ex.^{mos} Senhores,

Tendo inteiro conhecimento das condições de duas linhas de crédito, até .... ou o equivalente noutra divisa e até Esc. .... que V. Exas vão conceder à .... com sede na ...., da qual somos sócios, comunicamos a V. Exas que autorizamos e concordamos totalmente com a concessão destas linhas de crédito.

Aproveitamos para confirmar que detemos ....% do capital de Escudos .... (.................) daquela empresa e que pretendemos manter a maioria do capital da mesma.

Asseguramos também a V. Exas. que tudo faremos no sentido do cumprimento pontual pela .... dos compromissos assumidos ou a assumir perante esse Banco, derivados da concessão das acima referidas linhas de crédito e que como sócios acompanhamos de perto o desenrolar dos negócios desta empresa.

Com melhores cumprimentos,

TIPO IV

Ao Banco ...

US\$ 30,000,000 Multicurrency Facility Agreement (The "Agreement") between............ as borrower (the "Borrower"), Banco...............agent (the "Agent") and the financial institutions named therein as co-read managers, managers and arrangers

Dear Sirs,

1. Terms defined in the Agreement shall have the same meaning when used herein.

2. Having considered the terms and conditions of the Agreement and the Information Memorandum and having authorised the giving of this letter and the signature hereof by .... by a resolution of our Board of Directors passed on Novembre 10, *please accept this letter as our approval of such terms and conditions.*

3. *We confirm that,* at the date of this letter, *we own approximately* ...*% of the issued share capital of the Borrower.*

4. It has agreed That BIM will acquire fromus a further 5% of the Borrower's issued share capital at the end of 1989 and hence, at such time, we anticipate that *our shareholding in the Borrower will be reduced to approximately* ...*%.*

5. We confrm that so *long as any indebtedness, obligations or liability* (whether actual or contingent) under the Agreement *is owed by the Borrower* to any the other parties to the Agreement, whether for any such person's own account or for the account of another person, *we will not* (other than as

described in paragraph 4 above) *without giving you prior written notice,* either *change or change our shareholding in the* Borrower.

6. In any event, we *also confirm that it is our firm intention,* in accordance with the current official guidelines for the ... sector, *to retain at least 51% of the issued share capital* of the Borrower for the duration of the Agreement and we assure you that it *is our intention to monitor the Borrower's* Concentrates Production Project as the same is more particularly described in the Information Memorandum (the "Project") for such duration. Further, *we confirm that we shall always vote against* any proposed reduction by the Borrower of its issued share capital, whether such reduction is to be by purchase, redemption or otherwise.

7. We confirm that *we are firmly committed to providing the Borrower with equity financing pro rata to our shareholding in the Borrower,* taking into account the *debt: equity ration contained in the Project financing plan (as the same is more particularly described in the Information Memorandum).* We believe that the .... will also provide equity financing pro rata to their respective shareholdings in the Borrower.

8. We assure you that it *is our policy* to *closely watch the development of our associated companies* – of which the Borrower is one – and to see to it that they always have sufficient financial means to meet their financial obligations. We understand that you will be relying on the continuance of this policy so long as the Agreement is in existence.

9. We also assure you that it is *our policy* fully to support the Borrower in pursuing financial grants and other incentives (both from Portuguese institutions and institutions in

the EEC) for its industrial and technological development and marketing strategies.

Yours faithfully

Solicita-se a apreciação das referidas Cartas, no sentido de averiguar da sua validade e eficácia jurídica em face do ordenamento jurídico português.

PARECER

SUMÁRIO: 1 – *Cartas de conforto. Noção.* 2 – *Contexto económico e financeiro: os grupos de sociedades e os Bancos.* 3 – *Razões para o recurso às cartas de conforto.* 4 – *A regra da juridicidade. Contrato unilateral.* I – **Declarações fracas (Cláusulas de mera informação e comunicação).** 5 – *Conhecimento e aprovação do crédito.* 6 – *Confirmação e manutenção de controlo ou participação social.* II – **Declarações fortes.** 7 – *Razão de ordem.* 8 – *Obrigações de meios (de influência e vigilância).* 9 – *Obrigações de resultado.* 10 – *Obrigações de garantia. Fiança dissimulada.*

1. Cartas de conforto. Noção.

Os documentos sobre que somos consultados constituem exemplos de *cartas de conforto* ou *cartas de patrocínio* (*comfort letters; lettres de patronage; lettere di patronage; Patronatserklärungen*).

Trata-se, como se pode ver pela leitura das "minutas" em apreço, de simples missivas dirigidas a um Banco para o motivar e determinar a conceder, manter ou renovar um crédito a terceiro, em geral uma entidade controlada (sociedade-filha) pelo subscritor (entidade controlante ou sociedade-mãe).

O subscritor da carta (*patrocinante*) não é (ou não será), pois, a contraparte da intituição financeira no contrato de financiamento – contraparte é (ou será) a entidade *patrocinada* ou *"recomendada"* –, mas a relação que o liga à beneficiária directa do crédito explica a sua intervenção com vista a servir de suporte e dar conforto e confiança ao Banco no êxito da operação.

Para confortar ou tranquilizar o Banco, para fazer o Banco acreditar e ter confiança no bom êxito do financiamento, o patrocinante verte na epístola um conteúdo volitivo, melhor, um conteúdo declaracional múltiplo, desde o conhecimento e/ou aprovação da operação à percentagem por si detida no capital social da patrocinada (mostrando ser sociedade controlante, accionista totalitário, maioritário ou significativo), passando pela política de grupo e poder de influência a exercer na gestão da controlada até à promessa ou garantia do resultado do pagamento do crédito pelo devedor ou mesmo por ele próprio.

Porque assim é, porque, em razão da livre (auto)determinação das partes, "carta de conforto" é expressão ou conceito amplo *(Sammelbegriff)* ([1]), que cobre ou acolhe uma multiplicidade de declarações de natureza e conteúdo os mais diversos, preferimos falar de *cartas de conforto,* para assim transparentar a pluralidade aberta e proteiforme do fenómeno e rejeitar a aparência, sequer, do seu carácter monolítico, unitário e homogéneo.

2. **Contexto económico e financeiro: os grupos de sociedades e os Bancos**

O fenómeno das cartas em apreciação tem um contexto económico e financeiro que explica o seu nascimento e desenvolvimento na *praxis* negocial como alternativa deliberada às garantias (reais e pessoais) codificadas, especialmente às do tipo fideiussório.

([1]) Cfr. OBERMÜLLER, *Die Patronatserklärung,* in "ZGR", 1975, p. 2; UWE SCHNEIDER, *Patronatserklärungen gegenüber der Allgemeinheit,* in "ZIP", 1989, p. 620.

Nascidas nos Estados Unidos da América nos anos sessenta deste século, principalmente no âmbito das relações entre sociedade-mãe e sociedade-filha, as cartas de conforto rapidamente se difundiram nos países europeus e se internacionalizaram, manifestando grande vitalidade.

Como é conhecido, a época de esplendor do desenvolvimento económico rápido dos anos 60 e 70 foi acompanhada de importantes movimentos de concentração e integração industrial, em nome das economias de escala e da diversificação de riscos empresariais. A que se seguiu uma acelerada expansão internacional dos grupos industriais, investindo fortemente além fronteiras – fenómeno este, o dos grupos de sociedades, que continua.

Neste quadro, o fluxo de investimentos internacionais aumentou de importância e as modalidades de financiamento, sobretudo de filiais e associadas estrangeiras, despertaram atenção particular. Razões várias explicam o recurso de filiais e associadas estrangeiras ao endividamento ("local") junto das instituições financeiras do país de implantação, ou porque as taxas são mais vantajosas ou para equilibrar o balanço (da filial) numa perspectiva de protecção do risco de câmbio, etc. Um objectivo: procurar crédito fora do grupo, que não afecte a capacidade de endividamento da empresa-mãe. Pois é sobretudo aqui, nas relações entre Bancos e grupos de Sociedades, no contexto da economia moderna das *holdings e das empresas coligadas*, que as cartas de conforto se radicaram e expandiram em alternativa às verdadeiras garantias formais [2][3].

---

[2] Cfr. MAZZONI, *Le lettere di patronage*, Milano, 1986, p. 10 e segs.; SEGNI, *La lettre de patronage come garanzia personale impropria*, in "Riv. Dir. Civ.", 1975, p. 126 e segs.; CAMUZZI, *Unico azionista, gruppi, lettres de patronage*, Milano, 1979.

[3] Frequentes nos financiamentos, as cartas de conforto encontram aplicação noutros campos, sobretudo quando estão envolvidos relevantes interesses financeiros, por exemplo em contratos de empreitada, de *point venture*, etc.

3. Razões para o recurso às cartas de conforto

Para abrir um crédito à associada, os Bancos pedem garantias? Garantias reais, como a hipoteca ou o penhor? Garantias pessoais, como a fiança ou o aval?

Pois é. Aí começa a explicar-se que a política do grupo é a de não garantir formalmente os financiamentos das suas filiadas ou associadas, a fim de as constranger a uma política financeira independente e rigorosa. Na prática, porém, as mais das vezes os reais motivos são outros e prendem-se com regras aplicáveis às garantias típicas.

As verdadeiras razões por que se recorreu ou/e recorre às cartas de conforto como sucedâneo (*Ersatz*) de garantias comuns podem ser as mais diversas ([4]):

— *razões internas: verbi gratia*, a carta de conforto poder ser firmada por administrador delegado, enquanto para a fiança ou outras garantias típicas os estatutos e as regras das sociedades exigirem deliberação do Conselho de Administração.

— *razões de balanço:* a carta de conforto ficar excluída do balanço, diferentemente de garantias comuns;

— *razões fiscais:* sobre a carta de conforto não incidiriam certos impostos previstos para as garantias verdadeiras e próprias;

Cfr. FRIGNANI, *Le lettere di patronage. I gruppi di società*, in "Le società" n.º 12/1987, 1277; PROSPERETTI, *Lettres de patronage*, in "Dizionari del diritto privato. A. IRTI, Diritto civile, 1980, p. 555 e segs., especial p. 567; PROSPERETTI, *Profili sistematici delle lettere di gradimento*, in "Banca, borsa e tit. credito", 1978, p. 70 e segs..

([4]) Cfr. J. TERRAY, *La lettre de confort*, in "Banque", 1980, p. 329 e ss.; R. BAILLOD, *Les lettres d'intention*, in "Rev. Trim. dr. comm. e dr. econ.", 1992, p. 547 e ss.; PORRETTI, *Lettere di patronage*, Torino, 1991, p. 8 e 9; BARBUTO, *Lettere di patronage. Aspetti fiscali e di bilancio*, in "Il fisco" n.º 14/89, p. 1992 e 1993; ALLEGRI, *Brevi note sulla lettera di patronage*, in "Banca, borsa e tit. cred.", 1982, p. 316 e seg.; RÜMKER, *Probleme der Patronatserklärung in der Kreditsicherungspraxis*, "WM", 1974, p. 990 e segs.; KAMPRAD, *Gesellschaftsteuerpflicht bei Patronatserklärungen?*, in "DB" 1969, p. 327 e seg.; OBERMÜLLER, *ob. cit.*.

Cartas de conforto 373

– *razões de prestígio, imagem e discrição:* a casa-mãe, cabeça do grupo, não querer exteriorizar a prestação de garantias fideiussórias de dívidas das controladas, coligadas e participadas, para não lesar a imagem externa de solvabilidade e fiabilidade do grupo;
– *razões valutárias*, nas relações entre residentes e não residentes no país.

Na origem do fenómeno, está, por conseguinte, o desejo de ladear regras de garantias típicas, com o patrocinante (*patronus*) a declarar uma vontade menos precisa, mais "esfumada" e mais frouxa ou menos vinculativa do que na fiança. No fundo, trata-se de fazer valer junto dos Bancos o peso negocial dos grupos, que destarte se servem das cartas de conforto para potenciarem as sinergias na obtenção de crédito (nas relações externas) sem a prestação de garantias ordinárias.

Ora, dado o assinalado peso contratual, os Bancos, por uma questão de confiança, de cortesia e de política comercial, foram aceitando as cartas de conforto que dirigentes de grandes grupos lhes endereçavam a patrocinar ou recomendar filiais. Afinal, não seria de bom tom nem boa política para os Bancos exigirem uma fiança formal; ao invés, importava testemunharem confiança no grupo. E o importante era que a sociedade-mãe, pelo poder de controlo e influência que tem, se empenhasse nos destinos da associada recomendada, por forma a vir a ter lugar o reembolso do financiamento concedido em atenção à *patronage* ([5]).

Para dar satisfação a este instável e difícil equilíbrio de interesses, em que patrocinante e Banco jogam ao "gato e ao rato", ao "esconde-esconde" – o patrocinante a não querer (ou pretender dissimular) uma verdadeira garantia; o Banco a ter de

---

([5]) Cfr. Di Giovanni, *La lettera di patronage*, Padova, 1984, p. 20.

contentar-se com uma garantia anómala, imprópria ou ate-
nuada, mas em todo o caso uma garantia –, o remédio encontrado foi o da ambiguidade ou equivocidade na redacção das
cartas, que nelas permitisse ler a cada uma das partes a sua vontade. Nesta misteriosa imprecisão ou "maravilhosa ambiguidade" ([6]) em que a "dúvida nebeficia" cada uma das partes
(no seu espírito) e espalha "um perfume de aventura jurídica" ([7]), dada a elasticidade de fronteiras e a incerteza de
alcance das cartas de conforto, residirá um dos segredos senão
o segredo do sucesso do fenómeno "fantasma" ([8])... em
contínua evolução. A auto-ilusão também alimenta.

4. A regra da juridicidade. Contrato unilateral.

A cumplicidade e o jogo de equívocos entre subscritor
e destinatário das cartas de conforto – o subscritor a pre-
tendê-las sem a natureza de verdadeiras e próprias garantias,
na recôndita intenção de não assumir qualquer vínculo
jurídico; o destinatário a não se opor à ambiguidade, porque
as interpreta como garantias – permitem interrogações acerca da vinculatividade jurídica das mesmas.

Não falta quem veja nas cartas de conforto meros
"gentlemen's agreements", acordos entre cavalheiros que origi-
nam relações de carácter exclusivamente social no plano de
cortesia, enformados por princípios de honra e lealdade ([9]).

([6]) BELLIS, *Typologie des lettres de patronage,* "Revue de la banque", 1982,
p. 213 e segs..

([7]) Cfr. BAILLOD, *Ob. cit.*, p. 549.

([8]) Cfr. G. GRIPPO, *Garanzie atipiche e fallimento,* in "Contratto e impresa", 1986, n.º 2, p. 386.

([9]) Para o aprofundamento da questão, cfr. GIOVANNI, *ob. cit.*; MON-
TAGNANI, *Le garanzie prese sul serio: cortesia, pratiche generali interpretative e
controlli nelle lettere di patronage,* in "Banca, bolsa e tit. cred.", 1986, II,

Originariamente e historicamente terá sido mesmo essa a matriz das cartas.

Porém, com a sua notável difusão, os Bancos foram solicitando cláusulas mais precisas, com conteúdo obrigacional mais forte. Por isso, hoje, a exclusão por via de regra das cartas de conforto do âmbito das meras relações de cortesia e da honra, como acordos sem valor jurídico, está adquirida na grande maioria das doutrinas e jurisprudências [10], assistindo-se a um crescente reforço do conteúdo obrigacional e do valor jurídico das mesmas.

A *regra (ou presunção) da juricidade das cartas de conforto impõe-se!*

Na verdade, pelo domínio em que nasceram e mais se radicaram – o *mundo dos negócios entre (grupos de) empresas e instituições financeiras* –, pela qualidade dos sujeitos (sociedades e Bancos) e das matérias (operações financeiras) em que se inscrevem, *as cartas de conforto devem ser vistas como um instrumento normalmente jurídico, e não só como declarações graciosas, declarações de boa vontade, simples compromissos de honra.* É o que resulta da normal relação entre a vontade exteriorizada nas declarações negociais e os efeitos jurídicos produzidos, segundo o ponto de vista correcto da chamada *teoria dos efeitos prático-jurídicos* [11] em que é bastante uma vaga representação global prática (de leigos e profanos) dos efeitos jurídicos pretendidos. Ora, pelas regras da experiência, pelo *id quod pleruncque accidit, deve presumir-se a intenção jurídica*

---

p. 450 e ss.; CHECCHINI, *Rapporti non vincolanti e regola di correttezza*, Padova, 1977, p. 102, 178; OPPETIT, *L'engagement d'honneur*, in "Dalloz", 1979, Chr. p. 109 ss.

[10] Cfr. SEGNI, *Ob. cit.*; MAZZONI, *ob. cit.;* BRIGANTI, *Garanzie personali atipiche*, in "Banca, bolsa e tit. cred.", 1988, I, p. 604 e seg.; BAILLOD, *Ob. cit.;* OBERMÜLLER, *Die Patronatserklärung*, cit..

[11] MANUEL DE ANDRADE, *Teoria Geral da Relação Jurídica*, II, 1972, p. 30 e 31; MOTA PINTO, *Teoria Geral do Direito Civil*, 3.ª ed., p. 381 e 382.

(Rechtserfolgswille) nas cartas de conforto, já que surgidas entre homens de negócios e causalmente ligados a contratos, normalmente aberturas de crédito ou mútuos.

Por isso, porque pelo seu objecto e pelas circunstâncias em que são emitidas as cartas de conforto normalmente serão acompanhadas de intenção negocial, caberá ao patrocinante, interessado na sua irrelevância jurídica, provar que no caso faltou essa intenção.

Probatio diabolica [12], pois o *patronus terá de demonstrar que era comum ao destinatário a intenção (ou conhecimento) de subtrair a carta de conforto à esfera normal e natural da juridicidade,* sob pena de a sua exclusiva intenção pessoal de a colocar no plano extrajurídico equivaler a reserva mental unilateral, portanto privada de relevância (art. 244 do Cód. Civ.).

Onde não houver essa intenção extranegocial comum das partes, expressa com clareza e de modo inequívoco, a regra da juridicidade das cartas de conforto valerá, em conformidade com a tutela da confiança do destinatário razoável (art. 236.º, n.º 1, do Código Civil). Regra da juridicidade que explica a ampla e crescente difusão na prática da figura, o que não seria crível, razoável e mesmo racional e de bom senso na hipótese inversa.

Por fim, se em regra "patronner c'est s'engager" [13], constitui *problema de interpretação* apurar em concreto essa relevância, a extensão do compromisso jurídico assumido pelo signatário na carta. É que cada *carta é um contrato,* ou porque *reproduz* o acordo concluído entre signatário e Banco, ou

---

[12] Cfr. MAZZONI, *Ob. cit.* p. 9; SEGNI; *ob. cit.,* p. 140 e ss.; CHECCHINI, *Rapporti non vincolanti e regole di correteza,* Padova, 1977, p. 258; SEVERINI, *Il patronage tra promessa unilaterale atipica e la promessa del fatto del terzo,* in "Giurisp. Comm.", 1991, I, p. 885 e segs..

[13] MAZZONI, *ob. cit.,* p. 17.

porque a proposta nela contida foi aceite, tacitamente ou por facto concludente (a outorga do crédito), pelo destinatário, podendo até aplicar-se o disposto no art. 234 do Código Civil, que dispõe:

"Quando a proposta, a própria natureza ou circunstâncias do negócio, ou os usos tornem dispensável a declaração de aceitação, tem-se o contrato por concluído logo que a conduta da outra parte mostre a intenção de aceitar a proposta".

Contrato unilateral, pois gera obrigações só para uma das partes — o patrocinante.

Importa, pois, determinar o conteúdo voluntário, melhor, o conteúdo declaracional vertido em cada uma das cartas objecto da consulta, a fim de fixar o sentido com que elas hão-de valer, segundo a conhecida doutrina da impressão do destinatário razoável canonizada no art. 236 do Código Civil [14].

De entre os elementos atendíveis para a interpretação destacam-se, naturalmente, *os termos da carta*, havendo quem neste domínio fale mesmo de "principe d'une interpretation litterale prioritaire" [15].

Mas na busca da *decisiva vontade (declaracional) comum das duas partes* são também importantes:

- as *negociações prévias*, toda a *envolvente* ou *contexto* da emissão da carta, por exemplo, discussões de certos projectos de propostas, correspondência trocada, etc.;
- os *interesses em jogo* (e a consideração da qual seja o seu mais razoável tratamento) e *a finalidade prosseguida,*

---

[14] Cfr. MANUEL DE ANDRADE, *ob. cit.*, p.305 e segs.; MOTA PINTO, *ob. cit.*, p. 444 e segs.

[15] Cfr. RIVES-LANGE, *Chronique de Jurisprudence Bancaire*, in "La revue banque", 1989, p. 863.

qual seja a de firmar o contrato ("principal") de financiamento entre o recomendado e o destinatário da carta, recebendo este do patrocinante elementos laudatórios da seriedade e solvabilidade daquele, em ordem a convencê-lo a conceder ou a renovar o crédito.

É o que importa ver de seguida, sem mais delongas, examinando cada uma das cartas presentes na consulta, porquanto a deliberada ambiguidade e imprecisão das fórmulas empregadas emprestam a este instrumento eficácia variável em função da diversidade do conteúdo, impeditiva da *reductio ad unitatem*.

I

DECLARAÇÕES FRACAS

CLÁUSULAS DE MERA INFORMAÇÃO E COMUNICAÇÃO

5. Conhecimento e aprovação do crédito

Os quatro exemplares de missivas em análise mostram bem como, na prática, as mais das vezes uma carta de conforto combina diferentes tipos de cláusulas que podem dar ao todo um valor de conjunto superior à soma das partes, segundo as boas regras hermenêuticas. No fundo, é através dessa combinação que o patrocinante conforta e tranquiliza o destinatário com mais ou menos intensidade – conforto quente (*hot comfort*), conforto frio (*cold comfort*) ou conforto morno –, formalizando uma maior ou menor interferência ou influência da sociedade-mãe na organização, gestão e funcionamento da filha ou associada. Por isso mesmo, mais do que analisar uma por uma as quatro cartas apresentadas –

embora com a advertência de o todo (poder) valer mais que as partes e a carta ser marcada pelas declarações (ou declaração) mais fortes ([17]) –, interessa agrupar cláusulas em razão da matéria e estudar o alcance jurídico das diferentes categorias.

O primeiro tipo de cláusulas respeita a *declarações de conhecimento e aprovação do crédito* concedido ou a conceder pelo Banco à associada.

"Tendo inteiro *conhecimento* das condições de uma linha de crédito ... que a vossa sucursal de Londres vai abrir a pedido da ..., da qual somos sócios, comunicamos que *autorizamos* e *concordamos* totalmente com a referida facilidade de crédito.(Carta I);

"Tendo inteiro *conhecimento* das condições do financiamento no montante ... que o vosso Banco ... vai conceder à ..., da qual somos sócios, comunicamos ... que *autorizamos* e *concordamos* com a concessão daquele financiamento e das respectivas condições. (Carta II);

"Tendo inteiro *conhecimento* das condições de duas linhas de crédito, até Esc. ... que V.ᵃˢ Ex.ᵃˢ vão conceder à ..., da qual somos sócios, comunicamos que *autorizamos* e *concordamos* totalmente com a concessão destas linhas de crédito. (Carta III);

"Having considered the terms and conditions of the Agreement ..., please accept this letter as our *approval* of such terms and conditions". (Carta IV).

Declarações estandardizadas e integrantes do núcleo duro das cartas de conforto, delas não nascem obrigações para o seu autor. São declarações de ciência, meramente informativas ou participativas, que não constituem de per si

---

([17]) Cfr. OBERMÜLLER, *Ob. cit.*, p. 4.

fonte de responsabilidade da sociedade-mãe pela dívida da controlada, pois não criam uma confiança legítima do Banco na solvabilidade desta. A apreciação do risco da operação de crédito é da exclusiva responsabilidade da instituição financeira. Por isso mesmo, dizem-se comummmente *declarações fracas* ou *declarações débeis*.

Mesmo assim declarações deste teor constituem denominador comum das cartas de conforto, que não caem no *limbo* da irrelevância jurídica.

A) A *declaração de simples conhecimento do crédito* – seja do contrato de financiamento, seja da operação económica que lhe subjaz – dá a conhecer a *razão ou causa* da carta de conforto. Na verdade, fica-se a saber que o negócio entre patrocinante e Banco, consubstanciado na carta, é acessório ou instrumental do contrato de crédito – o contrato principal que o patrocinante visa para a patrocinada, procurando, para isso, convencer a instituição financeira, destinatária da missiva. Desta sorte, a função económica e social da carta de conforto é a de suportar (ou dar segurança) a um contrato – contrato que servirá de causa externa – com reforço de protecção da posição do credor, sendo, pois, de garantia a sua causa interna, ainda que não da própria prestação devida na obrigação principal. Como iremos constatar, *a carta de conforto será uma garantia indemnizatória,* com o Banco a (poder) propor acção de responsabilidade contra o *patronus*, o que evidencia o carácter não gratuito da *patronage* [18]. O que é importante enfatizar-se num sistema, como o nosso, em que vale o princípio da causalidade, para afastar a nulidade (por contrariedade à lei – art. 280 do Código Civil) do negócio carecido de causa.

---

[18] Cfr. MAZZONNI, *ob cit.*, p. 166 e segs.; SEVERINI, *ob. cit.*, p. 910 e segs.

Em segundo lugar, a declaração de conhecimento do crédito assume a relevância prática da determinação, determinidade ou determinabilidade do objecto (art. 280 do Cód. Civ.). Através dela, o patrocinante marca os limites dos seus compromissos, confinando-os ao objecto e à duração do financiamento patrocinado; ao mesmo tempo, porém, o signatário da carta não pode depois alegar desconhecimento das obrigações do patrocinado, nem criticar posteriormente o contrato. Mais: a declaração de conhecimento refere-se às *condições* do crédito. Na medida em que sejam de conteúdo específico importante ou determinante do financiamento, que se revele falso, haverá responsabilidade do patrocinante pelos danos resultantes da inexactidão das informações – os próprios contratos estipulam frequentemente, nestes casos, a resolução (ou suspensão) do crédito.

Neste particular realce-se o *tecto máximo da linha de crédito* referido na Carta III. Esta declaração responsabiliza o patrocinante pelas obrigações decorrentes de futuras utilizações do crédito pela associada recomendada, sem advertência ou conhecimento prévio daquele, desde que não excedam o *plafond* aberto.

B) *A declaração de aprovação do crédito* manifesta o consentimento da sociedade-mãe à operação financeira realizada pela sociedade-filha, julgando-a positiva, válida e eficaz – o que implica a obrigação de tudo fazer, no âmbito da sociedade controlada, para sanar eventuais vícios ou irregularidades que, afinal, afectem o negócio patrocinado ([19]). Nas cartas em apreço, os signatários declaram *conhecer e aprovar as condições e termos do crédito*. Na medida em que nessas cláusulas específicas haja informações falsas ou inexactas, que tenham sido deter-

---

([19]) Cfr. MAZZONNI, *Ob. cit.*, p. 173 e 174.

minantes (ou pelo menos importantes) da concessão do financiamento, haverá responsabilidade do *"patronus"*[20].

Responsabilidade mais evidente e mais facilitada no *onus probandi* dos correspondentes pressupostos, sobretudo do nexo de causalidade, pelo Banco, se houver uma *cláusula a reconhecer que a carta de conforto (ou a participação do seu signatário no capital da filial) é a razão determinante (causa, hoc sensu) da concessão do crédito.* Por exemplo: "não ignoramos que a afiliação de ... no nosso Grupo é o elemento determinante ou causa do vosso acordo para a outorga (ou a abertura da linha) de crédito". Assim, em caso de não reembolso do crédito pela devedora, será mais fácil ao Banco, existindo esta cláusula, provar a causalidade entre o dano e, por exemplo, a violação da obrigação de apoio financeiro àquela pela casa-mãe (*patrocinante*).

Essa cláusula, que ergue a carta de conforto a razão determinante da outorga do crédito, *não vale, todavia, como condição resolutiva* do mesmo; ser causa da celebração do contrato de crédito equivale a dizer (apenas e tão-só) condição suspensiva. Afastada, por esta razão, a resolução automática, naturalmente que não está excluída a resolução do contrato de financiamento fundada na lei ou em cláusula resolutiva expressa (art. 432 do Código Civil).

---

[20] Cfr. OBERMÜLLER, *Ob. cit.*, p. 6 e 7, que fala da violação de contrato de informação – contrato formado por aceitação tácita (p. 4).

6. Confirmação e manutenção de controlo ou participação social

As segundas declarações constantes das cartas de conforto em análise são as de *confirmação e manutenção da participação social* dos signatários nas recomendadas, integrantes do habitual núcleo-base da figura.

"Aproveitamos para *confirmar* que detemos X do capital daquela empresa e que *pretendemos manter o domínio absoluto* sobre o mesmo capital (Carta I) ou a *maioria do capital da mesma* (Carta III) *durante o prazo do financiamento* (Carta II), ou, ainda, "é nossa *firme intenção* manter pelo menos 51% do capital durante a duração do acordo" (Carta IV, ponto 6).

Em todas elas vai presente a declaração de controlo da associada pelo patrocinante, elemento fundamental destinado a infundir confiança no negócio ao Banco. Porventura, a empresa recomendada não passa de ilustre desconhecida no mercado. E só a circunstância de integrar um grupo de prestígio, liderado pela subscritora da carta de conforto, lhe empresta a (con)fiabilidade que a instituição financeira entende suficiente para a concessão do crédito.

Das declarações em apreço não nasce a responsabilidade da patrocinante pela dívida da patrocinada. E se verdadeiras as informações e recomendações delas constantes, não surgirá qualquer responsabilidade da sociedade-mãe, a qual, porém, por uma questão de imagem não terá interesse no incumprimento ou insolvência da filial. Todavia, *se não fidedignas,* ou seja, *se falsas, inexactas, erróneas ou enganosas as informações e recomendações, já haverá responsabilidade da patrocinante pelos danos causados ao Banco, nos termos do art. 485* [21].

---

[21] Em geral, cfr. SINDE MONTEIRO, *Responsabilidade por conselhos, recomendações ou informações,* Coimbra, 1989; RANIERI, *Las responsabilità da false*

Repare-se que, *in casu*, as informações ou recomendações são prestadas por um agente económico, profissional e interessado no negócio patrocinado, a aumentar a legítima confiança do destinatário na veracidade e exactidão das mesmas.

A) Assim, *se é falsa a declaração confirmativa do controlo da patrocinada*, elemento persuasivo da outorga do crédito, *não pode deixar de haver responsabilidade da patrocinante* pelo facto ilícito e culposo (quiçá doloso) cometido. Responsabilidade aquiliana, no mínimo, seguramente – *alterum non laedere*.

Mas ela também pode ser vista como *responsabilidade pré--contratual, porquanto o patrocinante é parte no contrato de patronage e terceiro interessado no negócio patrocinado*, em cuja fase negociatória se insere qualificada e confiadamente a carta de conforto, o que o sujeita (a ele, *patronus*) numa e noutra das qualidades à observância da boa fé tanto nos preliminares como na formação do contrato (art. 227 do Código Civil) ([22]) ([23]).

B) Pormenorizemos agora a declaração de *futura manutenção do controlo ou da participação social* ([24]).

Naturalmente, mantendo-se o controlo ou a participação declarada, o patrocinante cumpre a (única) obrigação assumida – obrigação de *non facere*. Logo, mesmo que a sociedade

---

informazioni, in "Giurisp. Comm.", 1976, I, 360 e segs.; com vista às cartas de conforto, cfr. SEGNI, *Ob. cit..*, p. 134 e segs.; MAZZONI, *Ob. cit.*, p. 179 e segs.; SEVERINI, *Ob. cit.*, p. 903 e segs.

([22]) Neste sentido cfr. MAZZONNI, *Ob. cit.*, p. 197 e ss. Para a responsabilidade pré-contratual de terceiros qualificados e contratualização do seu regime, cfr. JOÃO CALVÃO DA SILVA, *Responsabilidade civil do produtor*, Coimbra, 1990, p. 338, nota 3; SCHMITZ, *Dritthaftung aus culpa in contrahendo*, Berlim, 1980.

([23]) É também de admitir a anulação do contrato de crédito no caso de dolo do patrocinante que a patrocinada conhecia ou devia conhecer (art. 254, n.º 2, do Código Civil).

([24]) Cfr. OBERMULLER, *Ob. cit.*, p. 11 e seg.; SEGNI, *Ob. cit.*, p. 129 e seg.; MAZZONNI, *Ob. cit.*, p. 228 e segs.

patrocinada fique insolvente ou inadimplente, o destinatário da carta não pode, com base nessa cláusula, responsabilizar o *patronus*. A importância da cláusula está em ver a manutenção (futura) do controlo como condição de (possibilidade de cumprimento de) outras importantes obrigações eventualmente assumidas – por exemplo, como acontece *in casu*, a obrigação de influência e vigilância (*infra*, n.º 8) ou a obrigação de pagamento ou solvabilidade (*infra* n.º 9) para que a sociedade controlada cumpra a dívida patrocinada. Ou seja, *a manutenção do controlo é instrumental de outras obrigações, cujo cumprimento pressuponha poder de domínio sobre a controlada.* Pelo que a patrocinante não se eximirá à responsabilidade se o incumprimento dessas outras obrigações derivar da violação do dever de manutenção do controlo – um dever específico, assumido por contrato, cujo incumprimento origina *responsabilidade contratual* ([25]).

Assim é, inquestionavelmente, quanto à *proibição pura e simples da cessão*, vale dizer, declaração de obrigação de manutenção do controlo ou participação: v.g., "manteremos a participação"; "não transferiremos a nossa participação". *Estas cláusulas*, com o natural alcance de não transferir a participação sem o consentimento do beneficiário da carta, *são válidas* ([26]), respeitados os requisitos do objecto, embora só *com efeitos meramente obrigacionais* – com a correspondente sanção do ressarcimento do dano ([27]), se violadas, mas a não

---

([25]) Presumida a culpa (art. 799, n.º 1) do patrocinante, cabe ao Banco a não fácil prova do nexo de causalidade entre a violação da obrigação de não ceder a participação social e os danos sofridos.

([26]) Não cobrem, naturalmente, nacionalizações, expropriações ou outros factos do príncipe, nem afastam o funcionamento do instituto da alteração das circunstâncias.

([27]) Nada impedindo a fixação *à forfait* do dano exigível numa cláusula penal.

concederem ao credor o direito de exigir o reembolso do crédito ao patrocinante.

Nos casos da consulta, porém, as declarações não são proibição absoluta da cessão do controlo. As cláusulas contêm *meras declarações de política de manutenção da participação*: "pretendemos manter"; "é nosso propósito manter...". Traduzem elas a atitude *actual* da empresa-mãe relativamente às suas relações ulteriores com a sociedade-filha, atitude que poderá mudar por razões de estratégia, de política económica, etc. *De per si, sózinhas, estas cláusulas não conferem ao Banco o direito de exigir a manutenção da participação, constituindo, pois, como a generalidade das declarações de política (policy) empresarial, cartas de conforto fracas.* Por isso mesmo, normalmente essa cláusula vem acompanhada por uma outra que imponha ao patrocinante a *obrigação de informação (pré-aviso) da cessão* ou que estipule a *promessa de prestar garantias substitutivas* ou procure mesmo o reembolso do crédito patrocinado em caso de transferência de participação ou controlo.

A promessa de não ceder ou modificar a participação sem advertência do Banco *(obrigação de manutenção, salvo pré-aviso)* acaba por ser mais benéfica para o *patronus* do que para o Banco. No fundo, o patrocinante reserva a liberdade de cessão, bastando-lhe cumprir o pré-aviso, e consequencialmente não irá cumprir outras obrigações, que pressuponham o seu controlo da patrocinada, por exemplo, a obrigação de influência ou de vigilância sobre o cumprimento. É, em suma, uma *declaração de conforto muito débil* para o destinatário da carta. Mesmo assim, em caso de não respeito do pré-aviso, haverá responsabilidade contratual do patrocinante.

Já a declaração de prestar garantias substitutivas ou procurar o cumprimento do contrato patrocinado, em caso de cessão da participação, constituirá seguramente uma carta de conforto forte. As garantias substitutivas (da influência derivada do controlo da sociedade-mãe sobre a filial) visam, no fundo, suplantar as dificuldades que o Banco teria na prova dos danos e sobretudo do nexo de causalidade.

No caso vertente, como veremos, as cartas de conforto contêm declarações de cumprimento, directo ou indirecto, do crédito outorgado, haja ou não transferência da participação social. Ou seja: a sociedade-mãe estará vinculada a procurar o reembolso do crédito, mesmo que entretanto tenha cedido toda ou parte da sua participação no capital social da sua associada. Se a sociedade-mãe quisesse cingir essa obrigação ao tempo da sua participação no capital social, teria de dizê-lo claramente na carta de conforto.

II
DECLARAÇÕES FORTES

7. Razão de ordem

Entramos agora no *coração* das cartas em apreço, em que a patrocinante procura assegurar ao credor um fim feliz do crédito outorgado à sociedade patrocinada. Trata-se das *cláusulas relativas à gestão e à situação financeira da filial, em que*, pela sua interligação, *a sociedade-mãe se compromete*, por um lado, *a influenciar, vigiar e controlar a gestão* (daquela) para que se encontre em situação de satisfazer os credores, particularmente o Banco beneficiário, e, por outro, *a mantê-la (a filial) numa situação financeira que lhe permita honrar a dívida patrocinada.* É a expressão clara de que a casa-mãe usará do poder de controlo de que dispõe por forma a que a associada esteja em condições de cumprir as suas obrigações e como consequência, se necessário, auxiliá-la-á financeiramente em ordem ao reembolso do credor.

"Asseguramos a V. Ex.ᵃˢ que *tudo faremos*, no sentido do cumprimento pontual pela ... dos compromissos assumidos ao abrigo da referida linha de crédito (Carta I), no referido financiamento (Carta II), assumidos ou a assumir perante este Banco (Carta III) e que acompanhamos de perto o desenrolar dos negócios daquela (Cartas I, II, III)".

"Em caso de incumprimento, autorizamos que seja debitada qualquer das nossas contas no Banco pelo contravalor em escudos (Carta I), ou disponibilizaremos ao nosso associado os fundos necessários para regularização do mesmo (Carta II), ou *"we are firmly committed to providing the Borrower with equity financing pro rata to our shareholding in the Borrower"* (Carta IV).

Deste modo, *o patrocinante assume um conjunto de deveres que vão de simples obrigações de meios a obrigações de resultado ou mesmo a obrigações de garantia*[28], *não passando por vezes de fianças dissimuladas.*

Saber quais em concreto é questão de interpretação do contrato, a decidir em face dos termos e circunstâncias da patronage.

É o que vamos analisar de seguida.

---

[28] Para a sua distinção, cfr. PEREIRA COELHO, *Obrigações*, Coimbra, 1967, p. 15 a 17; ANTUNES VARELA, *Das obrigações em geral*, I, 7.ª ed., 1991, p. 85 e segs.; RIBEIRO DE FARIA; *Direito das obrigações*, I, 1990, p. 73 a 75; JOÃO CALVÃO DA SILVA, *Cumprimento e sanção pecuniária compulsória*, 1987, p. 78, nota 154; J. FROSSARD, *La distinction des obligations de moyen et des obligations de résultat*, Paris, 1965.

8. Obrigações de meios (de influência e vigilância)

Comecemos pela primeira parte das cláusulas transcritas no número anterior:

«Asseguramos também a V. Ex.ᵃˢ que *tudo faremos* no sentido do cumprimento pontual pela ... dos compromissos assumidos ao abrigo da referida linha de crédito (Cartas I e III) ou no referido financiamento (Carta II) e que acompanharemos de perto o desenrolar dos negócios daquela (Cartas I, II, III).

Como se vê, nesta parte o patrocinante obriga-se tão-somente a *acompanhar de perto* os negócios da patrocinada e a *tudo fazer* para que ela pague a dívida ao credor destinatário da carta. Ou seja: *a sociedade-mãe não promete o pagamento pontual da dívida pela filha, apenas se compromete a agir sobre esta para que cumpra. Promete, portanto, exercer a sua influência e vigilância*, usando os poderes que lhe advêm da qualidade de sócio, para que a gestão da patrocinada preserve a solvabilidade e pague pontualmente a dívida, sem, contudo — nesta cláusula isolada, entenda-se —, se empenhar a suprir as dificuldades financeiras em que ela possa vir a encontrar-se ([29]). Logo, *a sociedade-mãe assume uma inequívoca obrigação de meios, uma obrigação de facere, claramente uma promessa de facto próprio* — exercer todos os poderes sociais para que a patrocinada cumpra os compromissos — *e não uma promessa de facto alheio* — como seria se prometesse o cumprimento de terceiro, o devedor patrocinado.

A amplitude do "tudo fazer" ou "fazer o possível" para que a patrocinada cumpra dependerá, naturalmente, da par-

---

([29]) Mas já coenvolverá o empenho de *"não esvaziamento"* (*Aushöhlungsverbot*) da sociedade controlada, isto é da não retirada dos capitais necessários ao pagamento da dívida. Sobre esta declaração, cfr. OBERMÜLLER, *Ob. cit.*, p. 7 e segs.

ticipação social da sociedade-mãe na sociedade-filha, melhor, do poder efectivo de influência e vigilância daquela sobre esta. Daí a importância da já assinalada percentagem de participação social e do controlo que faculte.

Uma sociedade-mãe que tenha esse controlo ou poder soberano – sócio maioritário ou não, não importa – deve exercer diligentemente esses poderes para que o pagamento do débito ocorra.

Neste caso, porque a obrigação de meios é de grande amplitude, não será fácil provar, no caso de não reembolso do credor pelo devedor, que foram desenvolvidos pela patrocinante todos os *esforços* em benefício do Banco. Mas não é impossível. Pense-se, por exemplo, em caso de impotência económica devida a grave e imprevisível crise económica no sector, apesar da boa gestão: neste caso, a responsabilidade do patrocinante soberano (sócio totalitário, maioritário, etc.) estará excluída. É que, à semelhança do médico ou advogado, o patrocinante assume só uma obrigação de meios, de influência, vigilância e controlo da gestão para que seja possível o cumprimento pela patrocinada, mas já não assume o risco de insolvência (da filha) devido a factores externos, quer políticos, quer de mercado. Afinal, *a boa gestão prometida (através da influência) é apenas uma condição do pagamento pela patrocinada.* Verificada a boa gestão, o patrocinante cumpriu a obrigação a que estava adstrito.

Já se o patrocinante não tem o controlo da patrocinada, a obrigação de influência terá valor muito limitado, por falta de poderes. Normalmente equivalerá a obrigação *de facere* negativo: a *abstenção de comportamentos impeditivos do pagamento pela patrocinada* [30]. Mas nada impede que um sócio minoritário,

---

[30] Cfr. SEGNI, *Ob. cit.*, p. 175 e segs.

Garantias acessórias e garantias autónomas 391

sem poder de controlo, prometa o cumprimento da patrocinada – promessa de facto de terceiro.

Sendo este o sentido que em sede de interpretação se extrai da cláusula, é de concluir ser *pouco forte* a carta de conforto que não venha completada com uma obrigação de resultado do cumprimento ou assunção do pagamento pela patrocinante. É o que acontece na Carta III da consulta. Nesta poderia pensar-se em que "tudo fazer" abrangeria o pagamento. Tirando casos excepcionais em que as circunstâncias (negociações prévias, correspondência trocada, etc.) assim o mostrem, deve negar-se que essa obrigação – obrigação de *facere* – se estenda a desembolsos – obrigação de *dare* – da sociedade-mãe para tornar solvente a sociedade controlada. Para evitar este resultado incerto – *quaestio interpretationis* – impõem-se outras declarações nesse sentido.

9. Obrigações de resultado

Vejamos agora a segunda parte das cláusulas em análise:

"Asseguramos que, em caso de incumprimento das obrigações assumidas, disponibilizaremos ao nosso associado os fundos necessários para regularização do mesmo" (Carta II);

"We confirm that we are firmly committed to providing the Borrower with equity financing pro rata to our shareholding in the Borrower".

Aqui o *patrocinante assegura que o devedor pagará, e para esse efeito aquele disponibilizará a este os fundos necessários.* Ou seja, *o patrocinante assegura ao credor um comportamento do devedor,* proporcionando a este a *solvabilidade necessária* ao pagamento daquele (solvabilidade finalizada ao pagamento). O mesmo é dizer que o signatário da carta *promete um resultado determinado, preciso — o pagamento da dívida pelo patrocinado.*

E o meio para chegar ao resultado final prometido vem logo aí especificado — a colocação de fundos à disposição da filial [31], uma obrigação de *dar.*

Trata-se de uma *promessa de facto de terceiro* [32] — o reembolso do crédito pela patrocinada —, pois o patrocinante não promete subrogar-se ao devedor para pagar directamente ao credor, em caso de incumprimento — o que seria uma fiança. Por isso mesmo, o Banco não tem o poder de exigir o pagamento directamente ao *patronus.* Mas se o devedor não cumprir, a instituição financeira goza do direito de indemnização pelos danos sofridos contra o patrocinante, podendo este liberar-se pela prova de "causa estranha" ou força maior. Sendo isto assim, o *patronus* deverá zelar para que os fundos transferidos para a filial cheguem ao Banco, sob pena de ter de proceder a novas injecções monetárias a fim de evitar ter de pagar a indemnização [33].

---

[31] Às vezes a sociedade-mãe compromete-se a pôr à disposição da filha todos os meios necessários para atingir o resultado — o reembolso do crédito. Em casos desses, o patrocinante *escolherá* o meio, por exemplo, mútuo, empréstimo em conta corrente, participação em aumento de capital, subscrição de obrigações, contributos a fundo perdido, perdão de dívidas, concessões gratuitas de licenças, reforço das relações comerciais, política de preços mais favorável à sociedade controlada, etc..

[32] RIBEIRO DE FARIA, *Ob. cit.*, p. 71 e segs.; ANTUNES VARELA, *Ob. cit.*, p. 85 e segs.

[33] No caso de falência da sociedade patrocinada, o patrocinante deverá pagar directamente ao Banco, como forma de os fundos que desembolsa atingirem a sua finalidade. Não parece que a dívida da sociedade-mãe constitua um crédito da massa falida. Em sentido diferente, cfr. BERTREL, *Ob. cit.*, p. 898.

10. Obrigações de garantia. Fiança dissimulada

Na Carta I pode ler-se:

"Ainda autorizamos que, em caso de incumprimento das obrigações assumidas pela ..., seja debitada qualquer das nossas contas em Portugal junto desse Banco, pelo contravalor em escudos, dos montantes devidos e não pagos, ao câmbio do dia...".

O patrocinante exprime aqui de modo inequívoco a vontade de *pagar directamente ao credor a dívida do terceiro patrocinado*, em caso de incumprimento deste. Neste caso, *a carta de conforto perde toda a autonomia como figura sui generis de garantia, porquanto não passa de fiança*. De facto, esta é uma garantia de pagamento da dívida principal pelo fiador, se o devedor não cumprir. É o que acontece na presente carta de conforto, "desqualificada" em fiança, com o patrocinante a substituir-se à patrocinada no reembolso do crédito ao Banco. À sua validade não se opõe a circunstância de a fiança dever ser *expressamente* declarada (art. 628, n.º 1, do Código Civil). Na verdade, não há qualquer fórmula sacramental nem é necessário baptizar a garantia de fiança. A declaração de fiança, apesar de presente em carta de conforto, não deixa de ser expressa, no sentido da lei (art. 217 do Código Civil (34).

---

(34) A *carta de conforto*, como vimos ao longo do texto, *é uma garantia indemnizatória (e não de cumprimento da prestação do devedor)*.

Distingue-se também do mandato de crédito, porquanto o *Banco*, destinatário de uma carta, *é livre* de conceder ou não o crédito pretendido, nela "apadrinhado": se resolver facilitar o crédito recomendado, não o faz por ser mandatário do patrocinante, e este não responderá como fiador. Cfr. SIMONETTO, *Mandato di credito*, in "Noviss. dig. ital.", X, p. 149 e segs.

Por fim, o patrocinante que haja indemnizado o credor gozará de direito de regresso contra o devedor.

Para terminar, nada impede que na carta de conforto o patrocinante prometa o facto de terceiro – o pagamento pela patrocinada –, assumido também os riscos externos (políticos, de mercado, etc.) da sua não verificação.

Será uma *obrigação de garantia*, pela qual o patrocinante assume o risco de (e dever de indemnizar) eventuais prejuízos do Banco, sem possibilidade de invocar a "causa estranha" que tenha tornado o pagamento impossível.

Tal é o meu parecer.

Coimbra, Julho de 1993

João Calvão da Silva

ÍNDICE GERAL

I

LOCAÇÃO FINANCEIRA
E GARANTIA BANCÁRIA

1 – *Razão de ordem*	9
CAPÍTULO I – **Contrato de Locação Financeira**	10
2 – *De tipo social a tipo legal*	10
3 – *Noção*	11
4 – *Formação do contrato*	14
5 – *Direitos e deveres das partes*	21
6 – *Consequências da não entrega da coisa ao locatário*	27
CAPÍTULO II – **Garantia Bancária**	39
7 – *Texto da garantia*	39
8 – *Interpretação do contrato*	40
9 – *Ausência de vontade de pagamento à primeira solicitação*	44
10 – *Qualificação da garantia bancária como fiança*	45
11 – *Acessoriedade da fiança*	47

II
CRÉDITO DOCUMENTÁRIO
E CONHECIMENTO DE EMBARQUE

1 – *Contrato de transporte de mercadorias por mar*	51
2 – *Regime*	52
3 – *Função tridimensional do conhecimento de carga*	53
4 – *O conhecimento de carga confere ao seu portador legítimo o direito à entrega da mercadoria representada*	54
5 – *A Seaconsar é portadora legítima dos conhecimentos de carga devolvidos pelo banco e titular do direito à entrega da mercadoria...*	56
6 – *Motivos para a procedência do recurso*	57
Conclusões	63
7 – *Razão da Adenda*	64
8 – *Riscos do Comércio internacional*	65
9 – *A operação de crédito documentário*	66

10 – *Cruzamento dos regimes do crédito documentário e do conheci-mento de embarque*.. 71

III
ASSOCIAÇÃO EM PARTICIPAÇÃO

1 – *O equívoco*.. 81
CAPÍTULO I – **Os articulados**... 81
    2 – *Petição Inicial*... 81
    3 – *Contestação*.. 82
    4 – *Réplica*.. 83
CAPÍTULO II – **Despacho saneador-sentença e acórdão da Relação** 83
    5 – *Despacho saneador-sentença*.. 83
    6 – *Acórdão da Relação*.. 84
CAPÍTULO III – **A solução** 85
    7 – *Forma do contrato de associação em participação e do contrato celebrado em sua execução*.. 85
    8 – *Consensualidade da associação em participação discutida no caso vertente*.. 86
    9 – *Competência do Supremo Tribunal para mandar prosseguir o processo* 89
Conclusões.. 92

IV
SEGURO DE CRÉDITO

I – **Introdução**.. 99
    1 – *Ponto axial do lítigio*.. 99
    2 – *Questão de direito*.. 100
II – **Interpretação do contrato**.. 102
    3 – *Teoria da impressão do destinatário razoável*.................. 102
    4 – *Circunstâncias atendíveis na interpretação* 103
    5 – *A apólice é formalidade "ad substatiam"*...................... 104
§ 1.º – ***Termos da Apólice***... 106
    6 – *Riscos seguráveis, riscos seguros e riscos excluídos* 106
    7 – *A delimitação do risco coberto*.................................... 108
    8 – *(Cont.) A falência declarada* 111
    9 – *Riscos excluídos: a falência presumida e a falência de facto* 114
§ 2.º – ***Termos da lei*** 116
    10 – *A não previsão da falência de facto como risco segurável pelo Decreto--Lei n.º 318/76, de 30 de Abril*.................................... 116

11 – *Natureza inovadora do Decreto-Lei n.° 169/81, de 20 de Julho* . 118

§ 3.° – **Outras questões** 120

12 – *Harmonia dos artigos 9.° e 10.° das Condições Gerais da Apólice* . 120

III – **Conclusões** 122

V

CONTRATO DE FRETAMENTO POR VIAGEM E ARRESTO DE NAVIO

1 – *Contrato de fretamento por viagem* 127

2 – *Regime Jurídico* 127

3 – *Incumprimento do contrato pelo fretador* 128

4 – *Responsabilidade do fretador pelo incumprimento contratual e atraso do navio* 129

5 – *Razões para a reparação do agravo* 131

Conclusão 135

VI

COMPRA E VENDA DE EMPRESAS

I – **O problema e a solução equitativa** 139

1 – *A sociedade Financeira Portuguesa – Banco de Investimento, S.A., como empresa colectiva e objecto da compra e venda realizada na Bolsa* 139

2 – *Determinação do preço da compra e venda* 141

3 – *Erroneidade do formalismo informativo que esteve na base da determinação do preço da compra e venda* 143

4 – *A solução equitativa do problema* 145

II – **O problema e as vias legais de solução** 147

5 – *Acordo negocial e erro na venda de coisas defeituosas ou oneradas* 147

6 – *O hibridismo da garantia edilícia no direito positivo português: erro e cumprimento defeituoso* 147

7 – *Garantia e erro: vícios em direito e vícios materiais da coisa* 149

8 – *(cont.) A) Erro sobre o objecto* 154

9 – *(cont.) B) Erro sobre a base negocial* 156

10 – *Garantia e cumprimento defeituoso* 158

11 – *Garantia e responsabilidade civil. A Prospekthaftung* 160

III – **Conclusões** 162

VII
A EMPRESA COMO OBJECTO DE TRÁFICO JURÍDICO

1 – *Diplomas regulamentadores do processo de reprivatização da PE-TROGAL*... 169

2 – *Regras fundamentais da alienação das acções representativas do capital social da PETROGAL*..................................... 170

3 – *Fixação do sentido e alcance decisivo do negócio da reprivatização* . 173

4 – *Compra e venda de empresa pela via da compra e venda de acções* 174

5 – *(Cont.) Critério*.. 177

6 – *Responsabilidade por vícios materiais da empresa* 179

7 – *(Cont.) Consequências jurídicas*.................................. 181

8 – *Direitos da* PETROCONTROL *na compra de empresa defeituosa* 184

9 – *Direitos da* PETROCONTROL *na simples compra de acções* 193

Conclusões.. 196

VIII
OFERTA PÚBLICA DE AQUISIÇÃO (OPA): OBJECTO

1 – *Noção de Oferta Pública de Aquisição (OPA)* 207

2 – *Significado e importância da OPA* 209

3 – *Liberdade condicionada da OPA*.................................. 211

4 – *Classificação da OPA*... 213

5 – *Objecto da OPA – O Anúncio Preliminar*........................ 214

6 – *Objecto da OPA – O Anúncio Definitivo* 221

7 – *Condição do limite mínimo de acções* 225

8 – *Cláusula resolutiva ou revogatória* 229

9 – *Legalidade da condição relativa à não oposição do Banco de Portugal*.. 233

IX
PACTO PARASSOCIAL, DEFESAS ANTI-OPA
E OPA CONCORRENTE

I – **Validade do pacto parassocial**.. 237

II – **Defesas anti-OPA**.. 238

III – **Realização do pacto parassocial mediante OPA con-corrente**.. 243

X
PRIVATIZAÇÕES
E ENTIDADES ESTRANGEIRAS

1 — *Irreversibilidade das nacionalizações*.. 249
2 — *Reprivatização parcial pela Lei n.° 84/88, de 20 de Julho* 250
3 — *Primeiras (re)privatizçações* 251
4 — *Eliminação da irreversibilidade das nacionalizações* 252
5 — *Lei-Quadro das Privatizações (Lei n.° 11/90, de 5 de Abril)*.. 253
6 — *Privatizações posteriores* 254
7 — *Privatização do Banco Português do Atlântico* 261
8 — *Decreto-Lei n.° 65/94, de 28 de Fevereiro* 262
9 — *Conclusão: Inexistência de limites para entidades cujo capital
seja detido maioritariamente por entidades estrangeiras* 264

XI
A CONVOCAÇÃO DE ASSEMBLEIA GERAL
(Art. 375.°, n.° 2, do C.S.C.)

1 — *Questão axial: precisão da ordem do dia de uma Assembleia geral*. 267
2 — *"Substituição de um Administrador": precisão suficiente da ordem
do dia*.. 268
3 — *A não necessidade da indicação do nome do Administrador a
substituir*.. 269
4 — *Direito à informação* 271
5 — *Salvaguarda do interesse da sociedade*...................................... 272
6 — *Salvaguarda da imagem do Administrador a substituir*............. 273
7 — *Salvaguarda do interesse do accionista requerente*.................... 273
Conclusão 274

XII
LOCAÇÃO DE TELHADOS OU PAREDES PARA AFIXAÇÃO
DE PUBLICIDADE. NATUREZA INTERPRETATIVA DA AL. e)
DO N.° 2 DO ART. 5.° DO R.A.U.

I – **Qualificação jurídica do contrato**.. 280
1 — *As cláusulas contratuais relevantes* 280
2 — *Rejeição da qualificação jurídica da situação como comodato* 281
3 — *Rejeição da qualificação jurídica da situação como usufruto ou uso
e habitação* 281

400 João Calvão da Silva

4 – Rejeição da qualificação jurídica da situação como servidão......... 282
5 – Qualificação jurídica do contrato como locação......................... 282
6 – (Cont.): A) O gozo parcial da coisa proporcionado à Electro-
-Reclamo, Lda. 283
7 – (Cont.): B) O prazo 287
8 – (Cont.): C) A retribuição 287

II – Regime jurídico 288

9 – Inaplicabilidade do regime vinculístico ao contrato de locação de
telhado e similares 288
10 – (Cont.): Doutrina e Jurisprudência 290
11 – Dies a quo da renovação contratual respeitante ao reclamo luminoso "SAGRES" 293
12 – Tempestividade da denúncia 295
13 – Caducidade do contrato 296
14 – Renovação do contrato caducado 297
15 – Despejo fundado na caducidade do arrendamento 299

Conclusões.. 300

16 – As cláusulas 1ª e 16ª. 301
17 – Sua interpretação... 302
18 – (Cont.): A) Inexistência de opção de compra do prédio 304
19 – (Cont.): B) Pacto de preferência (ou opção) em eventual novo
arrendamento 307

Conclusões.. 308

I – A sentença.. 309

20 – O texto do aresto 309

II – Apreciação da sentença.. 310

21 – O raciocínio linear da sentença 310
22 – Contrato de locação 310
23 – Arrendamento para comércio ou indústria................................. 311
24 – "Ratio essendi" do artigo 1095.º do Código Civil 312
25 – O arrendamento de telhado para afixação de publicidade luminosa
não se subsume à teleologia do artigo 1095.º do Código Civil .. 314
26 – Natureza interpretativa da al. e) do n.º 2 do artigo 5.º do R.A.U.
na parte de arrendamento de paredes ou telhados para afixação de
painéis publicitários 318
27 – A impossibilidade legal superveniente do contrato 322

Conclusões.. 324

XIII

GARANTIAS ACESSÓRIAS E GARANTIAS AUTÓNOMAS

CAPÍTULO I – **Fiança e garantias pessoais atípicas**...................... 331
SECÇÃO I – *Da fiança*.. 332
    1 – *Noção* 332
    2 – *Acessoriedade: subordinação genética, funcional e extintiva da*
       fiança à obrigação garantida 334
SECÇÃO II – *Das garantias pessoais atípicas* 336
    3 – *Derrogação à regra legal da acessoriedade da fiança* 336
    4 – *Garantias autónomas e independentes da obrigação garantida*..... 337
    5 – *(Cont.): A) Tipologia social*...................................... 338
    6 – *(Cont.): B) A cláusula de pagamento à primeira interpelação*.... 340
    7 – *(Cont.): C) Tutela do devedor contra a excussão abusiva ou*
       fraudulenta da garantia autónoma à primeira solicitação 342
    8 – *As cartas de conforto (comfort letters; lettres de patronage; Patro-*
       natserklärungen).. 346
CAPÍTULO II – **O caso da consulta** 347
SECÇÃO I – *Interpretação do contrato de garantia*....................... 347
    9 – *Fiança ou garantia on first demand?* 347
    10 – *Teoria da impressão do destinatário razoável*..................... 348
    11 – *Circunstâncias atendíveis para a interpretação* 350
    12 – *(Cont.) – A) Os termos do negócio colocam-nos inequivocamente*
        perante uma fiança 350
    13 – *(Cont.) – B) O modo de conduta por que posteriormente as par-*
        tes tentaram resolver a desavença confirma tratar-se de uma fiança 351
    14 – *(Cont.) – C) Ausência de cláusula de pagamento à primeira so-*
        licitação ou cláusula equivalente derrogadora da acessoriedade da
        fiança 352
SECÇÃO II – *Interpretação da compra e venda*........................... 354
    15 – *A condição disjuntiva contida na al. b) do n.º 1 e no n.º 3 da*
        cláusula Quarta 354
    16 – *Prevalência do disposto no n.º 4 na fixação do sentido com que*
        deve valer a cláusula Quarta....................................... 355
SECÇÃO III – *Regime Jurídico*... 357
    17 – *Meios de defesa do fiador* 357
    18 – *Validade formal da fiança*.. 359
    19 – *Validade formal da carta de conforto e da contrafiança ou retrofiança.* 360
Conclusões... 361

XIV
CARTAS DE CONFORTO

1 – Cartas de conforto. Noção 369
2 – Contexto económico e financeiro: os grupos de sociedades e os Bancos 370
3 – Razões para o recurso às cartas de conforto 372
4 – A regra da juridicidade. Contrato unilateral 374
I – **Declarações fracas (Cláusulas de mera informação e comunicação)** . 378
5 – Conhecimento e aprovação do crédito 378
6 – Confirmação e manutenção de controlo ou participação social 383
II – **Declarações fortes** 387
7 – Razão de ordem 387
8 – Obrigações de meios (de influência e vigilância) 389
9 – Obrigações de resultado 391
10 – Obrigações de garantia. Fiança dissimulada 393

ÍNDICE GERAL 395